四川大学哲学社会科学出版基金资助

符号学译丛 ◎ 丛书主编 赵毅衡 唐小林

每件事物都可以
从其表面的无意味中被唤醒
在意义世界中
占有一席之地

论无意味
——后物质时代的意义消减

The Significance of Insignificance:
The Decline of Meaning in the Post-Material Age

〔意〕马西莫·莱昂内（Massimo Leone）/著

陆正兰 李俊欣 黄蓝 /译

四川大学出版社

项目策划：徐　燕
责任编辑：吴近宇
责任校对：王　冰
封面设计：米迦设计工作室
责任印制：王　炜

图书在版编目（CIP）数据

论无意味：后物质时代的意义消减 /（意）马西莫·莱昂内（Massimo Leone）著；陆正兰，李俊欣，黄蓝译. — 成都：四川大学出版社，2019.9
（符号学译丛 / 赵毅衡，唐小林主编）
ISBN 978-7-5690-3001-3

Ⅰ．①论… Ⅱ．①马… ②陆… ③李… ④黄… Ⅲ．①符号学－研究 Ⅳ．①H0

中国版本图书馆 CIP 数据核字（2019）第 178337 号

书名	论无意味——后物质时代的意义消减
	Lun wuyiwei houwuzhishidai de yiyixiaojian
著　者	马西莫·莱昂内（Massimo Leone）
译　者	陆正兰　李俊欣　黄　蓝
出　版	四川大学出版社
地　址	成都市一环路南一段 24 号（610065）
发　行	四川大学出版社
书　号	ISBN 978-7-5690-3001-3
印前制作	四川胜翔数码印务设计有限公司
印　刷	郫县犀浦印刷厂
成品尺寸	170mm×240mm
插　页	3
印　张	15
字　数	252 千字
版　次	2019 年 9 月第 1 版
印　次	2019 年 9 月第 1 次印刷
定　价	56.00 元

◆版权所有 ◆侵权必究

◆ 读者邮购本书，请与本社发行科联系。
电话：(028)85408408/(028)85401670/
(028)86408023　邮政编码：610065
◆ 本社图书如有印装质量问题，请寄回出版社调换。
◆ 网址：http://press.scu.edu.cn

扫码加入读者圈

四川大学出版社
微信公众号

献给我的父亲：路易·拉斐尔·莱昂内（Luigi Raffaele Leone）

目 录

绪论：无意味的意味 ……………………………………………………（1）
1 无意味的装框：无意义的符号类型学 …………………………………（6）
  1.1 引言 ……………………………………………………………（6）
  1.2 不可破译，难以理解及神秘 …………………………………（9）
  1.3 无意义类型与符号类型 ………………………………………（11）
  1.4 无意义/无意味 …………………………………………………（12）
  1.5 无意味的重要性 ………………………………………………（13）
  1.6 结论 ……………………………………………………………（20）
2 无意味的网络蛮喷：扰乱数字公共话语 ………………………………（23）
  2.1 引言 ……………………………………………………………（23）
  2.2 网络蛮喷 VS 挑衅 ……………………………………………（24）
  2.3 网络蛮喷 VS 开玩笑 …………………………………………（25）
  2.4 网络蛮喷 VS 防御性匿名 ……………………………………（26）
  2.5 网络蛮喷 VS 公共话语 ………………………………………（28）
  2.6 网络蛮喷 VS 论战 ……………………………………………（29）
  2.7 网络蛮喷 VS 谎言 ……………………………………………（30）
  2.8 结论 ……………………………………………………………（32）
3 无意味的意见相反者：数字竞技场的地位之战 ………………………（35）
  3.1 引言 ……………………………………………………………（35）
  3.2 悲剧与仪式 ……………………………………………………（36）
  3.3 割裂 ……………………………………………………………（37）
  3.4 相对性的比较 …………………………………………………（41）

  3.5 模糊性讽刺 ………………………………………………（44）
  3.6 匿名性 ……………………………………………………（47）
  3.7 责任 ………………………………………………………（49）
  3.8 阴谋论 ……………………………………………………（52）
  3.9 仪式性舆论构成的符号方阵 ……………………………（54）
  3.10 结论 ……………………………………………………（57）
4 无意味的图像：数字完美的乌托邦 …………………………（60）
  4.1 引言 ………………………………………………………（60）
  4.2 金钱、镜像与庙宇 ………………………………………（61）
  4.3 元素与主体 ………………………………………………（64）
  4.4 振动模式Ⅰ：砾石 ………………………………………（66）
  4.5 振动模式Ⅱ：砂砾 ………………………………………（68）
  4.6 振动模式Ⅲ：卵石与沥青 ………………………………（69）
  4.7 振动模式Ⅳ：花圃 ………………………………………（71）
  4.8 振动模式Ⅴ：纺织品 ……………………………………（73）
  4.9 帽子与屏幕 ………………………………………………（76）
  4.10 解构式愉悦 ……………………………………………（78）
  4.11 像素美学 ………………………………………………（80）
  4.12 结论 ……………………………………………………（84）
5 无意味的购物：后物质时代的庙宇 …………………………（87）
  5.1 引言 ………………………………………………………（87）
  5.2 能指的数字化 ……………………………………………（88）
  5.3 数字宗教 …………………………………………………（90）
  5.4 融合的历史 ………………………………………………（92）
  5.5 无差别社群 ………………………………………………（94）
  5.6 结论 ………………………………………………………（96）
6 无意味的集会：后物质时代的礼拜仪式 ……………………（98）
  6.1 引言 ………………………………………………………（98）
  6.2 相似性：仪式与惯例的现象学比较 ……………………（99）
  6.3 差异性：仪式与惯例的现象学比较 ……………………（104）

6.4 结论 ……………………………………………………… (105)
7 无意味的饮食：后物质时代的膳食 ……………………… (110)
  7.1 引言 ……………………………………………………… (110)
  7.2 社会冲突的审美中立 …………………………………… (112)
  7.3 刻板印象的市场营销 …………………………………… (116)
  7.4 感观层次的颠覆 ………………………………………… (124)
  7.5 结论 ……………………………………………………… (127)
8 复原的意味：奇特忾的价值 ………………………………… (128)
  8.1 引言 ……………………………………………………… (128)
  8.2 透明与不透明的意识形态 ……………………………… (129)
  8.3 透明与不透明的解剖学 ………………………………… (130)
  8.4 伦勃朗的嫉妒 …………………………………………… (132)
  8.5 笛卡尔（Decartes）与布朗 …………………………… (134)
  8.6 显微镜之外 ……………………………………………… (137)
  8.7 结论 ……………………………………………………… (138)
9 协商的意味：妥协的价值 …………………………………… (140)
  9.1 引言 ……………………………………………………… (140)
  9.2 论对医生的需求 ………………………………………… (141)
  9.3 论对符号学家的需求 …………………………………… (143)
  9.4 必要性法则与自由法则 ………………………………… (144)
  9.5 方法论竞争 ……………………………………………… (148)
  9.6 结论 ……………………………………………………… (153)
10 共享的意味：共识的价值 ………………………………… (156)
  10.1 引言 …………………………………………………… (156)
  10.2 共识的内容 …………………………………………… (159)
  10.3 共识和共同体 ………………………………………… (163)
  10.4 共识与合理性 ………………………………………… (166)
  10.5 结论 …………………………………………………… (168)
11 取悦的意味：解释的价值 ………………………………… (169)
  11.1 引言 …………………………………………………… (169)

11.2　巨大的差距……………………………………………（171）
　11.3　证实之法……………………………………………（172）
　11.4　解释暂时性…………………………………………（177）
　11.5　文本实验室…………………………………………（178）
　11.6　解释性镜头…………………………………………（179）
　11.7　关于解释型礼拜仪式………………………………（181）
　11.8　结论…………………………………………………（184）
12　结论：符号文明的冲突……………………………………（185）
　12.1　引言…………………………………………………（185）
　12.2　格雷马斯眼中的现实和意义………………………（186）
　12.3　格雷马斯的理性与艾柯的合理性…………………（187）
　12.4　以相对主义的眼光看待格雷马斯符号学：趋势与危险……（189）
　12.5　建立一种解释的政治学……………………………（191）
　12.6　解释者共同体的易变性……………………………（194）
　12.7　等待符号学"蛮族"…………………………………（196）
参考文献…………………………………………………………（200）
致　谢……………………………………………………………（230）

绪论：无意味的意味

本书描述无意味是如何渗透人们的日常生活的，尤其聚焦那些看似没有任何相关意味，却反复进行的无意义的人类行为。不断前行的数字化生活，是如何将主客体及主体之间的关系转变成空洞的刻板印象的？存在感的明显缺乏，与当代一些"迷狂"现象有着怎样的因果关系？这些都是本书将要讨论的问题。本书还将探讨它们的成因、影响，并寻找如何抵制这些数字官僚化现象带来的异化效应策略。

本书将讨论当代社会一些最令人无所适从的无意味样式，尤其是美学领域中出现的无意义悖论。本书受到符号人类学的启发，打算用新的术语重新定义这些意识形态中愈演愈烈的异化现象。不同于经典的物质社会学，本书并不打算抽象地解决无意味的问题，而是聚焦于日常生活语境及人类活动。分析这些现象的目的在于揭示无意味的起因，并从中寻找一系列解决的路径。

这本书写作的目的，是为了这样一些读者，他们日渐感到自己的日常生活被无意义包围，并且，为了避免落入过于符号学学术化的话语讨论，本书只是用符号学原理来解释产生这种感觉的根源，并试图提出解决方法。

本书第一章名为"无意味的装框：无意义的符号类型学"，这一章以作者回国前乘坐日本巴士的趣闻轶事为例，从理论上解释"无意义"的含义，并清晰地描述了人类从完全不了解意义，到充分理解意义的语言和文化过程。这一过程同时也展示了这个模式有可能完全逆转，甚至背道而驰，它会无情地退化为一种无意义的存在。

本书第二章名为"无意味的网络蛮喷：扰乱数字公共话语"。"网络蛮喷"是一种语言暴力行为，它试图通过破坏虚拟公共对话机制，来应对数字竞技场中失去的意味。本章将盛行于网络的语言暴力现象看成一种无政府主义形式。

与论述所指内容与能指言语之间的对应关系相比，亲眼见证"网络蛮喷"这种干扰社会对话的富有"趣味性"的行为或许更为重要。本章列举了网络蛮喷言论中的一些主要修辞成分，并将其与类似的话语实践例如挑衅、笑话、防御性匿名、批评性的公共话语、论战和谎言等进行对比，由此发现，在网络蛮喷的话语构建中，起主要作用的有以下一些因素：对无感话题的挑衅、无休止的玩笑、信息发送者和接收者的施虐层级（sadistic hierarchy）、网络蛮喷与观众的双向匿名性、网络蛮喷"行为观察者"的应和角色、虚假矛盾的语义构建、论证逻辑的断裂以及信念和表达之间的不相关等。网络蛮喷切断了表达与内容、能指与所指、意图与沟通的联系，从而破坏了人类交流的伦理道德。然而，这种网络现象不应被简单地污名化对待，而应把它视为社会生活数字化所带来的人类存在被扭曲的症状。

本书第三章名为"无意味的意见相反者：数字竞技场的地位之战"。人们对数字对话无意味的反应，不仅会产生网络蛮喷，还会引发无结果的争论。这些争论以句法形式展开，无视争论的实际主题，在各自相当自恋的立场之间，制造一种空洞的辩证法。传统的社会科学主要从语义角度来关注社会舆论的形成：给定一个特定的语义场，通过访谈、统计及其他分析工具，映射观点的分布、演变、冲突和统一。而社会符号学、社会的符号学及其他社会调查方面的符号学分支则是通过符号学网格的分门别类一起为这一研究做出贡献，而这些网格多数与社会及其文化中传播的语义内容有关。本章提出了一个不同的思路：首先简要回顾了 2015 年 1 月 7—9 日巴黎地区发生的事件［针对《查理周刊》（Charlie Hebdo）的恐怖袭击］，接着通过调查分析，绘制出社会网络中关于此类事件舆论分布及演变的语言形态，然后以符号学的方法，将其确定为：1. 割裂，2. 比较的相对性，3. 模糊的讽刺，4. 匿名性，5. 无明确责任，6. 阴谋论。通过创造一个新的符号学方阵，直观地显示这个模式以及它们之间的位置、关系和演变规律。本章得出的结论令人痛心：当今数字对话中的大多数观点，都是由持相反意见者创造和捍卫的，这是他们逃避存在无意味的一种方式。他们与其说是在表达个人的、情绪化的声音，不如说是在机械地对抗别人的声音，并不在乎说的内容是什么。

本书第四章名为"无意味的图像：数字完美的乌托邦"。当今数字世界的另一个乌托邦是通过技术成就的实现而重获意味，这在数字图像领域尤为突出。本章利用符号学对数字生活的构成要素——"像素"进行讨论，将它的技术特征与物质生活的组成部分（例如地毯的编织结）进行对比，从中看出，数字营销是如何通过构造一个诱人的、安宁有序的世界图像，剥夺了日常生活中不完美带来的惊奇感。在前数字时代，艺术在为了精通一门手艺而付出不断努力的过程中存在。而数字时代则相反，现实呈现出一种如哲学家列维纳斯（Lévinas）所描述的无表情的冷面孔。本章的结论是：数字官僚化在日常生活中所注入的无意味元素，对生活在人造环境与生活在自然环境中的每个人来说，他们对美的思考截然不同。

本书以下三章分别阐述了数字无意味之下引发的一些新的社会与文化的迷狂现象：人们努力去恢复物质世界的意义，然而这种憧憬却被数字时代的营销所控制并货币化，它只能是一种空洞的拟像。

第五章名为"无意味的购物：后物质时代的庙宇"。后世俗庙宇出现的目的在于通过举行消费和意义生产的个人礼拜仪式，重新找回一些前现代宗教空间的符号元素，这一文化中能指意义的贬值现象的哲学反思与宗教信仰相关。

第六章名为"无意味的集会：后物质时代的礼拜仪式"。本章对仪式与惯例的现象学结构进行了符号学比较，认为仪式和惯例具有相同的特征：时间的重复性、不可改变性、无法选择以及原始的超验性。如果采用基于替代选择的、现代的、结构性的意义概念，那么仪式和惯例都可以被认为是无意义的。然而，如果认可基于重复的、非结构的以及前现代的意义概念，仪式和惯例似乎都具有意义，尽管根据结构主义的符号学思想体系，它们都没有意义。从仪式和惯例（作为仪式的惯例）中产生的归属感，完全取决于无其他选择可能性的感觉，这种意义依靠的是主体在物理或概念空间上不可错置的重复频率。本章最后重点讨论了仪式与惯例在现象学上的主要差异：前者是集体性的，后者是个体性的。原因在于，前现代社会中仪式的存在价值没有被当代社会惯例取代。惯例为后现代性主体带来了一种疏离感，而这种疏离感无法取代前现代仪式所拥有的归属感。只有通过仪式，主体才会感到自己是集体惯例中的一部分，从而找到自身的归属感。

第七章名为"无意味的饮食：后物质时代的膳食"。本章就当今经济发达社会对食物的空前关注进行了解读和批判。烹饪话语在各个方面都越来越成为当代文化的中心，组织机构、媒体和普通群众都着迷于自己所食的食物。美食成为人们主要关注的问题，同时，它也成为最受关注和备受争议的行为模式系统。慢餐运动和零公里行动等社会现象征服了世界，人们普遍接受提高食物质量是创造更美好世界的途径之一。但这一趋势的深层文化意义是什么？人们沉迷于"烹饪"背后的原因是什么？本章认为，这源于社会经济冲突带来的审美中立化、沙文主义的营销套路以及对感官层次的反理性颠覆。本章指出：食品的神圣化是一个进一步营销的陷阱，它预示了一个丧失物质意义的数字社会显示出贫乏的趋势。

本书旨在对后物质时代无意味的动力机制，以及它们引领的数字迷狂现象进行批判。消极的批判是为了积极的构建，本书目的也在于重新发现意味的方向。因此，第八章"复原的意味：奇特性的价值"建议从认知、情感以及行为上重估奇特性的价值并与数字官僚化的泛化倾向进行对比。这些灵感来源得益于绘画辩证法中的单一凝视、解剖学的概括凝视以及其他分类学的知识技术。

第九章名为"协商的意味：妥协的价值"。本章指出后物质时代符号意指过程再生的另一个方向。全球数字官僚机构的复杂算法，是将社会生活的复杂性限制在一系列可计算的选项中，与此做法不同的符号学声称：语言总是潜在地探索两极之间的灰色地带。在这种灰色地带中，我们可以找到新的妥协形式和差异之间的共存性。依此观点，人文学科的方法不应该效仿世界科技秩序数字化的傲慢态度，而应该创造一个超越技术束缚的谈判空间。"求求你，我们急需一个符号学家！"这当然不是在紧急情况下听到的最常见的请求，但它可能会出现在下面这种情况下：当我们意识到有些情况，是医生（或其他科学家）无法有效处理时。两名乘客在飞机上争夺同一个位置，以至于飞行员不得不降落，让两名竞争者在最近的机场下飞机。每种人文学科都有一种特定的方式，来创造并寻求一种减少混乱的方法，以此解决这个问题。本章认为，符号学能够，而且必须对当今社会做出的具体贡献，其中之一就是提供一种话语证据，证明属于语言领域的问题，不能由技术来解决。不管这种技术有多先进，问题依然只能通过语言沟通来解决：交谈、妥协和达成协议。

第十章名为"共享的意味：共识的价值"。本章认为，意味不能单独再生，后物质时代具有自恋情结的数字营销方式会鼓励消费者团结起来建立一个解释社群，这种我们通常称之为"共识"的东西，只不过是隐性认知、情感和实用规则的杂合体。通过这些规则，社会成员之间能够相互交流，同时确认他们对群体的归属。这种观念被称为"共识"。因为它既具有通用性，能够渗透到群体的日常生活中，又具有共享性，它属于整个社区，同时也是社区成员的共同归属。"观念"与"共识"之间又是怎样一种关系？这个问题与符号学、阐释学以及其他解释性学科及哲学都有关系。公共话语的非物质化，导致了观点的机械化和碎片化，要抵制这种倾向，符号学必须为全新的数字语言学式的阐释做出努力，即在虚拟的竞技场中重新创造一种共识。

第十一章名为"取悦的意味：解释的价值"。对处理日常生活中明显的无意味问题，本章采取了与阐释学不同的立场。在大学课堂中解读文学文本，与在学术之外解读现实有什么不同？自然科学的解释和人文科学中的解释又有什么区别？尽管它们存在明显和广为人知的差异，但人文学科也可以对它的解释进行排列，并引导其对人类社会做出解释，这三种可选择的方法如何验证解释性的假设，取决于作者、读者或文本的意向性是否作为最主要的研究对象。本章认为第三种方法优于前两种，因为这种方法创造了一个共同的元话语空间，用于主体间的意义交流。尽管在文本分析时，采用适当的方法是必要的，但更重要的是创建一个解释社群，即共享同样的方法，进行推论比较，并对解释行为进行分类。

本书结论为"符号文明的冲突"。本章认为急需一种有意味的政治。结构主义符号学的优点和缺点，都在于提出了一种确定文本意义范围的合理方法。阐释学方法更关注研究的历时性维度，如艾柯（Umberto Eco）的解释符号学或洛特曼（Yuri Lotman）的文化符号学，它们通过将解释的合理性锚定到解释社群的合理性上来修正某种观点。据此，解释社群的合理性会随着时间的推移而变化。本章一方面指出，结构主义的理论立场，与从古希腊到启蒙运动的西方文明中所提炼出来的占主导地位的"意义文化"一致，都强调真相的价值在于文本证据与其阐释学之间的对应关系；另一方面也指出，艾柯和洛特曼坚持的解释社群的动态特性，急需一种有意味的政治，也具有合理性。统筹两方面的目的在于，保护西方"符号学文明"的核心并抵御来自符号域内外的威胁。

1 无意味的装框：无意义的符号类型学

> 真正的悖论在于：用宇宙的尺度衡量，我们的生命是微不足道的，然而，我们出现在世界舞台上的这一小段时间里，却充满了意味。
>
> ——保罗·利科（Paul Ricoeur）《活的隐喻》，4：440

1.1 引言

在国外乘坐公共汽车是一种引人深思的符号体验。对于不会日语的外国人来说，日本京都的公共汽车充满了神秘的意味，每一种意味都是对解码者的挑战。对于西方游客而言，英语信息首先就如同沉船里的救生衣一样会吸引他们，被日本人称为拉丁字母的罗马字符遍地可见，尽管在这陌生空间里，它们被无数的未知符号包围，但每一个符号依然承载着特定的意味。在前往京都寺庙的途中，大多数游客对平假名、片假名或日本汉字一无所知，日语的三种书写体系也时常并存，但这些游客相信，这些由点和线组成的"奇异"排列，并非简单的装饰，一些语境要素（它们出现的地方及其构造，曾经了解的一丝丝对日本文字的记忆，除此之外，游客们坚信，巴士内部一定为跨文化的乘客提供了和地铁上一样有序的功能线索）在鼓励他们去辨别这些标志（Mark），将这些标志当作有意义的符号，他们甚至会绞尽脑汁地对其进行解码。这就是人类与语言的绝望关系：尽管无法破译，但却不得不努力去做，以为攻破语言符码，就能够更好地掌握周围的环境。

这就是乘坐公共汽车的问题，游客试图避开乘公共汽车，而是尽可能地去乘坐地铁。因为后者通常遵循更加全球化的标准规则，而前者则遵循当地的运行体系。意义解码就成为乘坐公共汽车必不可少的先决条件。我应该在何处买票？买什么时间的票？该买哪种车票？费用又是多少？我该怎么做？我何时应该准备下车？我如何才能让司机明白我要下车？在京都的公交车上，陌生的文字信息以其鲜艳的颜色、清晰的字体和显著的字号吸引了外国人的注意，它们似乎都在暗示："我很重要，看我，理解我，遵循我的指示。"然而，让无知的外国人沮丧的是，这些字符似乎像一个遥远的、琢磨不透的神的提示。

学习一门新的语言令人感到挫败，尤其是涉及如何解码一套新的书写系统时。对大多数西方游客来说，恒用日本文字符号让他们垂头丧气。然而，学习一门新的语言同样也令人振奋。日复一日地坐在同一辆公交车上，在学习语言的同时，一遍又一遍地体验着不可思议的瞬间，在这一个个瞬间中，符号信守承诺，传递着内容。以日语为例，平假名和片假名的音节文字，首先显示出它们的声音信息，以此形成交流。这些字符慢慢变得不再是混乱的点和线的集合，甚至在显示精确的语义价值之前，它们开始呈现出以逻辑为基础的图案结构，尽管游客并不能确切地说出这种逻辑是什么，但他们相信它是可以被领会的。

精神分析学认为，学习一门新语言所带来的苦乐参半的感觉是有吸引力的，因为它能够让人回到第二童年。在第二童年中，语言越来越被当作掌控周围环境的手段，特别是在处理与父母的关系上。毕竟，学习一门新语言，意味着可能需要再次和其父母交谈。一个人自发地将自己置于无知的语言环境中，经受这种必须经受的痛苦，是为了将来品尝经过努力学习，再次找到语言自我且被这一语言群体的人所接纳的甜美滋味。通晓多种语言的人都知道，学习语言可能会让人上瘾，这种上瘾可能与两种身份认同的无意识欲望有关。

从精神分析角度来看，学习一门新语言的乐趣也与保持生命的本能密切相关。在陌生文化的包围下，人类始终相信他们所经历的不只是无意义的噪音，而是符号，这些符号的隐含意义承诺能够被破译为现实信息。人们一旦知道如何阅读它们，就能更好地保护它们的生存环境，从而拥有更长远和更美好的人生，这就像每个生活在自然界的生物，努力地维持其物质性存在一样，文化符号域中的每个符号也在努力维持它符号化的存在，力图赋予无数未知的符号以意义。虽然符号随时会突然出现在我们周围，哪怕我们一无所知，但我们相信，我们会理解。这就好像：我们会死去，但我们更想活着。

这是一种自我矛盾的悖论。人类的生存本能难以完全接受他们必死的命运，但符号本能却使他们最终认为：个人和集体生活的绝对核心元素不过是"无意味"而已。这种无知最令人不安的一面在于，它不仅影响了门外汉，也影响了那些本该是此领域的专家，即符号学家，这就如同医生经过研究、训练、教育、奋斗所追求的人类长生不老的千年梦想一样。从符号学的史前史开始，符号学家就把符号当作自然客体来探究，并培养出找寻意义的偏好，品尝以符号呈现自我的现实以及符号传递信息的诺言。最后，当合适的符码被建立时，符号学家才感到如释重负。安伯托·艾柯的整个符号学理论可以被理解为是对夏洛克·福尔摩斯（Sherlock Holmes）人类学的一首颂歌，在其中，生活通过精心设计的绑架案来战胜显在的环境无意义，通过掌握社会的符号代码，以便正确地读写信息（Eco and Sebeok 1983）。

从无意义变得有意义的喜悦瞬间，体现在符号的隐含承诺实现了其含义的实际传递，并在文本与理想读者之间形成完美的解释社群。然而，符号学令人惭愧地忽略了一些非常重要的东西，它培养了这样的错觉：有意义是社会生活中的准则，无意味则是一种边缘性的例外。然而，事实如此吗？符号学能否采取这种洋洋得意的态度来真正地回答关于意义、意味和交流等一些对人类来说最紧迫的问题？当人们相信死亡实际上是生活中的例外，而不是常态时，医生的价值又在哪里？符号学家对无意味、无意义、误解和噪音过于自信的态度，难道不正是医生在贬低人类生活中疾病、虚弱和痛苦时扮演的角色吗？这种态度难道不是对真正的、富有情感的、最终有利于对社会理解的根本性阻碍吗？

不幸的是，那些善于沟通的作者写出了很多符号学理论，就好像医生没有亲身了解疼痛、疾病或者死亡却成了医学史上的主角。然而，实际上，这门学科从一开始就有更好的建议：一是来自聪明过人的美国哲学家，却死于贫困，且被遗忘的皮尔斯（Charles S. Peirce）；二是来自一位同样出类拔萃的瑞士语言学家，几乎没有弟子，对字谜也有着堂吉诃德式的热情的费迪南德·德·索绪尔（Ferdinand de Saussure）。也许，是时候认真对待无意味这个问题了。

1　无意味的装框：无意义的符号类型学

1.2　不可破译，难以理解及神秘

首先，无意味（insignificance）和无意义（meaninglessness）并不相同，但这些词作为形容词时——"无意味的"和"无意义的"，有时可以互换使用。无意义指向的是那些本身不具有重要意义的事物，它可以是一个人抓不住的，或无法理解的事物，也可以视为意义不统一的事物。在第一种情况下，如生活环境中出现的某些符号，它们拒绝发送它们所承诺的意义。比如，对大多数外国游客来说，日本巴士上的说明性文字便是无意义的，尽管对本地人和外地游客来说，上下文语境有助于识别这些符号，但游客无法弄懂这些隐含的所指，也无法通晓这种符号所代表的实际内容。因此，日本文字是主观而非客观上的无意义，这就是为什么某些信息对接收者来说是没有意义的，但它不会就此停止，依然作为表意的符号。如果外国人学习语言足够努力，他们的感知就会从无意义变得充满意义，就会产生早期的符号意识体验，在第一次接收过程中，"无意义"指的是"不可破译"。

在第二种情况下，"无意义"也可以成为一种符号，它的内容你能理解，但与严密的逻辑无关。日本公交车上经常令外国人困惑的另一个重要方面，是司机的行为姿势。每当一个新司机上车，他或她（大部分是他）就会在乘客面前脱下帽子并鞠躬，大多数外国人能理解这种动作的意义是表达尊重。这样看来，此姿势意义对他们来说并非不可破译，它的符码意义和许多姿势符码类似，在全球范围内，放低身体的某些部位或动作表示谦逊。但来到日本的外国游客，可能会觉得这种姿势动作难以理解。难以理解就是无意义的第二个方面。通常，游客们不会无视这个符号代表的意义，但却不明白这个符号指向谁（对谁鞠躬）。司机上车、鞠躬，却并没有乘客鞠躬回应（除了一些尴尬的外国游客），当地人甚至没有人注意到司机鞠躬，然而日本司机一遍又一遍地做这个动作，且不敢有丝毫怠慢。外国人想知道他们为什么这么做，那是毫无意义的。

当然，这也是主观而非客观层面上的无意义。事实上，这种姿势作为表意的符号，表面上看起来毫无意义，不是因为它本身无意义，而是源于外界因素——外国游客对日本文化缺乏了解。在第一个例子中，用日本文字写的说明对作为解码者的外国人来说毫无意义,因为他们忽略了把点和线的图案与精确的语义内容联系起来的语言编码,正如前文所言,学习日语会将无意义变得有意义。在第二个例子中,鞠躬姿势对外国人来说也是没有意义的,但并非不可破译,而是让人难以理解。外国人忽视了与这些姿势相关的文化符码,这种姿势不是精确的语义内容(明确的"尊重"语义),而是语用内容。随着游客对日本文化熟悉程度的提高,它们会将这种无意义转换成有意义。他们会明白,日本文化中有着许多与西方文化不同的语义内涵和语用要求,文化空间分隔的作用是不同的,在日本,口头语言和姿势规则都必须适应这种不同的分隔感。

迄今,皮尔斯具有传奇色彩的符号定义隐含地支持了这两种理解无意义的方式。如果符号是"一物代另一物,是对某人在某语境而言",接收者可能无法将符号的"某物"与它所代表的"另一物"联系起来,即无意义也代表不可破译。他或她也可能无法理解符号指向谁,即难以理解,也是无意义。

这种差异让人们可以更好地联系"上下文语境",这要归功于符号的识别和接收,尽管它还没有完全发送它含有的内容。在第一个例子中,外国游客忽略了用日本文字写的说明所代表的含义,而且他们认为这些说明的内容只是指向当地乘客。这就是他们仍然把这些说明当作符号,却又认为它们毫无意义(不可破译)的原因。在第二个例子中,外国游客不知道鞠躬仪式指向谁,但他们依然相信它一定代表某种意义。对外国游客来说,这样的仪式符号是无意义的(难以理解的),但这并不影响它作为有意义的符号而存在。

然而,当一个符号代表的意义以及指向被忽略时,又会发生什么呢?第三个例子同样与日本公交车有关,但情况更为复杂。如果人们忽略了语义和语用符码,符号能被识别成一个意义的承诺吗?在晚上乘坐日本公交车时,人们常常会看到一些麻绳串儿结在栏杆上,对大多数外国人(如果不是所有外国人的话)来说,无论是在"不可破译"的意义上(不清楚麻绳串儿代表什么),还是在"难以理解"的意义上(不清楚麻绳串儿指向谁),这些麻绳串儿看起来都毫无意义。但是,这类麻绳串儿仍然被视为符号,且是一种颇具意味的承诺。一个经常乘坐公共汽车的乘客很快就会意识到:(1)只有麻绳串儿出现,而非其他的物质材料出现;(2)它们总是在同一栏杆上、用同样的方式打结。因此,哪怕外国乘客不知道这些麻绳串儿代表什么意义或者指向谁,他们也会开始意识到,在世界上,这些麻绳串儿是某种图案,在日本公交车上看到的麻绳串儿无意义,因为它既无法被破译又难以被理解。

这是"无意义"的第三个定义:从"神秘"意义上说,无须语义和语用功能的事物是无意义的,这种观点也体现在皮尔斯的符号定义中。符号不仅代表某种事物和指向某人的东西,而且这种意义的代表和指向都基于"某一方面"。当外国乘客经常在日本巴士的栏杆上看到一串串的麻绳时,这些串儿在他们看来不仅在不可破译和难以理解的层面上无意义,同时也在神秘层面上无意义,因为它们既不可破译,也难以理解。然而,它们看起来仍像是有意义的符号,并引发一种微妙的、神秘的甚至是令人不安的具有意味的承诺,这源于它们的图案特征:麻绳串儿不会以任何其他材料、形状出现,也不在其他位置出现,因此它必定指向某种意义。换句话说,物质性存在只有某些部分被反复选择,而其他部分则被丢弃。这一事实表明:这种选择很可能是某方面的可感知的表达,在这种表达中,符号对某人而言意味着某物。如果乘客们忽略了"某物",是因为他们忽略了"某人",他们认为这些麻绳串儿源于一种意味的承诺,如果是这样,那么这种承诺是如此无力,以至于只能领会到其抽象的可能性,但这也足以预示符号意义的显现。频繁乘坐日本巴士而感到困惑的乘客,最终会意识到,这些麻绳串儿实际上是在巴士扶手上用于捆绑宣传单页的"遗留物",这些宣传单页在清晨被分发,大部分在夜间消失了,也可能是被其他乘客带走了。因此,麻绳串儿是宣传单页的指示性遗留物,这种做法在日本公共交通中是不足为奇的。

如果说第一个例子中的无意义是通过熟悉符号背后的语言符码而转变为有意义,第二个案例中则是通过熟悉的符号背后的文化符码转变为有意义,在第三个例子中,经验观察使乘客能够把可能的隐含意义和实际的意义联系起来,只有在不同时间重复乘坐同一辆公共汽车,才能把这种神秘弄懂,甚至变得对它习以为常。

1.3 无意义类型与符号类型

再次总结,一个符号可能因其语义内容而非语用功能被忽略而变得无意义(不可破译性的无意义),相反,它也可能因为语用功能而非语义内容被忽略而无意义(难以理解的无意义,即俗语"此举无用"),或者它可能因为语义内容和语用功能都被忽略而无意义，但它并未失去作为有意义符号的可能性（颇为神秘的无意义）。

这三种分类不同于皮尔斯符号学的符号三分，它们通过有趣的方式结合在一起，每一种符号类型都有特定的且居于主导地位的无意义范围。规约符号（symbol）可以在不可破译的层面上无意义，但几乎不会因为难以理解或者神秘而无意义，识别规约符号意味着必须指向某人，尽管它代表的具体意义被忽略了（日本公共汽车上说明性文字的例子），同样，识别像似符号（icon）暗示它必须代表某个东西，尽管它具体指向的对象被忽略了（日本公共汽车上鞠躬仪式的例子）。最后，识别指示符号（index）意味着必须对某人而言在某方面代表着某事物，尽管它所代表的"某物"和它所代表的"某人"都被忽略了（日本公交车上的麻绳串儿的例子）。

1.4　无意义/无意味

然而，不可破译、难以理解及神秘符号并非无意味。无意味是另外一种情况，符号可能因为它的语义内容、语用功能或两者兼之却无法被解码而无意义，但一个符号不可能是无意味的。这是一种自相矛盾的说法，符号要变得无意味就必须自我否认，即否认自己作为符号的性质，表现为不仅忽略它代表的意义、指向的对象，还要无视它在某方面可能代表的任何事物。一个无意味的符号无论在哪方面，都既不代表事物，也不指向对象，这也意味着：它不再是符号而是成了物。

现代符号学的历史，特别是从 20 世纪 60 年代开始，一直忽视了这种非符号存在的可能性。一些赫赫有名的符号学家强调任何事物都可以被当作符号来研究（Eeo，1976），事实上，符号只要具备解释的潜力或能够被解释，而不需要指向特定的解释者，整个宇宙中的任何东西都不可能是无意味的（歌德）；因为在正常的情况下，任何事物都能成为无数符号意义链中的一部分，无数的意义链条围绕着整个世界，并赋予其可理解的光芒。按照该观点，"无意味"不过是"无意义"的同义词；它只是需要付诸时间、精力并密切关注的问题，世界上的每一种事物都将从它表面的无意味中被唤醒，在人类意义的崇高领域中占有一席之地。

然而，我们真的要在泪谷①里体验意义吗？人类是否真的被一个充满潜在刺激的宇宙所包围，每一次意义的体验都是新的知识和解释冒险的钥匙？我们很难不去怀疑，在意味如何运作的多样性假想背后，隐藏着学者们的偏见，出于具有优越感的视角，他们通常用异于常人的天赋、求知若渴的态度及寻根究底的精神来看待这个问题。符号学长久以来一直推崇夏洛克·福尔摩斯这个虚构的角色，认为他是这门学科的捍卫者，是试推法（abduction）的先驱，他象征着符号风暴中人类非凡的洞察力。也许是时候证明大多数人并不是夏洛克·福尔摩斯而是华生了，对大多数人来说，世界不过是一本陈词滥调（platitude），他们自身也只是芸芸众生的一部分，他们的生命中发生的大多数事情都不是无意义的，意义只是正在等待被福尔摩斯式的天才激发，这些在生活中发生的大部分事情都失去了意义，它们是不可改变的无意味。它不只是在等待合适的解释者，将它们与语义内容、语用价值、语言符码或文化符号域相结合，而且是在某方面不具有任何意义，也不指向对象的物，如同宇宙假说中的黑洞、盲区、沉默之音、无人看到的透明、无人阅读的书信。这封信不仅用一种无人知晓的语言写成，而且被密封在一个永远不会被打开的瓶子里。更有甚者，从来没有人把它当成一封信。这就是无意味，即使最聪明的符号学家都无法谈论，那些意气风发、华而不实的学者们出于本能，都在回避这个问题。他们试图用百科全书式滔滔不绝的想象掩盖它，就像乐天知命的生物符号学家重复的咒语：如果生命是一种符号化过程，被符号化的才是生命，无意味是死亡，人类以死亡为生。

1.5　无意味的重要性

两个问题：如果无意味没有意指，那么怎么可能识别它呢？我们为什么要在乎它呢？

1.5.1　意味的觉醒

无意味可以通过与意味的对比来把握，我们可以从两方面理解：一方面，

---

①　宗教词语，比喻痛苦的生活、悲参的命运、苦难的深渊。

无意味可以变得有意味。回到在日本乘坐公交车的例子。大多数来日本的外国游客会被当地人在公共交通工具上睡觉的概率所震惊，在公共汽车上、地铁上、火车上，或者其他交通工具上，到处是昏昏欲睡、假寐、打盹的，在座位上坐着、倚靠着、斜站着、歪倒着的日本人，但他们又能在到站时奇迹般地醒来。起初，大多数外国游客只是感到可笑，因为这是他们无法理解的事。然而，当他们细细地、慢慢地去关注时，敏锐的观察者就会猜想，是不是日本人工作太努力？起得太早？或者在公共交通上花的时间太多？在某种程度上，这种匪夷所思的经历会使无意味变得有意味，如果没有进入另一种文化的人类学体验，这种过渡是不可能发生的。本章并不是解释日本人在公交车上睡觉的习惯，而是将这种习惯与日本文化符号域的某些方面联系起来，就像经历从无意义（不可破译的意义）到富有意义的转变。

反过来说，在这种情况下，从无意味到意味的过渡需要一种更为深刻的发现，即非日本文化中的公共空间到底是什么？一些外国人在公共交通工具上看到容易入睡或经常睡觉的日本人，就会想："在巴黎的地铁、罗马的公交车、马德里的市郊火车上睡觉，我永远不会觉得舒服。"日本人在公共交通上睡觉，不仅在于他们不得不这样做，就像单纯的解释说的那样（他们工作太辛苦了，等等）；还在于他们可以这样做，他们可以信任自己的公共空间，信任他们的社会，信任他们的同胞。他们认为在公共场合睡觉，不用在意他人的目光和想法，这就是在人类学观察下从无意味到有意味的过渡。不同于在日本乘坐公交车，在其他国家乘坐公共交通时，时刻保持清醒，似乎变得更有意味，疲惫不堪的乘客努力保持警觉不再是一种自然的行为。这样一个颇具意味的选择，是由整个社会环境导致的，是那些重复的，漫长而复杂，充满暴力和不公的历史带来的恶果。几个世纪的饥饿、贫困、剥削、犯罪都压在巴黎、罗马、伦敦、马德里的地铁乘客的肩上，它们仿佛对着他们的耳朵低语："千万别睡着，这是很危险的。"

这是从无意味到意味过渡的旅程，此刻，空气的颜色开始显现，以往闻所未闻的声音开始窃窃私语，它们传递着包含真相的信息。这是一种新符码的建立，打破了第二天性的缄默，揭示出历史的重任。一个更为珍贵和具有启发意义的人类学旅行经验告诉我们，旅行经常需要冒险，若要熟悉一个未知的文化符码，并把它从无意义变成意义，不在于学习或发现这种外在的符码，而是要

1 无意味的装框：无意义的符号类型学

建立一种新的内在符码，能够赋予它新的理解，不再根据他者的文化，而是依靠自己的文化来理解。从那一刻起，你就会发现，在公共交通上保持清醒，不再是那么自然的事情，同样在公交车上睡觉也不会显得可笑。这就如同在一个教室里，投影仪被打开，直到关掉，你才会意识到它是多么的嘈杂，房间里的无声状态再次成为一个颇具意味的问题。

然而，从无意味到意味的过渡鲜有发生，也不明显。因为它们通常在频繁旅行或人类学探索的环境中发生，但大多数人却无法有这样的实践。对大多数人来说，公共空间的暴力、饥饿、贫困、肮脏、压迫等现象都不是简单的无意义，它们必定有所指向，这也就意味着在适当的条件下，我们可以寻找到祸根并将其消除。悖论是对于大多数人而言，这些痛苦、饥饿、贫穷、肮脏、压迫和暴力却是无意味的，这种无意味不同于其他旁观者和那些体验痛苦的人，他们遭受的痛苦已经让他们痛到习以为常、失去知觉。对于一生都在挨饿的孩子，一个从青年时期就遭受暴力的女人或从出生开始就遭受压迫和剥削的工人来说，疼痛并不是一种符号习性，而是一种无意味的、无法抉择的无声存在。现代符号学中最严重的道德错误之一，就是认为符号习性本身就是解释社群符号活动结果，这一观点是无辜的吗？然而，持这一符号习性观点的人，不仅不是无辜的，而且大多还是不理智的，因为符号习性的形成妨碍了获得符号意义的自由解释。只有令人愉悦的学者才会认为，符号的无限衍义（unlimited semiosis）只有在社群拥有最合适、最理性、最公正的习性中才会走向透明。

语言人类学长期以来在区别符形的（etic）和符用的（emic）方面颇具戎效，(Pike, 1967)。奇怪的是，符号学却几乎忽略了它们。对大多数符号学家来说，符号习性接近符号功能的合理性，自然导致无限衍义。当符号学家分析符号习性时，他们认为这是解释社群能够给出的关于意味难题的最好答案。然而，这种观点很明显忽视了人类学中符用的和符形的之间的区别，没有意识到符号习性实际上只能从外部进行观察。从外部进行观察，分析并找到它的活力，符码的暂时组合产生了文化概念，符码不断地确立和组合形成了稳定的符号，在这个过程中，需要抵制历史中的意义变动，并且得到理想解释社群的认可。从符号学内部视角来看则相反，符号习性不再作为表意符号而无意味，它们与宗教信仰、日常生活或其他人类生存状态及行为案例没有太大的区别。在这些行为案例中，文化的选择毋庸置疑地被视为第二天性的标准，这就是符号习性无意义的原因。我们不知道它们代表的意义（无法破译），它们指向谁（难以理解），或者在哪种程度上有意义（神秘）。更令人不安的是，我们的符号习性之所以无意味，还源于它们的生物文化机制，这种机制将社会选择转变成了与生俱来的自我，这种转化达到了最好状态，或者天才的灵感可以随时将它从固定的符号意义转变成无限衍义，坦率地说，这也是一种心理上天真的表现。

大多数欧洲城市的公共交通空间并不安全，人们不能在上面睡觉。相反，人们可以在自己的车里、家里或自己的办公室里等安全环境中安然入睡。在公共交通空间中，如果警觉性降低，有时还会带来危险。尽管如此，欧洲也有人在公共场合睡觉，他们并不知晓也不想去思考危险性，睡眠和公共空间之间的关系对他们来说是无意味的。只要他们的社会符号习惯没有遭遇不同文明的冲突，就不会显示意味问题，而一旦相遇就会表现出相反的表意行为。此时，他们才会意识到，不仅有一种不同的公共空间形式存在，而且这种可供选择的形式可能更好。与此同时，他们也逐渐意识到他们所遭受的暴力无意味。通常，社群会通过冷静的学术对话，在历史中提炼出百科全书般的答案，而个人则通过可供选择性的解释来理解并寻求社会的真相。符号习惯如同鞋中的小砂砾，人们只有摆脱它们时，才能意识到行走的方便。它们就像一种深植于人体内的疼痛，一直处于极度痛苦中的人常常忘记其存在，它们是一种人们习惯了的慢性病。

从内部视角来看，可以肯定的是，符号习性是无意味的，但这并不等于通过无限衍义来鼓吹生活的乌托邦，这种选择对大多数人来说是行不通的，除了某些特殊的个体（例如真正的艺术家）。相反，对符号习性无意味的思考，应该打破内部固有的理性观念。解释社群总是出于现实考虑，选择最好的解释项作为无限衍义的某个定点。但这不是正确的，因为这个定点总是暂时的，在任何时候都可以被重新激活。社群是否相信，这个可供选择的解释项为意义共享这一难题，是不是提供了最好的解决方案？如果我们可以把暴力行为重新定义为解释社群中的一种符号习性，那么这种习性对社群中的大多数成员来说是无形的，它带给其中一些人苦难，而让另一些人受益。奴隶制也是一种符号习性，它被人们从一系列选择项中选出来，成为曾经最适合人类的解释项，并成为意义的定点和最终的解释项；它带来了心智、行为、贸易和管辖权，也导致了无法形容的伤痛。然而，对大多数人来说，它是无意味的而不是无意义的，它不是不可破译，也并非难以理解或者神秘，而是第二天性中的一部分。奴隶制是荒谬的，当一些勇敢的人指出它，并与它做斗争，最终宣布它为非人道时，人类才意识到，把这种选择项变成一种习性是多么让人难以忍受。也许，总有一天，人们会怀着同样的沮丧意识到，为了跨越国界而死是一种多么盲从的行为，或者屠杀其他动物来养活人类这些诸如此类无形的符号习性，多么让人不可容忍。

符号学家的主要任务，不是与世界上的暴力与不公做斗争，他们亦不能被称为具有符号理性的、独立的游吟诗人，以深刻的理论体系来改变现状。只有从历史、社会和生活的特权地位出发，人们才能主张符号化过程的自发合理性，一旦人们离开他们依赖的有利地位，就会意识到把粗暴的解释项变成符号习性，并在解释社群中分享，将它变成道德和法律规范，会造成痛苦。商人知识分子将这些符号习性描述为人类解释理性的合理结果，并最终创建了一个王国。在这个王国中，暴力、不公和持续不断的痛苦被当作无须质疑、悄无声息以及无意味的第二天性。符号学家应该表明，并非所有的意味都是正确的，也不是所有被认为是正确的行为都具有意味，符号学家应当揭示人类无意味的痛苦。

1.5.2 沉沦于无意味

从无意味到有意味的过程不仅可以揭示无意味，如通过乘坐日本公交车而意识到的欧洲公共空间的暴力；反过来，从意味到无意味的反向过程也可以揭示无意味。

发现新的意义总是令人兴奋。当通过直觉知道无法破译的符号代表的意义时，当领会到难以理解的符号指向的事物时，当意识到神秘的符号在某种程度上代表的意义时，这些都是令人兴奋的时刻。然而，最令人兴奋激动的符号体验，是当一个新的符号诞生的时候，人们可能会忽视它在某方面代表的意义及指向的对象，但它是作为语言世界觉醒的体现和事物形成的过程，同样也是一种领悟，即自然界还有另一个假底层（false bottom），在其中隐藏着文化的秘密箱子。发现新意义的兴奋愉悦无关于符号的实际语义内容或语用价值。一方面，人们在痛苦中发现：在找到新意义之前，符号矩阵中无意味的暴力是无形的，比如公共空间中身体的紧张感；另一方面，人们可以在欢欣鼓舞中揭示愉悦的无意味，例如当你意识到沉默的价值时，或者当你的身体被自然的声音包围时。在这两种情况下，人类能够把世界上另一个沉默的角落变成语言，而无论说什么，一种与生俱来的本能赋予了人类一种积极的化学反应。有人可能会反驳，提出这种模棱两可是一种享乐，使人陷入模糊状态，成为机器，把世界看作物而非语言，遵从自然规律，过着没有选择的生活。然而，这是一种危险的趋势和癖好，当人们分析无意味时，这种精神状态便会凸显出来，不是在精神上开始觉醒（实现一个更美好的世界是可能的），而是达到了精神上的困乏点（人们生活在唯一可能世界的内化想法）。此外，如果一个人养成了一种沉迷于无意味的嗜好，他或她已经无法感知到无意味的门槛，当人类开始享受像机器人一样行动时，他们就不再只是像机器人一样行动，而是成了机器人。

事实上，只要人们忠于自己的人性，即具有生物认知上的天赋，就不会满足于成为机器。当我们的所言所行在任何方面都没有意义，也不指向对象时，我们会感到锥心之痛。我们难以阻挡内心对此逃避的渴望，我们应该改变，这不仅是在精神层面上，也是在生物认知上的当务之急。如果我们接受只被事物包围，而不是被语言和意义所包围的生活，那么就意味着我们放弃了我们在生物进化中的角色。我们正在物种历史中倒退，要使环境变得有意味，就要承认人类具有更好地控制它的能力。人们可能会选择放弃这种能力，代之以实现与自然本性神秘会合的乌托邦。然而，在大多数情况下，当人们被迫陷入无意味的情境时，他们不知道自己的言行代表了哪些意义、指向何种对象，他们变成了物，不再是出于自己乌托邦式的主动精神，因而被看成是"人类工具"。实际上，当一些人沉迷于无意味时，另外的人却从中受益。

从乘坐日本公交车所体会到的意味与无意味关系之间，我们可以得到什么启示呢？这次是个人的经验教训，本章之所以采用日本巴士作为符号学案例，源于作者在京都大学做了一学期的客座教授（因此乘坐了许多次日本巴士往返于住所与办公室之间）。

学术休假对一个学者来说是一段美妙的时光。忽然之间，他或她就有可能在图书馆、档案馆或实验室里待上很长时间，结识新朋友；在品尝异国风味的食物的同时，与外国同事进行长时间的哲学讨论；将新知识传授给专心致志的学生；把自己关在一个小书房里，不被太多的个人事务所干扰，以便阅读、写作，最重要的是思考……但是等一下：这不是大学教授在他或她的整个职业生涯中应该得到的回报吗？这些不是学者的日常活动吗？

实际上，这些活动可以让学者的生活变得更具意味，这表明他或她坚信其所做的事情具有某种相关的意义，指向那些在意他的人，这在某种程度上是兼顾学者的职业、培训和技能的最佳选择。在一次成功的学术休假中，一位大学教授纵情于意味，他或她滋生了这样一种信念：他或她的努力不是徒劳的，他们为更美好的人类生活做出了贡献。

然而，这种对意味的感知，与大多数大学教授在自己所属的机构工作时所面临的困境形成了鲜明的对比。当然，有些大学比其他大学更好，它们给研究人员更多的自由、更多的学术交流和社交机会，以及更宽敞、安静的办公空间等。这并不是重点，学术休假对学者而言，通常应当是一种更好的体验，无论他或她来自哪个机构或者去哪个机构，因为对于学者来说，学术休假通常意味着：他或她能够从大多数时候无意味的大学生活中解脱出来。

在最近的金融和经济危机中，意大利的大学引入了一个复杂的数字评估及多层次的自我评估系统，将其作为逐步合理化和消除无效实践和行为的手段。评估和自我评估在人类活动的各个领域都是有用的，事实上，在意大利或具有类似文化态度的国家，这种自我审查模式最初往往只具其形式，而非在实质上进行。作为硕士项目的负责人，本书的作者必须每年收集一系列统计数据，将它们汇编成一份格式化的数字报告，以此回报评估项目的情况，并许下改进的承诺。所有这些，表面上看起来都很不错，但在现实中，统计数据往往是虚假的，或者至少是以一种不够科学的方式收集的，以至于它们完全不能反映项目的实际状况。该报告只关注数字，未能抓住真正重要的东西——项目中的教学和研究质量，报告中的承诺也无法通过相应的物力有效开展。最糟糕的是，没有人真正读过这些报告，除了满足于不可侵犯权威的管理官僚。因此，数字评估和自我评估活动：(1) 毫无意义，因为它并不真正代表项目的状况；(2) 不指向任何人，无论是学生、教授或机构领导都不会认真对待它；(3) 不具有任何一方面的价值，因为它没有选择指向对象的某方面的意义。然而，整理这些报告是强制性的工作，也需要花费大量的时间，这些宝贵的时间可以用来做更重要的事情，比如读书或与学生交谈。

如果生命是一个符号化过程，意味是物种的命运，那么数字学术官僚主义则令人感到失望。编写无意味的报告令人沮丧,它把人变成机器人、变成机器、变成物。这等同于为了变成具有无意味生活方式的机器人,学者们放弃了最珍视的东西,即与语言的亲密关系。此外,正如前文所指出的,这种从意味到无意味的转变并非是无辜的。每当人类的认知活力,从与环境的意味关系转变为无意味关系的时候,就会有人或多或少地把这种活力作为一种工具,一种愚蠢的工具。在数字学术官僚主义的例子中,关于这种剥削比比皆是,为了满足官僚主义的饥渴需求,无休止的数字形式的生产让教授和学生的生命中有意味的时间被剥夺,谁能从这样一个事实中受益?

1.6 结论

反思无意味符号学的重要性不仅是为了回答这个问题,而且也是为了让人们认识到学术官僚主义只是数字异化中的冰山一角。当今多数大学教授之所以如此紧张,是因为学术官僚主义在某种程度上似乎是难以理解的、可笑的甚至是可鄙的;但从外部视角来看,它们又是意味和无意味之间区别的体现。当然,也有一些有自我毁灭倾向的学者是拥护数字官僚主义的,他们甚至把它融入同事们的空闲时间里。幸运的是,始终有例外,这些人可能早已不再是学者,或者从来都不擅长于此。反之,大多数大学教授意识到,当他们可以就一个深入的话题和学生讨论时,当他们能读一本新书时,当他们花时间在文章中构思出的一个漂亮句子可能长存于世时,他们的生活会变得多么明亮。当然,他们也能感受到被迫执行无意味的数字任务的暴力。从意味到无意味过程,这种体验的紧张感颇为有益,同样有益的是人们意识到事物不应当是理所当然的模样,它们可以变得更好。抗议、移民以及哲学以不同的方式指向幸福,难以忍受的痛苦、灾难、不公和剥削。

然而,对大多数人来说,符号生存的本能早已消失,这种本能被打造成了无意味的数字生活形式。人们为了更有意味地生活,甚至再也意识不到这种无意味。20世纪60年代,乌托邦思想家梦想有这样一个世界:没有创造力就没有工作,没有工作就没有创造力。然而,在当今的条件下,期望每个人都有机会过上有创造性的生活,可能不仅是空想,甚至带有一些负罪感。因为,它在某种程度上掩盖了这样一种认知:今天,大多数人的生活不仅缺乏创造性,而

1 无意味的装框：无意义的符号类型学

且也无意味。这种所谓的创造性，只存在于为了完成数字活动而每日消耗的时间与精力中，而这些活动则完全无视其在某方面所代表的意义以及指向的对象。

符号学必须声讨人类生活中的无意味，同样，也必须强烈地指责生活中所有的安慰剂。人们渴望从意味中得到满足：想要从数字社交网络的曝光中获得自我满足的微小刺激；当陷入包含宗教激进主义、迷信和蒙昧主义的非理性"顽固思想"时，人们渴望它，并通过迷恋消费带来的诱惑获取它；人们渴望停留在某一个黄金时刻，在这一时刻，他们最终会相信自己的努力具有意义，对某些人有意义、在某方面对某些人而言有意义。符号学不能也不必教导我们关乎生存的意义，但它可以而且必须警告死亡的意义。

在大多数人类活动中，官僚主义的嚣张气焰与社会生活的日益数字化有着密切的关系，许多人类部落正在屈服于乌托邦。他们认为通过数字演算，会把现实排列成一个可量化参数的网格，从中获得存在的意味。然而，数字是一种可以与环境进行恰当互动的特殊符号工具，它把整个社会现实变成了巨大的数字运算的竞技场的乌托邦，这也注定会变成一个反乌托邦。事实上，意味的属性并不源于对符号习性的无意识处理。相反，它源于符号化过程的创造性再生。例如，学术界并不是通过将学生的态度转化为统计数据来改善学术生活。统计数据是有用的，但面对面地与学生交谈绝对更为重要。总的来说，在日益被数字序列所主导的世界里，重新激活的意味，需要以不同的形式勇敢地回归物质世界：面对面地与某人会面，而不是向他或她发送数字信息；欣赏风景，而非一味地拍摄数码照片；用手写作，而不依靠数字设备进行绘画；在尝试将它们归类为数字集群之前，先要欣赏现实的奇特性。这并不是说，要放弃数字化带来的巨大好处，而是要平衡社会生活的新自动算法和物质性的惊奇发现。然而不幸的是，这种对物质性回归的呼呼听起来已经很老旧了，或者被流行数字营销及其伪物质拟像所盗用和出售。要想摆脱数字官僚主义的无意味性，不仅需要完全接受演算式的乌托邦的局限性，还需要接受这种乌托邦在被视为反乌托邦时，所产生的新的暴力反应以及徒劳的迷恋。

因此，下一章的主题是"无意味的网络蛮喷"，将聚焦于一个特别令人不安的社会现象，即当今数字对话中网络蛮喷的出现和扩散。当从符号学角度对其进行解释时，就会发现它涉及无意味这一主题。在数字世界的新社会和符号领域中，网络蛮喷是对无法获得令人满意的个人和社会身份事实做出的激烈反应。然而，这种暴力行为并不是身体上的，而是虚拟的：它扰乱了合理对话的框架，以大声抗议日常数字化存在中意味的缺乏。因此，它不应该被简单地谴责，尽管在主流道德术语中，它常常是卑劣可鄙的，但它可以被解读为对当今世界社会关系数字化所造成的意味缺失的非理性反应。

2 无意味的网络蛮喷：扰乱数字公共话语

> 如果我们坚持一项原则，即我们必须永远对回应我们的人做出答复，那么我们的讨论何时能够结束？我们的话语又应该设定怎样的界限？
>
> ——马库斯·多兹（Marcus Dodds），1871

2.1 引言

网络蛮喷是一种较新的社会现象，学者对它所做的研究通常基于接受者视角，他们是受害者或"网络证人"（internet witness）[①]。符号学特有的研究路径则是相反的分析方法，即思考网络蛮喷现象是如何生成的。网络蛮喷的生成离不开话语因素和上下文语境，这一点已被社会所公认。修辞史学，被视为符

[①] 邦德（Bond）自1999年就开始了关于网络蛮喷的法律影响问题的早期研究。2000年，雷维拉德（Revillard）从互动社会学的角度对其进行探讨。2010年哈达克（Hardaker）引用"无礼的研究"一词，实际上也是在寻求网络蛮喷的另一种定义，以研究网络蛮喷与暴力之间的关系。参见沙哈夫（Shachaf）、诺瑞科（Noriko）2010年的研究；沃尔特（Walter）、霍里奇（Hourizi）、蒙库尔（Moncur）以及皮西利兹（Pitsillides）于2011年分析死亡和网络蛮喷之间的病态关系的研究。赫林（Herring）、乔布-斯德（Job-Sluder）、斯克勒（Scheckler）以及巴拉布（Barab）在2012年对网络蛮喷与女性主体之间的关系进行了调查研究。2012年，赫拉皮茨（Krappitz）从心理学角度发表了一篇关于网络蛮喷文化的论文，参见巴克尔斯（Buckels）、特拉普内尔（Trapnell）以及保卢斯（Paulhus）于2014年发表的研究。斯普努兹（Spruds）和罗泽卡纳（Rožukalne）在2016年曾以网络论战中蛮喷的新动向作为研究对象；在网络媒体和传统媒体中，有很多关于网络蛮喷的"灰色文献"，这些文献没有足够的学术价值。迄今为止，关于网络蛮喷最全面（或者说令人感到兴奋）的是菲利普斯（Phillips）在2015年的研究。论网络蛮喷的视觉符号学，可参见特顿-特纳（Turton-Turner）于2013年的研究。蒂博（Thibault）在2016年从符号学角度分析了网络蛮喷和阴谋论之间的关系。马克·雷曼（Mark Lehman）在第18届米切卡哥语言人类学研究生会议上发表了一篇文章，题为《在塑造文化话语和身份的过程中网络蛮喷的角色：一个匿名网络留言板的案例研究》（2016年5月6—7日）。

号学和哲学史的学术先祖，尤其是像叔本华（Schopenhauer）这样的作家，他们的作品被贴上"……的艺术"的标签，这旨在传递实用的、关于各种交往实践的风格学的知识，以逃避那些更令人信服的程式化的语法规则。为了延续这个传统，当前的文化符号学也许应该增加一门"网络蛮喷的艺术"，以便做进一步的研究。那么，这门艺术的主要原理是什么？想要揭示这一点，一种切实可行的方法便是对网络蛮喷与类似的话语类型及实践展开对比研究。

2.2 网络蛮喷 VS 挑衅

网络蛮喷形成的一个重要因素是其反应性。喷子们（trolls）通常不是交流过程中新语义趋势的发起者，相反，他们通常寄生于对他人创造的话语片段的回应之中。通常这些话语片段中并不夹杂类似网络蛮喷的态度，因此，创造话语片段的人反而成了话语实践中的受害者。喷子们不会主动发起会话，而是对话语做出回应。原因很简单：他们不关心任何特定的话题。他们对自己所写下的内容不感兴趣，他们感兴趣的是，他们能够参与这种蛮喷式的对话，可以从一个人或一群人的对话里，获得认知、情感和现实的反应。

实际上，喷子们并不关心交流中的事实真相，这是交流中令人不快的一点，但还不是唯一的一点。从这个角度看，网络蛮喷实际上依然是一种老套的话语类型——只不过是挑衅的最新表现形式。通常，我们直言挑衅某人时，并不会对我们挑衅的事情感兴趣，网络上的挑衅反应也同样如此。正如挑衅这个词的拉丁词源所暗示的那样，它作为一种交际行为，目的在于导出一种声音，此声音更多是表达情感，而非用于认知或语用。事实上，挑衅的意义并不是想从对话者那里获得额外的知识或行动，而是获得额外的情感，以激起对话者参与交谈的情绪，它的目的通常是增加对话者回答的负面情绪，这些情绪包括愤慨、烦恼和怒不可遏。

然而，正如修辞学家所知，挑衅可以作为一种有益的实用手段，甚至能够对双向交流产生积极的影响。比如，当我在一个问题上激怒我的搭档时，不是因为我想看到她或他生气，而是因为我认为他或她在某个话题上的情感投入不够。众所周知，在交流中，情感和认知并非完全分离，适度的情绪激活既有利于双向交流，又有利于得出结论。如果参与者以一种机器人的方式参与进来，交流便不会有好的结果。同样，过多的情绪也会导致交流中断，此时，一种想要变换自己的思想情感的需要取代了表达自己意见的需要。挑衅是一种艺术，激怒某人可以增强交际的娱乐性，但在某种程度上，挑衅又具有破坏性。网络蛮喷是一种挑衅，其与对话的主题无关，针对的是突发性情绪反应。适度挑衅的乐趣在于改变对话方式，甚至有时通过有意识地提高对话的情调，进而提升对话效果。喷子们的乐趣正相反，他们的主要焦点在对话中的情绪上，而非对话本身。

当抨击某人时，我不在意我说了什么，在意的是这些话背后潜在的情绪反应，也不管这是何种反应。这是网络蛮喷艺术的第一要义。简而言之，喷子们最重要的交流目标在于按下对话者最敏感的按钮。"按下某人的按钮"，这个惯用语用在这里很合适。实际上，这种利害关系，最为关键的不应该是引发某种情绪反应，而是控制这种反应，让争论的认知框架在这种情绪反应中过滤掉非理性的回应。然而，"按下某人的按钮"引发的是不受调节的情绪反应，在这种情绪反应中，对话者的消极情绪不会考虑认知和理性的辩论框架而突然爆发。喷子们的最终目标是被他的受害者辱骂。

2.3 网络蛮喷 VS 开玩笑

正如我们所知，网络蛮喷既不是简单的挑衅，也不只是在开玩笑。笑话、幽默和其他具有反讽色彩的话语在人际交往中发挥着重要的作用，幽默地取笑对话者，可以获得卓越的说服效果，这个过程本身也是一种令人愉快的活动。自发的审美愉悦源于在取笑他人的同时，让他人也意识到自己被嘲笑并做出的回应，这种审美愉悦关乎人的控制欲。说服的乐趣在于意识到我们可以通过改变他者的思想来控制他者，反讽的乐趣则在于意识到可以通过改变他者的心态来控制他者，例如制造温和且无伤大雅的刺激来调侃朋友。在反讽的对话中，我可以开玩笑式地佯装坚持自己并非真正坚持的观点。如果是这样的话，我的对话者可能无法接受。因此，用开玩笑作为交际目的的实用性之一，便是测试玩笑式对话关系的极限。通过说出让我的对话者无法接受的事情，通过信号传递一些特殊的会话标记，如音调、面部表情、手势等，开玩笑式地说出事实上我并不相信的话，以此来研究认知，尤其是"严肃性"的双向交流的框架之外对话者的情绪反应。玩笑就如同一个体育馆，在这个体育馆中，两个竞争者训练、评估对方的力量，却没有真正与陌生的对手开展激烈的战斗。事实上，调侃本质上的审美愉悦，不仅在于意识到对话者情绪的可控性，还在于确保在沟通过程中，控制调侃的话语在被对话者尊重的极限范围内，只有如此，调侃才不会被视作语言暴力，甚至引发肢体暴力。

网络蛮喷在交流中也存在言语玩笑的成分，但喷子们不相信自己的所言所写。不同的是，成功的反讽对话要求信息的发送者和接收者都承认两者所说的话，而成功的网络蛮喷意味着只有信息发送者及喷子社群才会意识到，他们的表达中并不具有有价值的内容，而信息接收者则坚信内容和表达之间存在的某种关系。因此，网络蛮喷对接收者而言，不是出于交际性质的玩笑，其根本目的不是有趣地调侃他者，而是恶意嘲笑。

换言之，网络蛮喷的受害者已经被逼入低级的会话水平，在这种情况下，他们不再是交际场景的极限测试者，而是变成了这一场景中的牺牲品。双方在对话中开玩笑，本来是为了进一步了解彼此尤其是对方的性格，但在网络蛮喷的对话中，信息的发送者却明确地享受这样一种结果：接收者不理解并且陷入"无限的玩笑"中，而这些玩笑又是发送者认为无足轻重的。在信息发送者和接收者玩笑式的调侃中，双方能够互相试探控制对方情绪的能力，然而在网络蛮喷那里，这种相互关系被破坏，受害者成了被网络蛮喷操纵的傀儡。因此，网络蛮喷目的不在于测试对话者关系的界限，而是为了让信息发送者知道，他们的无所不能是一种自恋错觉，并以此当作与喷子社群相联系的纽带。

事实上，网络蛮喷不仅是在明显地挑衅话题，而且这种不透明的玩笑，对接收者来说，需要在交往实践中具有两个更务实的元素：匿名性和掺和性（choral）。

2.4　网络蛮喷 VS 防御性匿名

关于匿名性，如果受害者弄清楚了网络上"蛮喷"的套路，网络蛮喷现象便不会发生。有心的笑话在朋友之间是可行的，因为笑话在某种程度上可以理解。玩笑开得越久，测试友好关系极限的风险越高，最终会危及这种友好关系本身。因此，长久而难懂的笑话只限于好友之间，而非陌生人之间。原因很简单：在长时间取笑陌生人后，需要大量交流的精力和行动来"结束"这个玩笑，从而使之回归到无反讽的交流框架中。相反，网络蛮喷则永无止境，它的审美愉悦恰恰源于其受害者在任何时刻都没有领悟到或者有可能领悟到：他或她沉浸其中的对话交流，实际上是一个玩笑，是一场可以随时退出的言语游戏。

以此来看，我们将会更清楚地认识到，在应对网络蛮喷的掺和时，他们这种做法的虐待倾向。这意味着他们是通过将对话者贬低到情感傀儡的地步来获得审美愉悦的。然而，这种具有虐待倾向的行为，为了结束游戏，不会给受害者带来安全的话语。相反，受害者必须忽略他或她被取笑的讽刺框架，因此，他或她不能确定转换的对手是在开玩笑。朋友之间有心的玩笑，迟早会公开，即使在玩笑公开之前，被戏弄者也不完全相信其朋友的行为和说话方式，因为这与他们日常的行为方式形成了鲜明的对比。例如，在法国喜剧《起名风波》(What's in a Name?)中，文森特是一名房地产经纪人。他开玩笑地向他最亲密的两位朋友克劳德（Claude）和皮埃尔（Pierre）透露，他将给自己的第一个儿子取名为"阿道夫"（Adolph）。朋友们听后感到震惊，不敢相信。开玩笑的时间有点长，结果，灾难在这三个男人以及周围人之间爆发了，因为主人公的这个玩笑与他们熟知的故事水火不容（译者注：大家都恨阿道夫·希特勒）。危及正常关系的玩笑是糟糕的，要么是因为它过分地挑衅了话语的边界，要么就是持续的时间过长。这样的玩笑无论在对话层面还是社会层面都会带来破坏性的后果。相反，能够使受害者意识不到自己被"喷"的喷子则最为狡猾，他们可以在不断增强的情绪张力中持续下去，获得越来越大的快感。对于喷子们来说，没有什么比这更开心的了，尤其是当他们目睹了社交网络中的陌生人被他们的话语所激怒，陷入愈加激烈的争论、最终辱骂，甚至搅起威胁漩涡的过程之时。

目前的问题是，到底是匿名性的增强产生了网络蛮喷，还是网络蛮喷的出现提高了对匿名性的需求？如前文所言，和反讽对话相比，网络蛮喷通常需要更高程度的匿名性。在数字通信和社交网络中，网络蛮喷的话语形态既是匿名性增强的原因，亦是其结果。这种匿名性未必出于一种积极的需要，不过确实存在一种更为普遍，甚至更有害的匿名形式。这种匿名形式出于这样一种现实情况：当没有任何规则时，在数字符号网络中与数以万计完全陌生的人互动的频率会更高。在数字通信尤其在社交网络中，人们觉得自己是隐形的、匿名的，不仅可以伪装，还觉得自己是广大民众的一部分，置身于民众中的发言者可以不承担个人责任。在此层面上，他们的不负责任，在于他们可以不用为自己的言行而对任何人做出回应。从这个角度来看，数字网络交往通常会带来可怕的伦理效应，就如同空间距离所暗示的那样：人们不关心他们在空间距离中接触的他人，因而可以在情感上疏远他们。当这种关系距离不对称时，甚至会出现施虐倾向或暴力态度。从摩天大楼的顶端，或从军用无人机的屏幕上观察其他人类时，想到要消灭他们，反而不会产生特别负面的情感，仿佛这些人类都只是卑微的蝼蚁。

很多时候，以数字通信和社交网络为代表的交流环境具有空间上的距离，这一空间距离引发的无伦理的后果，反而让参与者有这样一种印象：他们之间紧密联系在一起、熟悉彼此、相互亲近。道德距离和虚拟亲密结合在一起，导致了一种爆炸反应：在这种情况下，许多人会对他们的数字对话者产生虐待狂般的暴力态度。网络蛮喷就是最典型的一种现象。我与你交谈，参与会话，但目的不是为了和你交流思想、情感和行动计划，而是为了随心所欲地按下使你情绪爆发的按钮，你的愤怒便是我的愉悦。

在专制社会，匿名是必要的，它允许受迫害的少数群体成员用这种方式表达自己的想法，以便获得强大的舆论力量和权力来推翻政权。然而，在非专制社会中，匿名则不能。它不是为了保护被压迫的声音，而是为了压迫不受保护的声音。匿名是一种修辞工具，但不是握在被权力迫害的人手中，而是握在施虐者的手中，就如同握在刽子手上的引擎盖。在某种程度上，网络蛮喷是一种言语酷刑，因为它不是为了从一个受折磨的身体或灵魂中获得各类信息，而是通过展现无实际意义的痛苦场面来获得快感。

2.5 网络蛮喷 VS 公共话语

这就是网络蛮喷的掺和性不应被忽视的原因。网络蛮喷如同酷刑，这不只是施虐者和被虐者之间的事。在格雷马斯（Greimas）符号学中，酷刑和网络蛮喷之间通常有一个隐藏的行为观察者。也就是说，这是一场可以通过观察虐待并能够从中获得快乐的游戏。在某种程度上，玩笑也是如此：朋友之间开玩笑，不仅需要幽默信息的发送者和接收者，也需要第三者。第三者扮演的角色就是见证这个笑话，或者评判幽默的合宜性。但这并不意味着这一会话角色必须亲自到场，亲自观察这一具有反讽意味的对话。事实上，在大多数情况下，开玩笑的人也同时是笑话的目击者。他们因为能预料惊喜的效果而感到愉悦，也为玩笑的结束而如释重负。同样，网络蛮喷的场景中也隐藏着许多观察者，但很多时候，他们和喷子们拥有同样的匿名性：喷子们不会在他或她面前以及在一群朋友中"表演"；相反，喷子们为无数的隐藏观众"表演"。这些观众可能与那些无意中在网络上发现喷子们话语的观众重合，实际上他们变成了同样没有特定责任的匿名观众。因比，为了一个匿名观众，网络蛮喷需要一个匿名的施虐者展开无休止、无结果的挑衅，在某种程度上，数字大众有些类似那些兴高采烈地去观看公开处决场面的人。

2.6　网络蛮喷 VS 论战

通过与类似的话语实践比较，我们可以将网络蛮喷话语中最为主要的符号成分挑选出来：对话题无感的挑衅、无休止的玩笑、信息发送者和接收者的施虐等级、网络蛮喷及其观众的双向匿名性、网络蛮喷"行为观察者"的掺和角色等。虽然所有这些语用特征都与社会文化背景密切相关（既是原因又是结果），它们能产生语义效应，但本身却不是语义性的。因此，我们必须对网络蛮喷的语义也就是与其相关的特定句段意义单独进行分析，网络蛮喷对话题的不敏感，并不证明这一话语实践可以在任何语义区域开展。为了让这种话语实践进行，它应该成为建议数字对话中心的意义领域一个争论的问题。

在符号域中，意义层面的争议程度，最终取决于符号域自身的特殊结构（Leone，2016）。从本质上来讲，没有任何话题能免于争议，也没有任何话题天生就具有争议性。抽象地说，为了让网络蛮喷成为一个争论话题，它的语义区域需要产生两种对立的价值论。一旦某个话题内部包含潜在的对立观点，该话题就有可能变成喷子们活跃的语义区。不管怎样，相似比较与相异比较在该区域中都合适。网络蛮喷不只是争论，也不只是挑衅或开玩笑，用格雷马斯的术语来说，若给予其一定的意义领域，网络蛮喷便能构建出寄生的位置，因此，喷子们不仅会抛出相反的命题，而且会与对话者的观点形成如镜像般的对立。

事实上，网络蛮喷在社交方面之所以令人不安，根源在于其本身无头脑，喷子们存在于与对手和受害者的关系中。喷子们的目的不在于表达完全不同的思想，说服对话者和（或）观众，而是致力于通过选择某个争论点来挑衅，不断增强对话者的愤怒情绪，从而取悦其如虐待狂般的观众，喷子们通常喜欢彻头彻尾的粗暴。然而，喷子们想要达到话语的效果，他们就要显得非常蛮横，同时必须遵守一种特殊的样态（aspectuality）①。事实上，"网络蛮喷的艺术"，并不意味着作恶者从一开始就使出令人厌恶的论点或路数来彰显其本性。如果受害者立马就能意识到他或她正在被"喷击"，这对网络蛮喷而言并不是一件好事。因为这样，虐待性对话就不会长时间持续，然而这种虐待正是数字网络现象美学的核心。该话语实践的样态，在于衡量争论的粗暴性，考虑到网络蛮喷语用上的虚构性，所以其最初的矛盾语义立场不会立即展示对话游戏的真实本质，而是将对话者拉入情绪的漩涡之中，继而开始越来越多、永无止境、令人难以忍受的争论。

2.7　网络蛮喷 VS 谎言

网络蛮喷不只具有具体语用学和特定语义学方面的特征，喷子们的句法逻辑同样也有助于话语类型的整体符号效应。事实上，为了激怒对话者，选择和支持相反的论点是必要的，但不是必需的。

若对网络蛮喷进行进一步分析，我们可以发现，喷子们的受害者之所以愈加愤怒，不仅在于喷子们持有的论点，还在于这种论证的语法。为了达到施虐的目的，网络蛮子们尽可能地使用不合逻辑的推理、重复、恳求、争吵和人身攻击等方法，以此巧妙地勾连出一串逻辑错误，构成一种反修辞手法。从语用学、语义学和语法——话语实践和生成文本交流中可以看到网络蛮喷的主要现象特征，虽然这种内部特征本身很难被详尽描述，但至少有助于理解网络蛮喷的社会文化背景、影响及其生成原因。

---

① 在语言学和符号学中，"样态"是指话语行为中质的时间上的再现，不是简单地描述事物发生的时间，而是描述其如何发生。参见莱昂内（Leone）2017 年的研究。

2.7.1 痛苦

网络蛮喷的成因以及它的特征相对容易观察和分析，但其带来的社会后果则见仁见智。一方面，人们可能会认为，网络蛮喷肆无忌惮地测试对话者容忍度的极限，实质上是有益的，因为它揭示了当今数字对话中的悖论、禁忌和伪善。从这个角度来看，网络蛮喷也许会被看作是高度非常规声音系列中的一个新实例。无论是苏格拉底的牛虻伦理学（gadfly ethics），还是现代小丑美学，它们都促使社会摆脱根深蒂固的确定性，促进社会道德精神的革新进步。实际上，一个能够对抗网络蛮喷的社群也会因此变得更强大，能够区分可容忍与不可容忍的界限。例如，喷子们时常侮辱对英年早逝年轻人的怀念之情，以致给受害者家属造成额外的痛苦。这毫无疑问是一种虐待行为，这种行为在所有的道德社会里都无法被接受。无论何种文化，对年轻人和无辜者的死亡及其家人的悲痛都应该表示尊重，或至少不应表现出不敬，这是人类共有的基本情感。喷子们通过忽视和践踏这一禁忌，无意中揭示了数字领域中传统移情模式的危机，以及虚伪的全球性悲痛。与此同时，通过这些反对喷子的行为和恢复禁忌，社会会更新并加强人们的道德界限，重新定义和强化道德允许和不允许之间的区别。

2.7.2 元痛苦

网络蛮喷最具破坏性的影响，并不在于通过虐待性的对话制造痛苦，还有一种元痛苦更具破坏性。因为只有喷子才会将事故受害者残缺尸体的照片发送给受害者的家人，尽管这种行为确实令人发指，但实际上当我们无法辨别网络蛮喷时，它带来的元痛苦则更具破坏性。通常来说，网络蛮喷带来的最坏的社会后果，便是它越来越难以被辨认出来。将话语片段标记为"网络蛮喷"是否可行，不能简单地取决于上述语用、语义和句法特征，网络蛮喷具有话语系统特征，这些是定义网络蛮喷的必要条件。然而，只有根据这些话语的意向性才能完全定义网络蛮喷。换句话说，只有当具有挑衅性、破坏性、粗暴的文本出现时，才能将其定义为"网络蛮喷"。喷子们的所言并非其所信，这并不意味着他们的话语都是谎言，而是说他们所表达的，与其实际相信的相反或相互矛盾。实际上，最终能够定义网络蛮喷的是喷子们在对话中的所言与其所信的无关性。

　　网络蛮喷深深地违背了人类文明中的交流伦理。喷子们从内容中扼杀了表达，分离了能指与所指，断绝了意图与沟通。对喷子而言，重要的不是沟通所指向的无形的思想或情感，而是激起显而易见的愤怒。用一句隐喻概括，网络蛮喷在社交方面的重大危险，不在于它污染了流通的水域，而在于它使人们愈加难以辨别饮用水和非饮用水。哪些是正常的主流批评？哪些又是喷子的言论？在阴谋论中，网络喷子亦是如此，其虐待性的话语实践最坏的后果在于非喷子的社会批评反而遭到否定。由于网络蛮喷四处扩散，结果便是社会批评言论和网络蛮喷话语难以区别。因此，丢弃个案。如前所述，反讽一直是解除正常精神状态的有力修辞手段，但匿名性网络蛮喷的扩散使这一武器无效，它在数字网络竞技场中无法发挥作用，这就是著名的南森·坡（Nathan Poe）法则：在充满喷子的世界里，我们将无法使用讽刺。因为它总是被人误解，相反，非讽刺性的陈述恰恰实现了嘲讽的目的。

　　想象这样一个世界：每当有人说了我们不喜欢的话，我们竟然无法判断，他或她的所言是否应该当真。或许，实现这样的世界并非不切实际或甚至遥远。在这个世界里，交流不再是为了创造解释社群、和平解决矛盾的话语结构。这就是为什么很难将这种典型的网络蛮喷数字现象，贴上诸如"右翼"或"法西斯主义"等标签。这些话语类别来自不同的时代。但不可否认的是，网络蛮喷通过一个有组织的交流区，以此鼓励那些虐待狂般的，因别人的悲痛而开心、创造和愚弄的异类者，尤其破坏了那些正好给予参与者解决冲突的非暴力框架的交流。其本质上是一种法西斯行为，但在社群的建立和维护中茁壮成长，在这个社群中，内聚力和美学都建立在对受害者痛苦的征服之上。

2.8　结论

　　符号学家与社会学家的工作应当有所区别，前者可以通过对网络蛮喷话语现象的清晰描述来帮助后者，而后者，想要充分了解这种具有破坏性和暴力性行为的原因及后果，则需要文本以外的信息。在目前的情况下，我们只能进行一些假设。这些假设都源于这样一种考虑：喷子们的语用、语义和句法特征，实际上是一种对痛苦的社会和存在状态的反应，他们试图以此来消除痛苦。那么到底是什么促使喷子们这么做？首先，社会学家已经指出，网络蛮喷可能是在普遍态度中，一种特别引人注目的症状，可以给它贴上"无综合征"标签。如今，社群很难紧紧围绕积极的价值观的有关话题展开分享和解释；相反，它们更容易陷入负面话题，尤其是那些被认为是反对"主流"或"权威"的观点。从这个角度来看，网络蛮喷的吸引力在于它能够为那些痴迷于瓦解"道德主流"的人提供一种社群感、归属感和权利感。这种"道德主流"在后现代社会中变得越来越窄，基于这一事实，喷子们不得不采取愈加疯狂的行为，界定其反对的意见。对他们而言，唯一的方式便是保持一种存在感，形成所属社群的共识，即公开支持残忍的行为。如果说民粹主义是一种社会弃儿的反抗，反抗的是他们认为的政治代表制度所存在的弊端；那么，网络蛮喷便是道德弃儿的反抗，反抗的是他们认为的社群主流道德观。这种感觉让网络喷子们沉迷于道德优越感的欣喜中，抑或完全无所感受。

  为什么有人（尤其是年轻人）要通过采取荒谬而又令人讨厌的行为引发对话者的愤怒并以此获得审美愉悦呢？最终的答案可能是这样：在传统的交流场所中，喷子们感到无能为力，他们无法说服任何人、任何事，更糟糕的情况是，任何事、任何人也不能将喷子说服。他们唯一被允许做的，就是破坏对话机制，如同一个无法逃脱被杀而推翻棋盘的玩家。换个更合适的比喻来说，就好比一个不知道怎么玩弄玩具的孩子，最终不得不将它拆分。而不幸的是，越来越多的喷子正在力图摧毁这个玩具，摧毁玩具无关紧要，真正紧要的是摧毁公共话语。

  本书第一章"无意味的装柜"以皮尔斯符号学为基础，提出了无意义的分类，认为无意味不是无意义，无意味代表着人类从语言中退出，进入无声之域。第二章聚焦网络蛮喷，分析了当下民粹主义者对数字无意味的反应。如今，许多人（尤其是年轻人）发现：在日益数字化的符号域中，很难创造出一个有意味的个人身份。因此，他们有时会对这种痛苦做出极端的反应，不仅从数字对话中退出，而且还破坏了这一话语机制：如果我不能在网络上获得意味，那么我将把网络变成一个无意味的地方——这就是网络蛮喷的有害哲学。

  然而，网络蛮喷只是其中的冰山一角，互联网数字对话中的无意味风险和丧失自我的反应，不断破坏着公共话语的建构，进而影响舆论。自恋式的努力保存一个人在数字社会中的自我意味是如此令人绝望。发生在互联网上的思想、情感和行动计划的交流，往往变成一部部怪诞的哑剧。在这些哑剧中，双方激烈的辩证对抗方式，比实际的交流内容更为重要。这也是下一章"无意味的意见相反者"想要指出的问题。下一章将通过对网络中发生的事情开展进一步研究，寻找当相反意见开始出现并对有争议的主题进行交流时，人们为了使自己的声音显示出意味，是如何采取暴力的或网络蛮喷的姿态的，以及在表达有意味的观点时是如何抢占主导地位的。

3 无意味的意见相反者：数字竞技场的地位之战

> 我们应当坚信，最伟大的战斗即将到来，我们必须为之做好准备，不惜一切代价获得力量，因此，我们必须与诗人、历史学家、演说家以及所有能救赎灵魂的人交流。
>
> ——弗雷德里克·摩根·帕特尔福德（Frederick Morgan Padelford）《致年轻人的信：如何正确使用希腊文学》，1902

3.1 引言

社会科学主要从语义角度关注社会舆论的形成，即在一定的语义场内，采用访谈、统计和其他分析工具来映射观点的分布、演变、冲突和统一。社会符号学、社会的符号学以及其他与社会调查相关的符号学分支则通过提供分门别类的符号学网格，为这一研究做出贡献。这些符号学网格种类大多数也与社会及其文化中所传播的语义内容有关。

本章将展开一个不同的假设：在当今社会，社交网络作为一种主要的个人表现形式，已被广泛接受，因此，舆论的形成不能仅从语义角度进行研究。事实上，个人的声音、团体和社群的信仰，变成了日益庞大的群体，其中立场的确立更多地取决于句法逻辑而非语义逻辑。但这并不意味着人们不信其言，或者漠不关心。相反，他们坚信并且也很在意。只不过他们在群体中的个人立场，以及由此而生发的各种观点，更多地源于他们对分化（differentiation）的渴求，而非真正地关心社会事务。这在一定程度上说明了当下舆论的社会形态具有极其矛盾的特征。相比坚持主流意见，如果能彻底地否定以前的立场，或许是一种更有效的差异化手段。现代技术和沟通方式是否把大多数社会行动者变成了盲目的意见相反者？这是本章讨论的主要问题，通过个案研究聚焦当代社会最具争议，也最为核心的问题之一。

本章首先简要回顾2015年1月7—9日巴黎地区发生的事件（针对《查理周刊》的恐怖袭击），然后在调查的基础上，绘制出社交网络中关于该事件的舆论分化语言形态，通过符号学方法将其表述并呈现为：1. 割裂（cleavage）；2. 相对性的比较（comparative relativizing）；3. 模糊的讽刺（blurring sarcasm）；4. 匿名性（anonymity）；5. 无明确责任（unfocused responsibility）；6. 阴谋论（conspiracy thought）。以此创建一个新的符号方阵模式，用以直观地显示它们之间的方位、关系及其演变规律。

3.2 悲剧与仪式

我和大多数欧洲公民一样，对2015年1月7日发生的悲惨事件感到痛心。我在里昂当客座教授的时候，巴黎恐怖袭击的新闻听起来离我更近，而且在某种程度上有点超现实。我对巴黎非常熟悉，曾无数次地在恐怖袭击发生的街道上慢跑，这令人难以置信。然而，随着报道和评论数量的激增（我用好几种语言进行媒体监测），我竭力保持自我冷静，把自己分为两个自我，不去分析那些令我无法承受的事件，而去分析事件背后的话语。当恐怖分子被法国警察的特种部队包围时，我不禁自问：从当今世界接收新闻的常规模式来看，在新闻再现之前需要多长时间？事件发生后多少天，这些反复出现的声音才会浮出水面，并为发生的事情提出解释性网格？

答案很显然，立即或几乎立即，在这令人震惊的消息发布几小时后，刻板的解释模式开始出现。就此我开始怀疑，正如我在本章所怀疑的：报道的关键是不是不在于这些被接收的内容，而是其内部结构？[①] 报道的内容确实看起来如同小说，因为它反映的情况似乎闻所未闻。然而，这种信息接收方式在某种程度上也是一种仪式[②]。我的研究并非指向新闻媒体中开始流行的复杂评论，军事专家与形而上学的哲学家等专业人士的介入，而是指向匿名而又分散的新媒体——社交网络[③]上的评论，以及关于评论的评论。我会将这些解释图示化，并提出问题：他们反复地例示2015年1月巴黎恐怖袭击等悲剧事件的反应，是为何？又出于怎样的目的？

3.3 割裂

本章认为，第一个趋势名为渐进式分化。在法国媒体中，这种分化常常被冠以"割裂"的贬义名称。《查理周刊》漫画家被杀的消息，迅速激起公众的情绪反应，在某种程度上，这种反应与悲剧[④]的象征内核相称。受害者大多是讽刺漫画家，恐怖分子之所以杀害他们，是因为在恐怖分子眼里，漫画家竟敢多次

[①] 对舆论的符号学分析依旧相对不足，尤其是在社交网络研究方面。参见艾赫拉特（Ehrat）于2010年对媒体中"丑闻"事件呈现的符号学研究。另参见盖恩斯（Gaines）于2010年的研究。一方面，该研究领域与"框架"研究比较接近，适用于部分地使用符号学方法，参见博坦（Botan）和索托（Soto）于1998年的研究；豪恩（Zhoun）和莫伊（Moy）于2006年的研究；博姆加尔南德（Boomgaardenand）和德·弗雷瑟（de Vreese）于2007年的研究。在"9·11"事件后，关于恐怖主义袭击中公众舆论的形成研究蓬勃发展，参见格林伯格（Greenberg）于2002年的研究；最近取得研究进展的是格哈德（Gerhards）在2001年的研究；福奈恩特（Frindte）和豪瑟（Haussecker）在2010年的研究，阿奇特（Archetti）在2013年的研究。另一方面，从理论的角度来看，关于舆论形成这一主题的符号学分析与"生活方式""生活形式"及"存在方式"的符号学研究交叉，参见丰塔尼耶（Fontanille）在2006年的研究；西尔伯贝格（Zilberberg）在2011年的研究；法国符号学期刊《新行为符号学》（Nouveaux Actes Sémiotiques）中有几篇关于这一主题的文章，如兰多斯基（Landowski）2012年的文章；论社交网络中解释框架的形成，参见刘（Liu）2007年的文章；在同一期刊上，参见兰格（Lange）2007年的文章；同样参见阿达米（Adami）和克雷斯（Kress）2009年的文章。

[②] 仪式研究在当代传播分析中的应用并不新颖，至少曼彻斯特学派早已研究。参见汉德尔曼（Handelman）1977年的文章；利布斯（Liebes）与科伦（Curran）1998年的文章；论仪式研究的"框架"参见汉德尔曼（Handelman）2006年的文章。

[③] 社交网络中有关舆论的形成研究日益激烈，尤其是在以"社会信息学"著称的研究领域中。参见亚瓦罗内（Javarone）和格莱姆（Galam）2015年的研究成果；海恩（Hine）2015年通过网络民族志方法对社交网络进行了研究；将网络蛮喷视作社交网络中构成舆论的形态，请参见惠特尼（Whitney）于2015年引人深思的研究（当然还有前一章）；通过社交网络传播毫无根据的新闻参见阿伦（Aron）2014年的研究；研究社交网络中身份的社会心理动力学，目前有大量且不断增加的文献；最近有价值的研究贡献包括巴利克（Balick）和巴比里（Barbieri）2014年的成果；鲍尔（Power）和柯万（Kirwar）在2014年的调查。

[④] 论恐怖主义在西方媒体中的概念化，参见施瓦尔茨-弗里泽尔（Schwarz-Friesel）和赫罗明加（Kromminga）2014年的成果。

代表伊斯兰教的先知穆罕默德（Mohammed），并常常带有强烈的讽刺意味。① 因此，在情感信息上，漫画靠近受害者，表达的是被袭击的表现方式，这些漫画开始在网络尤其是社交网络中传播，人们最早在视觉层面而非口头语言层面做出反应，因此，这种回应的能力类似病毒性传播得到增强。不是每个人都能画漫画，所以，传播的主要还是专业漫画家的作品，这些作品被发布到社交网络中，最初对杀戮事件做出反应的视觉话语，往往只是集中在几张图片上，但它们在网上广为流传。民众对漫画信息逐一分析，以此表达他们对该事件的明确态度，但大多数人倾向于将同类信息合并，并以口头方式总结为："漫画比武器更有力，它最终会胜利。"（如图3-1所示）② 当然，这其中也不乏其他的语义表达，但这些不是主流。

图3-1　达林·贝尔（Darrin Bell）于2015年1月8日第一次在坎多维尔（Candorville）发布的漫画，用讽刺方式强调《查理周刊》事件中恐怖分子的力量。③

---

①　关于漫画事件的参考书目相当丰富。调查性文献：克劳森（Klausen）2009年发表的文章；格伦达（Grenda）、贝内克（Beneke）以及纳什（Nash）2014年的研究成果；辛德曼（Sinderman）、彼得森（Petersen）、斯洛斯（Slothuus）以及和史塔佩格（Stubager）2014年的研究成果；在丹麦语境中，辛勒姆（Sinram）2015年发表的文章；在德国语境中，阿塔（Ata）2011年的研究成果；查阅对比研究主要有埃冯（Avon）2010年的成果。

②　对漫画的符号学分析有着悠久的传统。参见康特莫里（Contemori）和佩提纳里（Pettinari）1993年的文章；埃尔·里法伊（El Refaie）2009年的文章；论漫画回应"9·11"恐怖袭击的符号学分析见哈特（Hart）和哈森察尔（Hassencahl）2002年的文章；通过对漫画进行语义分析，讨论在关键问题上公共话语的方法论问题，参见贾雷利（Giarelli）和蒂尔曼（Tulman）2003年的文章。

③　http://www.gocomics.com/candorville

第二个趋势，普遍且及时的反应都是视觉化的，哪怕包含口头语言及图像两种元素。

民众开始用"我是查理"（Je suis CHARLIE）这一句子做出特别的视觉呈现，该句子在视觉上采用了传统的杂志字体，以黑白为主，使用多种语言。① 这一非常简单的句子在修辞上却卓有成效，因为它建立在空指示性（empty deictic positions）的立场上（Benveniste，1966、1971；Manetti，2008；Ono，2007）。"我"等同于"查理"，时态上与句子本身的表达一致，没有指示的余地。因此，世界上的每个人都可以使用这个"我"，居住在它表达的时间中，并把它的内容传送到任何地方。"我是查理"意味着什么？起初，这是一种人类情感不清楚的表达，一种对被残忍杀害者的同情。换句话说，在全网上不断扩散的许多"我是查理"的例子，实际上并没有明确表明"我同意被杀的漫画家的想法"，而是"你因你的想法而被杀，所以我是你"，甚至更为普遍的是"我是你，因为你在做你的工作时被残忍地杀害了"②。

我们可以将这上面两种反应分别称为病毒性视觉反应和个人身份识别。它们都具有自发性特点，这些反应在悲剧发生后的第一瞬间介入，而当时的事实情况却处于变化之中。③ 相比之下，在随后的阶段，当社会对悲剧的反应从情感、视觉和亲密的独白转变为理性、口头、集体的对话或复调时，刻板模式开始塑造公共话语。换句话说，第一种情绪反应新奇而惊牙，接下来的反应却是机械的、普遍的，有时甚至令人难以忍受，不近人情。这证实了社会话语冷峻的预测性。一般的专家可以轻松地预测下一步的行动。第一步最为简单，民众通常会在此行为中形成自己的价值观，展现自己的身份：否定④。尽管数百万

---

① 法国平面设计师乔基姆·罗森（Joachim Roncin）在袭击事件发生后立即创造了这个口号和它的视觉形态。代词和动词"我是"源于罗森自己的杂志《设计师》（*Stylist*）的版式字体，"查理"则采用《查理周刊》的版式字体，该口号最早在推特上发布，然后病毒般地在网络上传播开来。

② 论同理心的符号学，参见科赫（Koch）1989 年的文献；论叙事同理心，参见基恩（Keen）2006 年的文献及莎法·波勒（Cfr Boler）1997 年的文献。

③ 关于此类集体情绪反应的社会符号学分析，参见兰德沃斯基（Lardowski）2004 年的研究。

④ 关于否定的文献资料非常丰富。从符号学的角度来看，其是 1991 年符号学研究的中心；诺斯（Nöth）于 1994 年发表了相关文章；以及伊博（Ibo）于 2012 年发表了相关文章；《新行为符号学》2011 年第 114 期也完全致力于否定研究（参见 http://epublications.unilim.fr/revues/as/2730，最后一次访问时间：2018 年 1 月 17 日）；莎法·多娜（Cfr Donà）于 2004 年发表了文章；沃森（Wason）在 1962 年对否定的社会心理学做了早期研究；综合性调查，参见杨（Yang）于 2005 年的研究成果。

人在社交网络上复制同样的泰坦尼克号漫画,也采用同样的口号,但很快就有人渴望脱颖而出,展示他们的个性,彰显他们是少数派中的一员。

可以争论的是,这种对抗和个性化的策略,相对独立于它的实际内容,并且在符号域特别是在社交网络中,在每一次集体回应的时候便开始自我复制。换句话说,当社交网络中产生病毒式的"A"解释时,片刻之间,在同样社交网络中一些人便开始宣称"非 A"。然而问题的关键是他们对"A"并不真正地感兴趣,他们钟情的只是"非"。也就是说,他们为拥有自我否定的权利而感到乐不可支。当数百万人在集体反应中融入他们的情感个性时,他们便获得了存在感,而另一些人则感觉受到了威胁(Canetti,1960)。不管付出什么代价,他们都渴望从人群中脱颖而出。

作为一名持相反意见的人,他在数字社交网络中的初期的个性化,便是否定所有人都在重复的事情,这是实现细微差别的必经之路。事实上,"我是查理"这个口号可以被无理由接受(它的合理性在于传播本身,情感功效的渐进一致性)。相反,反对者必须无条件地证明"我不是查理"。我们给出了不同的论据来解释对立的第一层级,其中最常见的是这样一种观点,即虽然对漫画家和其他受害者的悲惨命运赋予同情,但又觉得伸张对该讽刺性杂志的认同并不合适。人们宣称"我不是查理"反对的是其中的内容和语气。这第一层级的对立,令人不安之处在于其冷漠:当 11 位受害者的尸体尚有余温,因打着意识形态的旗号被残忍屠杀时,焦点不在于难以言说的暴力谋杀,而在于杂志的评论标准,这怎么可能?这当然可能,因为在某种程度上,这与杂志无关,相反的是,它表达了一种"人类,非凡人类"的分化本能。人们虽有同情之心,但又渴望脱颖而出,不想融入"我是查理"的普罗大众,因此反向而行,打出"我不是查理"的旗号。重要的不在于这种立场能否站得住脚,而是能否凸显其个性,能否围绕某一观点和角色来表达独特的形象。

然而,这两个正面和负面的宣言是否处于同一水平呢?为什么前者被认为是一种对悲剧的情感、本能、集体的反应,而后者则被当作一种冷漠的、有预谋的以及个人主义的对抗反应?产生这种差别的原因众多,但最根本的只有一个:那些选择"我不是查理"的人,并不是对现实做出反应,而是基于现实之上的话语,他们与枪击事件的关系则是次要的。因此,从某种角度来说,这也是一种缺乏人类移情能力的行为。而支持"我是查理"的群众不是也在回应媒体提供的现实吗？这个集体的大多数成员，确实没有直接目睹这场悲剧，而是通过法国和国际媒体令人伤脑筋的叙事方式得以知晓。那些对受害者表现出无条件同情心的人，他们的行为反应与高举"我不是查理"言论的人，处于不同的话语层次。我们应当明白，当今影响数字社交网络传播话语的复杂性之一，便在于没有区分话语层次，就如死亡现实的信息与关于死亡现实信息的信息是两个话语层次。

3.4 相对性的比较

在修辞分化的第二种形式中，这种区分的无力感更加明显，不仅因为对立（你说"是"，所以我说"不是"），还在于当今社会话语的另一种固化动力，即"相对性的比较"。这种争论模式的结构在社交网络中非常普遍。可以这样总结：每当集体表达同情，或只是倾向原因"X"时，个体就会通过对比这种倾向性来构建自己的身份。在"我是查理"案例中，当该事件出现在网络上几小时后，"我不是查理"便开始扩散，不仅通过批评《查理周刊》杂志的内容（对立），也通过对比：如何看待记者"Y"在该国家被迫害？恐怖行动中的被害者"Z"又怎么办？为什么人们不说"我是Y"或"我是Z"？该分化过程，在一定程度上更有害，因为它投射出一种关于移情的意识形态网格。从这个层面讲，永远都会有受害者、大屠杀以及种族灭绝等，相对于该事件，这些更值得我们思考。持对比观点者会说："我的受灾群众比你的状况更差吗？停止抱怨。"这种修辞模式在网络上的病毒性影响，让移情的实例倍增：不和谐的对话，每一时刻都充斥于社交网络，每个参与者都会想出一个原因。比如，关于不公的来源，关于存在于某个地方、某段历史中、某个时刻的创伤等。并借此情形留言："关心我，而不是《查理周刊》，我同样或更值得被关注。"

如果想要对该争论模式导致的离奇观点有所了解，我们可以参考下面的案例。案发期间，基于网络而发展的私人交通工具优步，在意大利都灵市越来越受欢迎，尤其是在学生和年轻人中间。出租车司机非常愤怒，他们抱怨客户流失，他们的执照价值也有所贬值。因此，他们不断抗议，抗议活动有时甚至非常激烈。在其中的一次抗议浪潮中，他们开始在出租车的车窗上贴纸条。这些纸条很像"我是查理"的贴纸，运用相同的图案、颜色以及字体，但"查理"

被替换为"合法出租车"（如图 3-2 所示）。因此，原先表达对恐怖袭击受害者的移情心理的标语，被用来吸引公众关注面临优步威胁的出租车司机，这就是对比过程可能导致的道德反常：无数的、或多或少的严重不满，它们运用"我是查理"的模式来争夺媒体的关注。然而问题在于：从话语角度来看，没有任何人是赢家。

图 3-2　这是在都灵市一辆出租车的车窗上贴着的"我是合法出租车"标语，作者拍摄。

匆匆一瞥，这种争论结构似乎是做加法，"我们不只说'我是查理'，也可以说'我是 Y'或'我是 Z'"。然而实际上，这种争论模式却是在做减法。它寄生在群体围绕某个议题而分享的情绪负荷中，以便将其中一些情绪负荷引到其他地方。这个减法的最小公式是一个简单的词："但是"。这个词在几乎所有语言中都有相应的词。而且，在逻辑上最重要的是，它在语义上引入了否定性的分化[①]。"我是查理，但是……"这个词的语义结构所提示的，与当代社会话语中最矛盾的种族主义句子之一相同："我不是种族主义者，但是……"这个"但是"实际上使所有反种族主义者的自我界定无效，也使"我是查理"身份背后的所有移情破碎。事实上，这样的"但是"会使人们摆脱情感痴迷状态，并在认知上将他们的移情注意力转移到其他地方。

这种相对性对比合理吗？多样性的意识形态通过数字社交网络自然地传播，看起来中立，但仔细观察这个复杂的话语竞技场，人们不禁怀疑，这种第二级分化更多地源于形式模式，而非对特定内容的敏感。换句话说，最重要的是，他们并不是急于把各种不满摆到台面上来，而是要通过某种方法，低调处

---

① 论"但是"作为分化的主要操作符之一。参见格雷马斯（Greimas）1975 年的研究成果。

理位于公众注意力中心的事物,竭力解除集体主义的魇咒,以便重新引入让话题再碎片化。因此,每当网络中形成情感共同体时,一种自古以来对集体的恐惧感就会呈现出来。而出于本能的个性化反应,就会让许多人站出来,大声地表明他们反对的立场,他们也因此获得了转瞬即逝的公众关注。

任何差异化背后都有利可寻。最简单的形式莫过于通过差异创造价值引人关注。在某些情况下,价值的创造不是通过消极的差异化,而是通过积极的创造力。在《查理周刊》编辑部遭到恐怖袭击后,班克斯(Banksy)的一幅画开始在全球网络上传播开来,实际上这幅画由露西尔·勒莱克尔(Lucile Leclerc)在2015年1月7日所作。这幅画对"今天"和"明天"进行了视觉上的比较:"今天"是一支折断的铅笔,"明天"是一只被折断且变成了两支被削尖了的铅笔。这幅画很巧妙,因为它传达的信息直接、有力且明确:今天漫画家被杀害,明天他们的数量会倍增。自由和创造力战胜了蒙昧主义及约束。这幅画之所以获得极大成功,原因还在于,它通过形式表现了信息:班克斯的创造力在于颂扬创造的弹性能力。因此,这张图片变得非常流行,并在互联网上被广泛分享(如图3-3所示)。

图3-3 为《查理周刊》而作的漫画,被认为由班克斯所作,实际作画者为露西尔·勒莱克尔(Lucille Leclerc)(2015年1月7日第一次被露西尔·勒克莱尔发布)①

---

① http://lucilleclerc.com/lucilleclerc-07-01-15.html

然而，除了创造性的正向差异分化、个性化潜力巨大这两个因素外，还存在无数的微观实例。这些实例并不是通过创造力，而是通过否定来制造差异的。割裂和相对性比较就是其中的两个典型案例：当"我不是查理"被发布在脸书（Facebook）上，或者当出租车上贴着"我是出租车"的纸条时，一些力量会寄生在集体移情心理中，以获得片刻的关注，哪怕这种关注使人愤怒和不快。但这是否合理呢？只有集体拥有贴标语的权利，而少数派或持其他的立场的人不该拥有？这样的主张无异于鼓吹集体专政。同样，那些不具有集体移情心理的人，以及不可知论者之间也存在逻辑差异。例如，有的人不会展示任何"我是查理"的贴纸，相反，有的人则存有反对集体的另一种偏见。

当代学者的职责，不仅在于思考当所有否定实例被排斥时，社会将会发生什么，还应当思考，当集体移情因割裂和相对性比较不断被打破时，社群将会发生什么，持意见相反者的个人主义行为是否也会导致一定程度上的道德瘫痪？在这种情况下，持续的竞争性主张的并存，是否会破坏所有道德工程建设？换句话说：如果一个社会再也不为恐怖主义袭击中的受害者沉默一分钟，也没有个人的声音来打破这种沉寂，那么社会将发生什么？数字社交媒体中普遍的自恋行为是一股强大的力量，有时会损害社会凝聚力。

正如前文所述，没有什么比通过否定来获得关注更容易的了。普罗大众称"我是查理"，"我"则通过对立或对比让自己被区分开来，从而赢得了一小群追随者的关注。这一小群人也许和我的想法一样，但大多数人可能也渴望成为与大众相对立的少数派来区分自己。为了融入少数派，"我"必须分享他人的观点（个别少数派和个别语言一样难以接受），然而，个人在少数群体中经受的同化反应与大多数人或持主流意见的人被强加的不同。尽管如此，同化反应仍然保有"通过否定来区分"的价值。

3.5 模糊性讽刺

第三种程度的差异性分化加剧了对立和对比的语义和语用效应。在符号域中，信息开始激增，这些信息不仅试图否定大众的情感凝聚力，将其焦点转移到其他领域，而且也构成了一种反陈述（anti-statement）。法国讽刺喜剧演员、反犹太主义活动家迪厄多内·姆巴拉·姆巴拉（Dieudonne M'bala M'bala）① 就是个例子。2015 年 1 月 11 日，为了声援恐怖袭击中的受害者，一大群人在巴黎的林荫大道上游行。法国喜剧演员，声名狼藉的反对者迪厄多内，在推特上写道："请注意，今晚就我个人而言，我感觉自己就像查理·库利巴利。"他将杂志的名称，与其中一名恐怖分子阿米迪·库利巴利（Amedy Coulibaly）② 混在一起，最终，他被法国当局起诉，并被视为恐怖主义的辩护者而遭到谴责。

然而，迪厄多内的声明并不是孤立的。很快，同样口号的其他版本开始在社交网络上传播开来，有时也采用"我是查理"的图案形式。这些版本也会用恐怖分子的名字取代杂志的名字，就像迪厄多内的做法一样，再一次用库利巴利的名字，或者用《查理周刊》事件的肇事者——恶名昭彰的库瓦奇（Kouachi）兄弟③的名字（如图 3-4 所示）。

图 3-4　匿名发布在网上的图片，改编了"我是查理"的口号，以表示对恐怖分子的支持

这些反对式的标语也时常公开支持充满暴力的激进主义或反犹太主义。显而易见，这些标语力图引起的分化，都是基于不同程度的对抗。它们并不局限于否定受害者和群体的身份认同，也不仅仅通过假定受害者来替代实际受害

---

① 1966 年 2 月 11 日生于法国上塞纳省的丰特奈-欧罗斯。
② 1982 年 2 月 27 日生于法国西岛的奥尔日河畔瑞维西，2015 年 1 月 9 日死于巴黎。
③ 谢里夫·库瓦奇（Chérif Kouachi）和赛德·库瓦奇（Saïd Kouachi），分别于 1982 年 11 月 29 日和 1980 年 9 月 7 日生于巴黎，并于 2015 年 1 月 9 日死于法国达马丁-高尔镇。

者，而是提出了令人不安的对恐怖分子的认同。迪厄多内的案例表明，第三种程度的分化会引起公愤。随之而来的便是注意力和观众，模仿者和支持者。由于本章更关注符号域中语义分化的抽象模式，而非其实际内容，因此，关键的问题不在于向媒体尤其是向社交网络提出并非荒谬的建议。重要的是，这些对凶手身份认同的言论在符号域中病毒般地传播。这类言论中暴力的语义确实令人担忧，更让人担忧的是它们的实际影响：互联网上许多人渴望接受和传播它们，从而加快了它们的扩散。人们如何解释这一现象？分化的前两种程度（对立和否定），通过温和的反叙述来对抗群众，迪厄多内的追随者、库瓦奇兄弟的支持者赞同明显的反社会观点。根据这种观点判断，反对恐怖主义和声援受害者的人群不仅是错误的（我们不应该是"查理"，我们应该是别人）。事实上，我们把自己变成了敌人，大喊"我是库利巴利"，这意味着将所有支持查理的人指定为下一个潜在的受害者。

对于这一点，应该进一步区分。像迪厄多内这样的意见领袖公开发表言论时，他们很清楚自己必须面对的法律后果。事实上，尽管因为这些后果他们可能会遭到惩罚，但他们却拥有了最有效的扩音器。这是当今西方社会所要面对的困境之一：一方面，限制仇恨言论的传播；另一方面，面临任何限制都会存在风险，它们变成了一种无意识的宣传（Bleich，2011；Leone，2011）。

下面就是迪厄多内因其"库利巴利"言论而被起诉后发生的事情。互联网上，数以千计的匿名声音开始将他描绘成自由的牺牲者、被审查和镇压的受害者，甚至把他与《查理周刊》相提并论。漫画家们因其作品而被残忍杀害，而迪厄多内则因违反法国法律而被起诉，他们之间的明显区别完全被忽略了。迪厄多内以及像他这样持与大众相反意见者或挑衅性意见的领袖，都很清楚如何利用公众的愤怒来提高自己的知名度，并以此获得政治和经济利益。因此，不难解释，不幸的是，这些挑衅的修辞模式背后的基本原理就是：听起来越是不道德的言论，就越能吸引媒体的注意，故而在特定的空间位置中让这些人获得了社会地位。难以解释的是，为什么适合这样的人的位置会在当今政治全景中激增？如果这种支持没有明显的利益可寻，为什么有人会公然地为残酷的恐怖主义辩护，甚至将其美化呢？

3.6 匿名性

数字网络中匿名性的增多会在符号域中产生悖论效应（Roesler，2007；Stryker，2012；Poletti、Rak，2014）。匿名并不是一项现代发明，匿名信、讽刺诗、不留名的涂鸦已经存在了相当长的时间，并常常在社会中发挥核心作用（Griffin，2003；Mullan，2007；Pabst，2011）。在一个社会中，由于权力和社会等级的不平衡，那些没有被代表的以及被压抑的声音传播的唯一途径，便是在人格面具不外显的情况下进行交流。匿名可以保护持不同政见者或少数派，让他们免受权力的侵犯。然而，当匿名不再是特例，而是变成了社会政治交流的规则时，会发生什么呢？互联网期刊上充斥着评论和意见，它们在无数的关系链条中相互影响，但很少与前互联网时代的"作者"联系在一起。当今互联网上的大部分交流，由具有"梦幻姓名"的虚拟化身构成，即使是警察机关或情报局，想要将这些化身重新与公民身份联系起来，也需要冗长而复杂的调查。在某些情况下，这种重新联系是完全不可能的，连接人类实体及其网络声音的痕迹，在不断移动的网络海洋中逐渐消失。

公共领域中匿名性的增多并非没有积极的影响。正如之前所强调的那样，身份保密使得以往持相反意见的人能够发出原本会被残酷压制的信息。然而，当今社会，作者们用虚拟化身来掩盖自己，不仅是因为对压制活动感到恐惧，也是为了追求一种新的审美快感，卡内提（Canetti）在分析群众的形成中就意识到了这一点。一方面，每个群体都有匿名性，至少在某种程度上如此，那些在巴黎的林荫大道上叫嚷着"我是查理"的人，也享受着融入势不可挡的集体所带来的审美愉悦。另一方面，在现实群体中，融合永远是不完整的：无论政治事业或者足球队的支持者们，不管他们是多么团结，他们仍然是个体，是各自思想的存在，并占据着特定的时间和空间。他们可能会喊出令人惊异的口号，但他们永远不可能完全逃避其叫嚷所担负的责任。他们可能会在人群中狂喜般地迷失自我，也会尝到悲惨和充满暴力的苦果，但他们仍作为奇特的存在出现于人群中，当然，他们也会面对警察，被情报局录像，必要时还会被逮捕。

互联网人群力量越发强大。虚拟化身可以参与事件、显示团结、表达关心、煽动仇恨，支持受害者或者偏袒暴徒、呼吁同情与行动、吸引或分散对各类目标的注意力等，他们的行为几乎没有界限。

网络论坛上的恶毒信息与其作者所生活的现实身份之间距离遥远，以至于只有在发生特殊情况时，他们之间才能重新建立起一种有约束力的联系。不可否认的是，当代互联网人群本质上的虚拟角色会带来一些令人不安的后果。实际上，什么样的观点是与身体完全分离的呢？在期刊网站上所有新闻的底端，特别是与有争议的话题相关的评论跟帖，通常都有特定的语义特征：这些跟帖在语法上是相关的，它们通过适当的参考前项构成形式上的相互关联，但它们又试图避免完全投身于他人打开的语义场中。唯我论便在这种组织形式中产生有意义的影响。这是匿名带来的结果吗？部分是。虚拟化身不像人类那样交谈，尽管表情符号开发迅速，且越来越丰富多样，但口头交流不断与系统的符号和语言（面部表情、语调等）相脱离。同时，声音也从人的身体中分离出来，在符号域中随意漂流，没有任何的绊脚石或阻碍物使其转向。

一方面，互联网上的任何虚拟化身都能轻而易举地找到支持者：无论一个提议多么离谱，它迟早都会获得支持，即使不被支持，至少其他的虚拟化身也愿意通过追随该提议而在虚拟符号域中寻求差异和价值。虚拟化身及其背后的人都在渴求价值，但有时他们发现自己坚持的立场在道德上是不被接受的。另一方面，考虑到虚拟符号域的适用性，即使是最有争议的立场，也不会遇到阻力，依然会在无限的网络符号空间中发展出合适的位置。恐怖分子的网络论坛证明，向通奸妇女扔石头是正当的，这给西方符号域中的犯罪观念注入了力量，然而，他们大多是不受挑战的，只有那些已经通过玩这个论坛的蒙昧游戏塑造了自己的化身身份的人才会去访问。

但这并不意味着互联网上下思想交流的方式之间不存在联系。比如，像迪厄多内这样颇具争议的意见领袖，他们之所以能够获得政治和经济上的地位，原因在于他们能够巧妙地生存于虚拟和非虚拟、YouTube 视频网站和剧院之间。然而，提高他们政治和经济实力的是他们的支持者，支持者们很少能从匿名人群中脱颖而出，只能通过模糊的头像来展现自己。西方符号域中关于广场与网络广场关系的意见表达具有双重标准，凸显了以下现象：由于真人必须面对审查，有时还要面对法律后果，而虚拟身份大多可以自由地展现个人的道德世界而不受干扰，所以真实身份逐渐消失在虚拟化身中，构建了一个语义内容被不负责任地创造和传播的社交舞台。

然而，对虚拟符号域中舆论形成模式的符号学分析，不应当只寻求审查制度的帮助（Leone，2016）。相反，民主观察家们不得不为互联网为人类提供的思想表达的新空间而高兴。这些空间绝对是最基本的，尤其是在这样的社会里，因为面对面交谈，而不是通过虚拟化身，可能会导致迫害甚至死亡。与此同时，符号学家们必须睁开双眼，其他人也需要睁开双眼，看看对一个社区来说，社会对话和公众舆论的形成可能造成的后果，而这些舆论大多是在虚拟社区中发展的，与一个具体的行政角色没有或只有暂时的联系。责任在这里是关键。

3.7 责任

尽管责任会影响沟通的语法，但并不构成其语法特征，在语义层面亦是如此。然而，责任也不仅是道德上的，而且是一种实用的符号学概念。从词源学上看，责任指定了个体或机构所属的范围，在理想的情况下，主体对这些个体或机构做出回应，并对其负责。谁会完美地回答我在网上发起的对话？我又能从对话者身上得到什么？为使我的观点得到有效回复，我应遵守哪些规则？想要更轻松地了解什么是负责任的沟通，我们可以先来分析其否定项——什么是不负责任的沟通。

让我们回到迪厄多内"我是查理·库利巴利"的反动言论中。为了使自己免受法国政府"为恐怖主义辩护"的控告，他宣称自己的意图是"想要超越'善与恶'的定性逻辑"。

这个言论的负责任程度及其寻求的合理性，可以根据迪厄多内潜在回应的观众来衡量。这些观众不仅有他的亲戚和朋友，而且还存在于广阔的舞台中。他们通过戏剧秀场，尤其是通过社交网络，每天都能观看迪厄多内的语言表演。迪厄多内的脸书账号目前有超过130万名关注者，推特账号则有12.9万名关注者，他在YouTube上的频道"Quenel+"有接近10万人关注。与此同时，迪厄多内并非民选官员，只是普通公民，和其他法国公民一样享有表达的权利。然而，问题的关键不是法律上的，而在于现实中：迪厄多内言论的动机是什么？他何以将创造的内容注入符号域中并在其中传播，甚至成为核心？

迪厄多内有反犹太思想的可能性有多大？比如，其思想"浸染"法国社会核心的可能性有多大？

鉴于在法国和法语符号域中的地位，这位喜剧演员于2015年1月11日在推特和其他社交网络上，发表了关于共和党游行的讽刺性见解，尤其是那句臭名昭著的"请注意，等等"。事实上，这是不负责任的。句子中最发人深省的部分，不是将受害者与暴徒的姓名并列，而是附带的子句"就我而言"。作为一位拥有很多法国听众的公共意见领袖，不应发表"就我而言"的论断。很明显，不管他公开做什么或说什么，都会影响成千上万的人。为了更好地衡量不负责任行为，我们必须对以下三个要素进行分析：（1）句子所运用的舆论形成模式；（2）它在符号域中的运行"轨迹"；（3）当代法国语义场上传播的真实语义内容。

第一个要素，迪厄多内很明显不仅通过简单的对立（"我不是查理"），或对比（"我们不应该是查理，而是Y或Z"），也通过将两者进行模糊的结合来构建他的信息价值和身份，但在本质上仍然具有讽刺性。从迪厄多内言语指向的悲剧情形来看，他的讽刺无疑是一种对人性的亵渎，模糊了无辜者和杀人犯之间的区别。他呼吁其受众寻求的是一种模糊的、矛盾的、事实上不可能的身份认同，以同样的移情心理接纳了恐怖主义的受害者和行凶者。这种身份认同难以想象，尤其是在悲剧事件之后，因而也导致这一具有讽刺性特征的信息引人注目。迪厄多内的言论，实际上并没有促使大家同等地看待《查理周刊》漫画家和库利巴利的死亡，而是在嘲笑那些自发认同被谋杀者的人。因此，这句话所利用的观点形成模式不能被认为是纯粹的句法形式，或作为塑造（哪怕只有一分钟）逆向者身份的一种方式。相反，这是一种精心设计的道德幻想，为了加强这位喜剧演员在法国符号域中特立独行的地位，作为一名能够超越由信息游说集团强加的主流思想的意见领袖，他向网络观众提供了一种精心设计的道德幻想。

第二个要素，即符号域中迪厄多内所用句子的生成"轨迹"。它依靠三条不同的路线发展。在第一条路线中，其话语表达所用的句子立即引起了反感。这个喜剧演员面临着法律诉讼，同时他的行为被指控，并被谴责为恐怖主义辩护。然而，沿着第二条路线，我们会发现，随着越来越多的句子被引用，那些越是受到政治机构、媒体和知识分子谴责的句子，反而会有越来越多的模仿版本在网络上传播。最为突出的版本是在原来的句式中揭开讽刺的面纱,直截了当地认同谋杀者库利巴利的。的确,迪厄多内的部分网络追随者会很在意他新的挑衅行为,即第三条路线,但他们只是少数派。总的来说,他成功地强化了自己作为受当权派迫害的意见相反者及受害者形象。

  第三个要素,即在法国和法语符号域中,迪厄多内言论在不同层面上所包含的实际内容。首先,它寻求并可能成功地使用反讽,或更确切地说是讽刺,目的是为了打破一个国家的魔咒,这个国家某个时刻团结宗教,联合起来纪念被残忍谋杀的受害者。其次,它暗示了愤怒的倾泻是错误的,因为它应该以更"开明"的角度来考虑犯罪者本身是怎样的受害者。再次,它展示了一种亵渎的模式,提供给那些可能出于各种原因选择支持恐怖分子的人:通过模糊杀人犯和被杀者之间的区别来搅浑道德判断的清水。最后,它通过逼迫法国当局因言论问题而起诉该喜剧演员,从而继续实行挑衅/受害的战略,这一策略尤其有害,因为它明确提出了迪厄多内与《查理周刊》事件之间的伪并列关系,两者都是蒙昧主义和被镇压的受害者。

  进一步分析,这个喜剧演员的无责任感也体现在以下几个不同的层面。首先,正如前文指出的那样,迪厄多内不是一个普通公民,虽然他是一名喜剧演员,但同时也是一名意见领袖,在知名度提升的同时,他也获得了经济上和政治上的利益。反过来这也强化了他的挑衅能力,能够否认既定的共识的力量。但是,无论在什么情况下,逗笑难道不是喜剧演员的首要职责吗?对各种现实情况的反讽甚至嘲笑不是幽默家的核心任务吗?也许是。但接下来的问题是:谁会被迪厄多内的"笑话"逗乐?实际上谁真的乐了?受害者的亲属和朋友们会被这个"笑话"逗乐,因此释怀吗?数以百万计的法国哀悼者会因这种幽默方式而欢欣鼓舞,感谢他带来的精神振奋吗?我们很容易相信,被迪厄多内讽刺句子引发笑声或感到愉悦的唯一观众,便是支持谋杀者的人。因此,迪厄多内的"玩笑"使恐怖主义的支持者们感到高兴。这是他不负责任的第一个原因:一名喜剧演员应该知道何种语用环境适合开玩笑。在葬礼上开个玩笑可以宽慰哀悼者,但如果这个玩笑隐含地贬损了死者,那它就不再是玩笑,而是一种低级趣味①。当这种趣味被成千上万的人分享时，它就会变成一个糟糕的观点，有时甚至变成一个糟糕的行动计划。

从几个层面来看，迪厄多内的话语都是不负责任的。不仅因为情景中的语用问题，还因话语体裁本身。正如哲学和符号学的历史②所表明的那样，笑是一件严肃的事情。那些能使别人发笑的人，可以给他人带来美学，以及生理上不同寻常的愉悦，他们的创作不受任何标准化生产的约束。当然，逗乐他人也需要技巧，人们仍然坚信，伟大的喜剧演员才智过人，甚至是天才，他们可以用一种强力且神秘的方式打动他人。从这个角度看，幽默是一种天赋，应该加以培养。当成功的幽默家将其天赋从娱乐维度转到政治层面，将笑声滥用为传达最具争议性立场的托词时，他就会背叛喜剧艺术家负责讲笑话、观众负责笑这种体裁约定。喜剧演员在其剧场表演中，用幽默、反讽、讽刺和笑声揭开人类生活的失衡是一回事，而依靠才能，滥用幽默、反讽、讽刺和笑声来激怒权力的受害者，获得数以百计人的认可，则是另一回事；这是迪厄多内不负责任的根本所在。他煽动他的同胞拿《查理周刊》的悲剧开玩笑，支持行凶者，鼓动公众嘲笑手无寸铁的受害者，而不是谴责全副武装的杀手。

3.8 阴谋论

到目前为止，我们分析了符号域中舆论形成的三种模式。通过否定实现分化，通过对比践行分化，通过讽刺引导舆论。本章将要分析的是最后一种，即第四种模式——阴谋论。第一种模式宣称"我不是查理"。第二种模式强调"我不是查理，我是Y"。第三种模式表示"我是刺杀查理的人"。第四种模式则明确指出："《查理周刊》事件并不存在。"巴黎《查理周刊》恐怖袭击事件发生几小时后，此类言论便在社交网络上迅速传播，它们采取精心设计、专业的或半专业的形式，旨在"揭穿"《查理周刊》事件是一个骗局。通过指出事件动态的细节，特别是通过（伪）分析媒体呈现，以及传播大量能佐证其观点的图片和视频，这些理论得到了分化，并受到关注，从而暗示恐怖袭击从未发

---

① 关于幽默、反讽和讽刺在当今社会政治全景中作用的更详细分析，参见莱昂内于2014年的研究成果。同时参见莱昂内于2002年的研究成果以及莱昂内于2015年的文章。

② 这一研究主题已有大量文献，最典型的研究请参考艾柯（Eco）于1985年的研究成果。

生。他们认为袭击事件由不被大众知晓的秘密机构①一手策划。

至少在一开始，一些流传甚广的阴谋论，并没有指出这些替代机构的身份，而是局限于否认关于谁是凶手的主流假设。后来，同样的阴谋论者试图指出恐怖袭击事件的幕后真凶，往往指的是"通常的犯罪嫌疑人"（以色列等）。例如，就在袭击事件发生几小时后，卡罗·西比利亚（Carlo Sibilia）②，一名意大利"五星运动"（Five star Movement）政党的成员（这个政党经常拥护主流评论员所定义的"阴谋论"）宣称："难以置信的是，曾公开抨击货币发行中违法行为的经济学家马瑞斯（Maris）③，在《查理周刊》袭击事件中丧生。"这句话说的是法国经济学家伯纳德·马瑞斯（Bernard Maris）在《查理周刊》恐怖袭击中不幸身亡。但"难以置信"这一意义含糊的句子却暗示：此次袭击不是恐怖分子所为，而是由秘密机构精心策划，唯一目的便是让与其处于敌对状态的经济学家闭嘴。这个理论的荒谬是显而易见的，以至于在西比利亚的博客上，很快就充斥着讽刺的评论，说《查理周刊》的所有其他受害者都是"可信的"被杀害。然而，需要强调的是：阴谋论的认知度并非唯一的问题。这一事件确实表明，这种离奇的解释有一定的受众，意见领袖们可以通过明确或隐含地支持它们来寻求差异和获取价值。

阴谋论的修辞手段常包含图像。罗萨里奥·马西亚诺（Rosario Marciano）是意大利"化学凝结尾阴谋论"（chemtrail conspiracy theories）最积极的支持者之一。他与贝佩·格里洛（Beppe Grillo）④类似。后者在袭击事件发生后不久，便开始"分析"事件中的图片和视频，得出的结论是：这一切都是精心策划的。和平卫士艾哈迈德·梅哈拜特（Ahmed Merabet）在袭击中被残忍杀害的视频，实际上是一名演员的恶作剧。这种阴谋论及其视觉分析显然是一种假揭穿。他们不仅指出了图像和视频中荒谬的"符号"，而且最重要的是，他们没有提出一个连贯的现实重建方案：如果艾哈迈德·梅哈拜特没有死，那么在他葬礼上哭泣的亲属们是谁？他们都是演员吗？然而，再次强调这些阴谋论认

---

① 关于阴谋论的研究有大量的可参考文献。调查性研究参见基米尼希（Kimminich）及莱昂内于2016年的文章；符号学研究角度的文献，参见莱昂内、Double 于2016年的研究成果。
② 1986年2月7日生于阿韦利诺。
③ 1946年9月23日生于法国图卢兹，2015年1月7日死于巴黎。
④ 1948年7月21日生于热那亚。

知上的可靠性和修辞上的巧妙性并不是主要的问题。更令人担忧的是，仍有一群少数派准备在错综复杂的社交网络中支持并传播这些解释，换句话说，对于许多现代人而言，他们渴望通过支持非主流的现实表现，从而获得更强烈的身份认同感，这比人类的同情心更具号召力。虽然艾哈迈德·梅哈拜特的亲属们仍围着他的棺材哭泣，但匿名评论者们却体验到通过否认其真实死亡而获得存在感的兴奋。正因为如此，那些为了赢得追随者及地位而传播这类阴谋论的意见领袖，如同那些支持凶手的人一样不负责任，比如迪厄多内。意见领袖嘲笑受害者，在情感上接近行凶者，而阴谋家们则把受害者变成糟糕的间谍电影里的临时演员。

3.9　仪式性舆论构成的符号方阵

目前，我们定义和分析的舆论构成四种模式，可以通过格雷马斯方阵直观地呈现出来。这一符号方阵最早由希腊哲学家设计，继后被格雷马斯及其学派吸收和加工，用以阐明和探索文本的语义范畴（如图 3-5 所示）①。从技术角度看，将这种微观文本分析工具应用到宏观层面的舆论社会形态上进行分析是有风险的，也可能有方法论上的不确定性（Leone，2012）。然而，这一方法已经在社会符号学、民族符号学等研究领域被广泛实践。在这里，我要指出使用它的不同之处，将这个符号方阵更多地从话语构成角度进行分析，而非语义角度。也就是说，它的目的在于展示社会话语如何创造价值，而非详细说明这种价值的重要内容。用叶尔姆斯列夫（Hjelsmlev）（1943）的话来说，图表模拟的是舆论形成模式的本质，而不是其表面形式。符号方阵通常用于表达语义，即文本中的语义模式和生成轨迹。在这种非传统研究方法选择的背后，存在着一个挑衅的假设：在当代社会，对话更像是一种仪式，而不是为了沟通。它旨在创造、摧毁、强化或削弱价值的地位，而不论其实际内容如何。正是由于社交话语具有这种仪式性，新媒体（尤其是数字社交网络）中的意见领袖能够很容易地操纵对话并从中获利。

---

①　有关其介绍，参见赫伯特（Hébert）2006 年的文献。

3 无意味的意见相反者：数字竞技场的地位之战

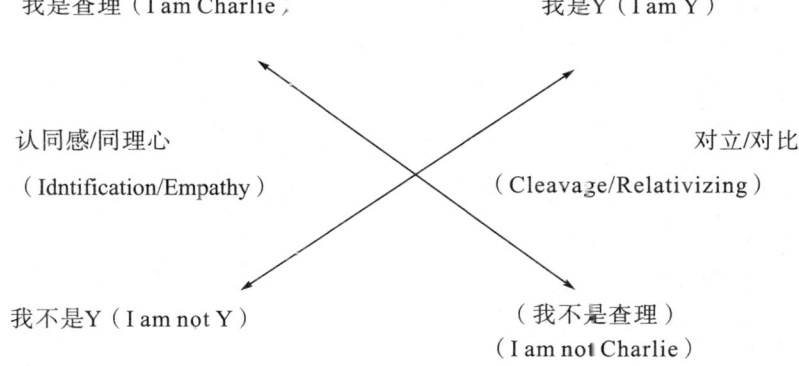

图3-5 仪式性舆论形成的符号方阵（作者绘制）

将洛特曼的符号域和格雷马斯的语义分化概念相结合，符号域可以被想象成文本组成和重组，这些文本沿着符号域的所有轨迹移动，以获得中心地位和权力。这意味着它们有能力对在符号域内传播的所有符号、文本和话语片段进行建模和重塑。简而言之，价值定位试图成为一种主要模式，根据预定的价值论为其他内容建模。因此，句法价值地位的扩张与意识形态的扩散是一致的。

正如格雷马斯这样的符号学家们所说，在符号方阵中，矛盾关系是第一也是最简单的分化活动：A被否定为非A。这种矛盾关系对应前文所定义的"对立"式舆论构成模式。"我"仅仅通过反对你所说的话，使自己与众不同，你说"我是查理"，那么"我"便宣称"我不是查理"。符号方阵中的第二种分化活动不是通过矛盾关系而是通过反对关系来体现。在这种情况下，"我"区别于"我"的对话者，不是简单地通过否认他的立场，而是把我的立场作为另一种选择，我并不是通过简单地称"我不是查理"来获得有价值的仪式地位，而是通过"我不是查理，我是Y"来获得。这一活动相较于前者在语义上关系更紧密，因为它提议将价值立场与符号域中的其他内容"挂钩"，只不过它保留了占主导地位的句法性质，因其主要通过对比获得意义和地位：确定立场的关键言论并不在于"我"对Y的认同，而是为了与《查理周刊》事件中的主流认同相反。符号方阵中第三种运动轨迹带来的代表性影响与可视化价值源于矛盾关系，目的在于确定反对关系："我不是查理，所以我是Y。"其含义的意识

55

形态本质显而易见：没有必要为了成为 Y，拒绝认同我是查理。该言论暗指任何人不可能同时是查理又是 Y，想要成为 Y，就不会成为查理。此外，我们可以推断：在转向对其他对象的认同及产生移情的过程中，最为关键的是这种转向本身而非其对象。

那么，像迪厄多内的言论所依据的价值立场及其产生的舆论构成模式又当如何呢？它们在符号方阵中应该怎样表示？迪厄多内的话语"我是查理·库利巴利"，不仅拒绝认同受害者，也不只是建议认同其他的受害者，而是破坏了认同这一概念本身，其仪式地位的价值建立，既不是通过矛盾（"我不是查理"），也不是通过反对（"我不是查理，我是 Y"），而是通过模糊甚至悬置符号方阵本身来完成。在这种视野下，迪厄多内的言论，在与受害者共感的符号方阵中采取了一种元观点，即认为移情本身位于可选择的句法立场。在网络上的各种立场中，迪厄多内的言论显然更具"情结性"，其价值立场表现在内容包含"A 和 B"的话语中："我是查理，但我同时也是行凶者。"在元层次上采取这种句法立场会打乱移情的语义范畴，使其转变成一种不同的类型：讽刺（Haiman，1998；Rockwell，2006）。该言论可以被解读为一种带有挖苦意味的评论，贬低了上述舆论构成立场和模式的价值，如同迪厄多内及其追随者所言：问题不在于选择受害者去同情，而是在于受害者的身份本身。

符号方阵中的第四维度，主要通过文本和话语形式体现出来。它不是通过价值情结（A 和 B），而是采取中立立场（非 A 与非 B）。在《查理周刊》事件中，该句法立场同样涉及元命题，但不同于迪厄多内在本质上无意义的立场，它并不提倡模糊《查理周刊》和行凶者的区别（A 和 B），而是采取漠不关心的姿态。这就是那些睡眼惺忪地接收到《查理周刊》事件新闻、评论，并和人们谈论此事件的人所采取的立场。从根本上来讲，他们没有沉浸到这一悲剧中来，对受害者和谋杀者都没有同情心，他们既不否认这种同情心，也不同情其他的对象，他们只是继续他们的日常生活，在冷漠或创伤中麻痹。

符号方阵最有趣的，不在于可以将价值关系静态可视化，而在于能够将其动态地呈现出来，转向一个有张力的领域。值得强调的是，这些舆论的构成模式并非基于稳定的符号域，而是在对应的修辞策略压力下不断变动。比如，成功的认同性修辞会使越来越多的社会公众确信，他们必须毫不犹豫地宣告要和受害者团结在一起；反之，对立和对比修辞的增多，会使符号和文本从认同转向非认同，或转向其他认同。最终，讽刺（价值情结）和冷漠（中立情结）这两种元修辞模式，实际上将促使符号域驱除同情心和认同立场本身。

3.10 结论

符号学家们可以漠不关心、冷眼观察这些模式的变动，将自己视作遥远银河中的繁星。但是有两个因素至少会在这一平静的水面上激起涟漪。如果第一种因素没有以一种正式的可接受的方式表达出来，那么它可能听起来有些像说教。实际上，对上述立场的任何偏好，都相当于在符号域内宣扬价值论，从而接受一种意识形态。从学者难以理解的角度来看，没有任何正式的理由表明，同情恐怖主义的受害者应该是一种值得称赞的意识形态，而不是支持另一种形成观点的模式。这是一个关乎道德的问题，而非严格意义上的符号学问题。然而，如前文所述，符号学无法忽略的问题不仅是道德上的，最重要的是语用上的特定责任，这种责任基于符号域中变动的舆论和解释。符号学不应该认同这样或那样的观点，但一定要明确强调符号域中的不对等。这种不对等会造成立场和言论语用力量的失衡，正如对迪厄多内事件指出的那样，言论会基于其在符号域中传播的优势，肩负不同的实际责任。在修辞学的运用及其舆论的形成上，不同的话语类型有着各自的关注点，我们不需要从裁判和体育评论员那里得到同样详细的解释，同样，我们也不需要从酒吧体育评论员和著名体育节目主持人那里得到同样详细的解释。符号域模态意味着不对等，用符号学术话语来讲，它的实际责任是意识到某人在符号域中的立场，并持续关注意义的生产与重塑。

第二个需要被考虑的因素位于元层次，它似乎更为抽象，事实上也更令人不安。符号域的分化，不仅与通过建构符号、文本及话语形式确立立场的主导价值论相关，还与语法意识形态、语义意识形态之间的区别有关。正如本书开头所指出的那样，在当代符号域，尤其是在社交网络中，舆论模式的构成有着某种不同寻常的自动机制。符号学观察家认为矛盾、反对、情结与中立之间的关系并非基于现实的语义约定，而在某种程度上是一种仪式。比如，问题的关键不在于否认对《查理周刊》的认同或提出另一种认同 Y 的观点，也不在于讽刺性地将《查理周刊》与其行凶者置于同一道德水平或显得漠不关心。相反,真正的关键恰恰是矛盾、反对、情结和中立的句法移位。换句话说,对于虚拟符号域中的成员而言,重要的是通过这些移位自恋地树立自己的立场,而非通过其传播的特定语义内容,这种句法、分化模式的框架,在它们所构成的实际语义内容上占主导地位,使公众舆论的构成具有某种冷漠、不人道的仪式性。意见领袖在这个句法游戏中,熟练地扮演着祭司的角色,操纵着弦外之音,而对语义核心毫无兴趣。

这仅仅是因价值偏见而产生的主观印象吗?换句话说,或许如此。将自恋的病源归于不同的意见,是观察者倾向于接受预设的"西方共识"意识形态,以及忽视其他声音的结果。然而,可以论证的是,这种对自恋的指控,不仅源于符号分析家的意识形态偏见,也源于当今社交网络中许多舆论构成模式具有的内在特征。这里至少有三个客观因素可以证明。(1)大多数模式都不会尝试影响数字社交网络之外的舆论。那些无条件地拥护"我是查理"口号的人,遍布巴黎街头。相反,他们的反对者却继续分散在虚拟社群中,没有明显的线下活动或政治活动〔除非恐怖主义被视为政治活动,参见观点(3)〕。(2)反对"我是查理"舆论的社交网络机构,前前后后,反复出现,以便在完全不同的问题上反复表达同样的反对意见。换句话说,有客观的证据表明,它们的帖子或评论不是就具体问题而批判,而是统一采取批判态度,它并非专门反对"我是查理"运动,而是反对任何主流运动。这就是为什么它们有资格成为句法的、非特定的、甚至是仪式性的舆论模式。(3)也许有人会说,恐怖主义本身是表达自己观点的一种方式,支持恐怖主义行为在一个民主国家是可行的,但是,这种争论是自相矛盾的,因为它不仅隐含地否定了民主框架,也从根本上废除了符号框架。把恐怖主义和交流等同起来,事实上隐含地认同了一种非符号学的反人类观点。(恐怖分子可以宣称恐怖主义行为是二元的,而非三元的,因为他们寻求改变世界,而不诉诸语言,我不会劝服你不要亵渎我的神,但我会杀了你。)

同样,符号学家可以冷静地观察句法意识形态的过度膨胀如何对语义意识形态构成不利局面。与此同时,符号学家们也不应忽视这种膨胀带来的风险。在句法意识形态盛行的符号域中生活、思考、制造意义,意味着进入了不再考虑现实责任的宇宙。因为每一种观点事实上都不是语义的。21世纪的舆论不再受制于身体、社群、类型、网格以及解释方式,而是受制于游戏中的句法立场，其中各种观点以不同的方式相互对立，似乎已失去了真心。句法意识形态的扩散及其在当代数字符号域愈加中心化是非常危险的，因为它有利于社会中的网络喷子。在这种情况下，重要的不再是通过意义交换定义或重新定义社会关系，而是从无关紧要的差异，从回音室里创造，并持续地得到单纯的刺激。揭露这种满是喷子的社会，所带来的不人道后果，是当今符号学及其意味探索的紧迫任务之一。

4 无意味的图像：数字完美的乌托邦

> 我们将几何点视为终极，那里是无声与有声最为奇异的结合。
> ——霍华德·达尔斯坦（Howard Dearstyne）及希拉·雷贝（Hilla Rebay）

4.1 引言

我们的生活围绕着像素进行，同时也被像素包围。当我们每天醒来，用手机查看电子邮件、浏览网站、使用社交网络时，我们面对着厨房、浴室、汽车等家电中的液晶屏幕，这些屏幕都会通过像素模式与我们"对话"。当我们旅行时，机场和火车站的巨型屏幕也会通过一个又一个像素告知我们到达和离开的时间。像素是数字工艺的主要成分，比如在动画电影中，它甚至已经是"数字艺术"的组成部分。

然而，尽管像素有着各种各样的"成就"，但对我们来说，它们仍然是"隐形的"。它们在屏幕框中的数量日益增多，但仍然不可避免地隐藏在形态、颜色和亮度的配置结构中，并且与不断改进的技术压缩在一起，它们的个体身份融化在由它们构成的美的图像中。

本章试图为"像素符号学"的可能性发展指出一些线索，这是一个具有高度假设性的论题。因为，它需要从基础疑问开始：像素是符号对象吗？它们能否从其形成的图像中独立表意？如果不能，若把它们视作简单并且是数字配置中的无效成分，那么它们的身份又是什么呢？安伯托·艾柯（Umberto Eco）有一个充满智慧的定义：任何可以用来撒谎的东西都可能成为符号学研究的对象（1976：18）。由此推导，像素真的能"撒谎"吗？或者根据严肃的数学规则,它们一定只能产生光和颜色,而不存在意图沟通的随机性可能吗?(Mitchell,2005:87—92)。

对"像素符号学"(semiotics of pixele)的反思,可以从两个截然相反的视角之间展开。这两种视角的历史渊源和理论关切度,相隔甚远且不相关。第一个视角,它受到现代艺术理论中最著名的经典著作之一——瓦西里·康定斯基(Wassily Kandinsky)的《点线面:绘画元素分析》(1926年)的启发,尤其当本章讨论像素是否可以被当作点以及数字艺术中的像素是否与康定斯基的"图形的形而上学"(metaphysics of graphics)中的点相似时,本章采用了与其相同的美学价值。

第二个视角,本书将通过所谓的"参数化主义"的可替代性框架途径反思像素。"参数化主义",即数字艺术(特别是数字建筑)中因采用参数而兴起的一种审美反思趋势(Poole;Shvartzberg 2015)。在某种意义上,这两种研究视角截然相反,前者主张像素分析的离心美学,即转向"视觉扩张"(visual expansion)的源头,走向自主意味。而后者则倾向于把像素变成一个纯粹的数字表达式,其语义潜力完全基于一系列设定的参数。

关于点与像素(或作为数字视觉意味可能点的像素)的深思,走的是一种非传统的路径。本章将通过比较一系列"视觉挑衅"来分析具有相似美学元素的像素。与此同时,本章在调查分析中也会结合以下一些基本问题来考察:

1. 像素与点之间的区别是什么?
2. 像素存在于自然中?也存在于美术中?
3. 数字奇特性何以可能?
4. 像素符号学研究是否可行?

4.2 金钱、镜像与庙宇

亚历克斯·图(Alex Tew)的"百万美元首页"(Million Dollar Homepage)(如图4—1所示)是一个反思当代像素美学,激发思考的绝佳出发点。

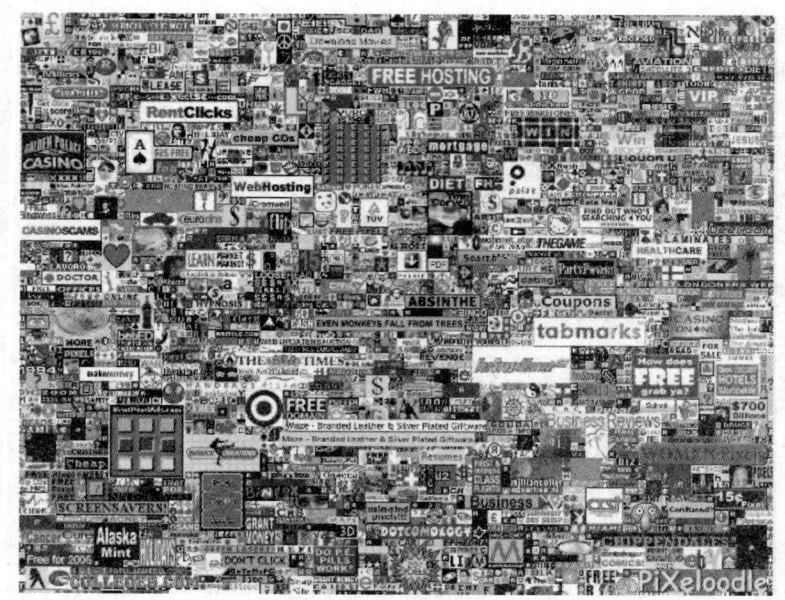

图 4—1 亚历克斯·图"百万美元首页"网页，最后访问日期：
2009 年 2 月 8 日，100 万像素①

所有数字艺术爱好者都了解这个奇怪网页的故事：负债累累的英国学生亚历克斯·图，生发了一个奇思妙想，即创造一个 1000×1000 像素的空白网页，然后将这个网页按像素块在互联网上出售。每个像素售价 1 美元，用户购买了像素后，在有限时间内可以随意使用。这一操作取得了令人难以置信的病毒式成功：所有像素块在几个月内售罄。剩下的最后一块，令很多人垂涎，以至于引发了一场在 eBay 上有组织的拍卖行动。亚历克斯·图一夜之间成了富有青年。他这个有趣的想法，实际上是通过一种挑衅，揭示了大多数当代视觉文化的数字化基本特征，我把支撑"百万美元首页"的修辞原则总结为如下几条：

1. 像素限量供应；
2. 像素限时供应；
3. 可以在网页上无限购买像素；
4. 像素的内容表达不受限制；
5. 像素的内容表达无语境制约；

---

① http://www.milliondollarhomepage.com/

6. 透明性竞争（越大越好）；
7. 竞争需要像素的有限性。

这种有偿挑衅的矛盾性源于像素本身的无限生产：互联网上的像素生产没有数量限制，这意味着可以无限制地创建不同的网页，每个网页的像素配置可以略有不同。与此同时，定量框架和时间框架的强制实施会引发竞争，至少使原本无价值的东西具有社会和经济价值（Matrix，2006），这难道不是大多数资本主义话语的运作方式吗？通过恰当的元框架修辞，加入限制资源和时间（特殊优惠）的点子，最终助长了竞争，刺激了需求。雷内·吉拉尔（Rene Girard）的模仿欲望理论很好地解释了这种结果：渴望的像素越多，它们就变得越被渴望（1977）。这些像素被出售、渴求和购买，毋庸置疑。最重要的是亚历克斯·图创造的成功的"价值框架"，把无意味的东西变得有意味，把无价值的东西变得有价值，把平淡无奇的东西变得超乎寻常。

然而，该实验也从另一个角度揭示了像素的社会美学：购买者不仅为拥有一定数量的数字形象空间而付费，而且还通过使用它来说明他们乐意为自己所喜欢的东西付费。这是像素的基本特征之一，它在某种程度上能够与金钱媲美：像素千变万化，可以让任何形态、亮度和颜色的配置结构成形。

首先，买家可以通过像素表达他们的意愿。"百万美元首页"揭示了像素美学经济的根本性吸引力之一：它们的价值特征源于其近乎魔法的能力，这让持有者有机会"表达自己"，通过使用一定数量和配置的像素表达永不满足的自恋。以此来看，像素在亚历克斯·图的挑衅中不仅像金钱一样起作用，而且像一面镜子。在镜子里，像素的购买者无法抹去其视觉身份的烙印。

其次，视觉身份表现不受任何语境的制约：购买者不仅可以表达其所想，也可以去做，且不用考虑语境，购买一定数量的像素会减少买家承担的"数字社交"义务。就如'越大、越亮，则越好"的原则断言：数字自我（digital egos）占据的页面空间越大，就越容易被看到，看得见的竞争创造了价值，并最终在实验结束时，甚至出现了拍卖行为，这是将价值和金钱联系起来的终极资本主义机制。

与此同时，亚历克斯·图创造的框架，最大化地将像素的无限性转化为有限性。购买者以极高的价格购买的东西是：（a）事实上几乎无限量的，比如空间或时间；（b）若不能凭购买者自己的屏幕技术显示，就不存在。然而，"百万美元首页"通过在时空中，人为地对可用像素的有限供应产生价值，这个网页通过出售这样一种想法来达到它的目的：像素在每一个打开"百万美元首页"的屏幕上，只能以某种方式显示已经被购买的内容，并且没有时间限制。因此，这个网站不仅展示了像素可以像金钱一样流动，就像镜子一样迷人，它还证明了人们能够获得庙宇般的魅力。因为庙宇通常也会随机选择一部分时间和空间（圣殿的周界，冥想），将空虚变成神圣。第一个画出寺庙边界的人是个天才，后来者的提议或努力都只能失败。同样，互联网的历史也已表明，亚历克斯·图的实验只能运作一次。

4.3 元素与主体

在这个问题上，我们需要回顾一下"像素"这个词的词源。该词首次出现于1965年出版的一份文件中，是"图像元素"（picture element）的缩写。其字面意思是图像中的元素，在德语中有类似的表达，称为"图像点"（bildpunkt）。它出现在与电视技术发展有关的早期专利中，比如保罗·尼普科夫（Paul Nipkow）的专利（1888）。但确切地讲，图像中的元素并非完全等同于"图像点"（Paul，2016），"图像点"可以让人想起康定斯基在其上述论文中所讨论的形而上学的点，按照此定义，像素是其他事物的元素，更准确地说，它是图像的元素。

但艺术的元素是什么呢？艺术品能被看作是由诸如"元素"之类的事物组成吗？点是艺术的元素吗？点是自然的元素吗？自然中的点与前数字文化中的点有什么区别？它与数字文化中的像素又有什么区别？尽管"元素"通常与某种机械性能相关，很容易使人想到某种机械装置，或化合物的组成部分，但实际上，它在不同的元语言中很常见。从隐喻的角度看，它的语义也可以扩展到非机械整体的部分功能，但这种扩展在范围上是先天受限的。例如，"元素"这个词很少被用来指代人的肢体、小说的章节或者构成具象艺术品的形式。这种差异背后的语义原理是什么？它可能源于这样一个事实：当某物被称为"某一元素"时，这种命名含蓄地肯定了其行动主体性的降低，事物的元素似乎不表达自主的意向性，或作为以自我为中心的主体，而是服从于更完整的主体。这就是将艺术品视为由"元素"构成的原因。反之亦然，把点、线、面和颜色看作艺术品的"元素",这会使人们认为艺术品的整体与挑选出来(分析)的部分之间存在静态关系。

然而,对该词的使用及其在艺术品功能上的语义含意,在某种程度上具有误导性。事实上,从根本上来看,它们的功能是非符号学的。反之,它们要求或重新要求强调艺术品部分与整体关系的符号功能,这就意味着点、线、面、颜色和图像的通用拓扑结构,对整体的审美意义做出贡献。但它们并不完全被整体包含或在整体之中。它们可以继续表达一种自主的意味。对观者而言,这是这些元素能够发挥独立主体作用。而且,同样的独立个体有助于主体的合并,并决定艺术品的最终形态。这是点和像素的第一个重要区别。鉴于康定斯基对西方艺术视觉语言的思考,点绝不仅仅是元素,而是一个组分(不可分割的实体),它使个体和集体的视觉主体以及出现在图表或画报中的其他的点、线和面一并发挥作用。

不可否认的是,点是视觉艺术,有时也是非视觉艺术品的组成部分。然而,康定斯基对它的大多数反思,恰恰在于强调其自主性和难以分化的主体性,这也说明了定义行动主体性范围以及点的拓扑结构的困难。正如康定斯基所建议的,点的拓扑结构,只能用点的维数和面的维数之间的张力来表示。相反,像素从来都不是点,而是方形,或者如同LCD控制屏幕那样的矩形,它与点的不同之处,恰恰在于其同体形态学,包含一系列的美学影响。点与像素之间的差异如此明显,以至于可以将其列入结构对立的组合中。第一,在艺术作品中(甚至在点彩画中),每个点本质上都是不同的,然而在数字图像中,每个像素都必须具有潜在的、完全相同的特征,尽管这种潜能背后,可以依据颜色和亮度的不同参数实现不同的效果(Graw;Lajer-Burcharth,2016)。第二,点的圆形特点使其在本质上保持了一种离心且清晰的成分,它能够在周围的图像语境中,扩大其视觉主体性。但像素以方形结构为特征,其形状和技术功能,恰好实现了一种相反的效果,即将其转变成向心的可视化元素,它无法将视觉主体性扩展到临近的其他像素上。在一个点上,色彩和亮度寻求照亮外部的视觉空间;相反,在一个像素中,颜色和亮度被限制在它的方形范围内,在这个范围内,像素必须完全服从于程序,被激活或者失效。一个不服从图像整体性的像素不再是其组成要素,而是一个出了故障的像素(Spieler、Scheuermann,2012)。

4.4 振动模式Ⅰ：砾石

此时，对艺术中的点与自然界相似形态元素的功能异同的思考，具有启发意义。

图4-2再现了诺韦德拉泰（Novedrate）卡萨纳别墅（Villa Casana）小路上的砾石，它们位于科莫（Como）附近的大学城。2016年10月初，由笔者用手机拍摄而成。我们通常不会关心这些物体的集合，而是埋头于我们的日常生活，但一旦它被"神奇"的矩形图片框起来，便能吸引观众的注意力。当这些细节被展现和关注时，便能获得新的美学价值。由此，这些砾石不再是我们在去办公室的路上踩过的惰性物质；相反，它们被赋予了体面的外形，变成了由各种形状和色彩的石块组成的美丽挂毯，甚至可以按照神秘而又可感知的顺序被排列在一起。为了使观察者感到惊奇，不同种类的草丛——在灰色、白色和微红色的小石头中闪耀着亮绿色的光芒——它们勇敢地从砾石中显现出来，在视觉结构上增添了一种有机的不对称。

图4-2　2016年10月初，意大利诺韦德拉泰卡萨纳别墅小路上的砾石，作者拍摄

然而，这种视觉完形的审美愉悦，并不仅仅来自框架的叠加。这里似乎还有一个整体性的美学原则在起作用：相似个位的并置，不等于其总和，还会产生一种"愉悦"的审美效果。事实上确实如此，仔细一看，我们不仅能看到种类繁多、各具特色的小砾石，而且还能看到经过复杂布置呈现出的整体效果。这种美学效应的愉悦，在于两种层级的感观和审美主体的相互影响，以及彼此之间的模糊。在照片选取的特定距离上，它们永远不会相互融合，观察者在欣赏砾石个体特质的同时，也能从砾石堆的群集完形中获得感知。

这种审美愉悦的来源是什么？为什么这种组态会引起视觉和美学上的愉悦呢？这完全是主观的吗？抑或群体的愉快感中存在某种客观的东西？理解这种视觉愉悦来源的关键，似乎在于相似性与差异性、普遍性与奇异性之间的张力。这也是一个尺度问题：当它们与观察者的距离增加时，异质性会让步于同质性。如果我们从一百米以外的地方去看同样的砾石，对其内部的明暗和色差的感知就会非常模糊，其纹理的群集效应也会减弱，最终只能看到灰白色的整体表面。

在同样的组态下，当观察的距离越来越近时，越来越小的部分就会出现在视野中，直到我们的视觉焦点集中到某一个石头或其局部上，这限于没有形态变异的均匀色彩表面（当然，如果采用显微镜这样的增强人眼视觉的光学仪器，这些东西就会重新出现）。均匀性、同质性和模糊性，都是视线过远或过近的感知结果。在这对立但实际上相邻的两极之间，存在对相似性和差异性关注之间的张力，每一种都预示着一种独特的审美愉悦。当我们无法感知相似性和差异性之间的张力时，"整体性审美愉悦"便消失了。然而，这种情况发生时，会产生两种认知和情绪状态之间的振动。

一方面，近距离观察需要一种审美发现的适应性愉悦：奇特性"隐藏"在共相之中，靠近砾石的群集完形，观察者会"查明"其视觉成分，"发现"其个性，并将其从群体中"拯救"出来。为什么这种愉悦是适应性的？不难假设，我们的祖先可能从一种美学状态中获益，每当他们"看得更近、更好"的时候，他们就会获得认知上的愉悦。比如为了区分捕食者在沙子上留下的痕迹，或者识别丛林中敌人的眼睛。秘密的符号能量在这种视觉动力中运作，其中独特、个体和奇异好像"隐藏"在一般、集体和众数中：人们通过仔细观察，就能发现一种没有立即显现的真实层。

另一方面，远观则会失去这种个性化的感知，逐渐赋予整体更多的视觉权重。它从各个部分接收到的感触能量开始减少，并呈现一种紧凑感。近观会带来一种审美发现的感觉，远观则带来一种整体性的愉悦，突然之间，凝视的喜悦似乎包含了更多的真实性，因此更容易被理解。差异性的愉悦 VS 无差异性的愉悦：这两种极性，暗示着不同的认知和美学魅力，若客体的独特性及其连续的多样性之间没有共同的张力，这些愉悦则无法被领会。

4.5　振动模式Ⅱ：砂砾

任何物体的张力都不如砂砾那般引人注目。从远处看，沙丘在颜色和内部形态上是一致的。一旦视线靠近，构成沙丘的众多颗粒便会出现振动，这种振动在你看得更仔细的时候，会折射出令人惊奇的个性。下面的图4-3就再现了世界不同地区的砂砾照片。事实上，其中一个砂砾样本来自另一个星球（如果读者能发现是哪一个，我会很高兴）。

图4-3　不同类型的砂砾照片：圣托里尼火山岩砂砾、皮斯莫海滩砂砾、火星砂砾、粉红珊瑚砂砾、橄榄石砂砾[①]

这些砂砾的颜色差异一目了然，然而，进一步观察，我们还会发现它们的

---

① www.geology.com

奇异个性。每张图片中的颗粒不同于相邻图片。此外，更近一些看，即使在同一张照片中，其个性也能由形状、颜色、位置及构成其的纹理的不同而彰显出来。仔细观察，我们就会发现，每一粒沙子都在极力恢复其个体的容颜，砂砾并没有停止变为一个更大、更有活力的整体的一部分，但也获得了一种近乎个性的美，仿佛它们都出自一个专门的创造机构。

对砂砾完形状态的现象学观察，使人意识到近或远的观察带来的情感效果。例如，当我们靠得越来越近地观察砂砾时，其个体特性便以不可通约的奇异形式出现，每粒沙子都与众不同；当人们的视线渐渐远离时，一种伴随着不同情感的审美愉悦开始占据主导地位，世界变得更容易理解，沙丘在感知中占据了主导地位。

4.6　振动模式Ⅲ：卵石与沥青

个数与众数之间的辩证逻辑，以及它所带来的审美愉悦，不仅表现在对自然整体构形的观察中，也表现在对人造视觉图案的审视上。例如，图4-4再现了比利时鲁汶大学（University of Leuven）哲学研究所的一条卵石小路。

图4-4　2016年9月下旬，比利时鲁汶大学哲学研究所的卵石小路，作者拍摄

人行道路的材质部分的选择通常是出于功能性目的。例如，在下雨时，卵石可以增加摩擦力和抓地力，但这种材质也符合一些美学上的功能，人们普遍认为卵石比沥青更"舒适"。一方面，这种美学内涵源于认知的历史传统和社会条件：卵石是一种建筑材料，它能使观者回想起沥青还没有被发明，或者没有被大规模地使用的时候。卵石现在被纳入城市的通用的建筑基本材料中，这些城市希望重新使用它而重返过去。或者更确切地说，是重新创造它们的过去，从而为游客和学生提供审美消费。然而，另一方面，卵石带来的舒适感，也源于其隐含在完形结构中的内在知觉张力，它并不像砾石或砂砾那般精微，但其结果却更加令人愉快：在一定的视野距离内，卵石看起来都非常相似，排列整齐。然而，这种看法并不能削减原初性的审美感知，这恰恰在于卵石之间的细微差异，和排列上的少许缺陷（Uffelen，2009）。一方面，方形的整齐性、小格子的同质性，及其结构布局之间形成了张力；另一方面，这种一直存在的微妙的"缺损"以及颜色和拓扑结构的细微变化，也让这条铺满鹅卵石的路面被赋予生命感，这意味着它呈现出一种内在的视觉刺激，在某种程度上类似有机物的运动。在人们的注视下，铺满卵石的路面，仿佛爬满了巨大的方形昆虫。

其他材料在视觉表现上的差异，主要源于它们所持有的不同纹理，而这些纹理又源于其本身的物理结构。在这种情况下，历史流传下来的社会文化内涵与材料的内在感性会相互作用。例如，鹅卵石象征着一种迷人的忧郁，在观察者看来，这种忧郁将被停放的汽车和未来主义的效率取代。

然而，每种材料都有自己的诗性，并隐藏着一种有机美学。这种美学源于完整与残缺的辩证法。这只是尺度和合适距离的问题，从更近的地方，用带有情感的双眼观察沥青便已足够，这种明显冰冷的材料本身也揭示了一个美丽而混乱的世界。沥青工程学将路面上的裂缝仅仅视作因错误的制造和铺设产生的问题。然而细心的观察者会发现，沥青的"问题"类型揭示了众多美的视觉模式，每一种都在材料均匀性及其爆发出的混乱张力之间贯穿着振动的辩证逻辑（Field；Golubitsky 1992）。图4-5展示了"沥青路面病害"的几种类型，这一术语本身很有趣，就好像沥青也能像生物一样"受苦"，且"身处困境"。诸如"沥青病害"命名形式的，还有"疲劳的路面龟裂"。它暗示了这样一个事实，即在一定的变形条件和适当的观察距离下，这种惰性材料可以呈现出有机物的完全形态，比如动物的皮肤。

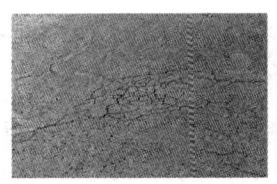 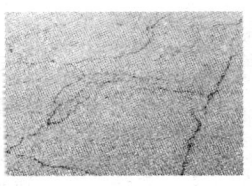 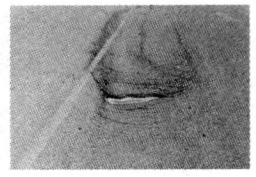

图 4-5　不同类型的沥青"裂缝"：疲劳的"路面龟裂"、块状裂缝和滑塌裂缝①

这些裂缝的类型不都是"美"的吗？当用画框将它们装裱，将其彼此隔离，并邀请观众从"适当的距离"观察时，它们难道不像当代艺术家们煞费苦心渴望创造的视觉形态吗？它们难道不是阿尔贝托·布里（Alberto Burri）想象的作品吗？在每一幅图像中，材料的均匀性和沥青个体的"反叛"之间的辩证逻辑再次出现，它们将沥青的物质"元素"变成了独立的主体性来源，或者至少变成能够合并成独立亚类型（independent subgroups）的主体性来源。这种"材料的反叛"（我们可以用拟人化的方式来形容它）的迷人之处在于在裂纹的混乱之中，它们似乎形成了一种微观秩序，破裂会导致残缺的均匀性，但这种残缺似乎应该由一个更为复杂的原理来解释。

4.7　振动模式Ⅳ：花圃

下面的图 4-6 展示的照片所呈现的整体美学效应背后的原理是什么呢？

图 4-6　2016 年 9 月下旬，比利时鲁汶公共图书馆的花圃，作者使用 iPhone 6s 拍摄

---

①　http://www.asphaltinstitute.org

前文所描述的"整体"美学效应不仅可以在无机的、矿物的世界（无论是"自然"还是人造）中观察到，也可以在有机的、植物的世界中观察到。形态多样性的增加改变了这种效应的特征。生命存在体的增加往往意味着内部完形结构有着更多的样态，这也导致了同质性和异质性之间张力呈现的极度困难。数以百计的物种聚集在一个花圃中，植物学的知识和论述都显得不合时宜。植物学能够对花圃中的植物和花，按其理论进行分类，将其归属于某一物种，但它没有考虑到每一朵花、每一种植物的独特性。花圃之所以能产生一种近乎令人催眠的光能，恰恰源于其整体的完形结构是由大量的奇特性并置而成的。

正如前文所言，生命与众多物种形态复杂性的增加之间存在联系。如果生命本质上伴随着运动，那么就意味着这个花圃与铺满卵石的道路有所不同。因为它们的内部视觉结构在无数动机的作用下会不断振动。因此，波提切利（Botticelli）及其他技艺高超的艺术家，想要呈现数以百计的物种相互竞争或互相合作的美和复杂形态，就不仅需要物种的群体身份，而且需要其作为群体成员的个体身份。自然进化过程越是向前发展，就越会遇到更多能够进行精细运作的物种，它们的自由度和复杂性也越来越高。例如，如果在这个花圃中牧马，马儿们能够自由驰骋，扩大活动范围，将会加剧这一场景的视觉复杂度，想要在静态的画像中呈现这种整体的视觉动态，我们需要一个米开朗琪罗（Michelangelo）。

人们可能会猜想，在适当的距离中，比如凝视沙丘甚至是沥青路和柏油路，就会发现，同质性和异质性之间的张力与运动自由度成正比关系。因此，改变视觉完形的构成元素可以获得愉悦。正如地质学所言，矿物也会随时间而变化，但这种变化速度对于人类而言几乎是无形的（除了像地震或火山喷发那般惊人的现象）。沙和风的相互作用使得砂砾比岩石或铺着卵石的路面更容易受到运动和变化的影响（事实上，卵石和其他路面材料的发明或采用，正是为了限制这种易变性及其不可控制的不良后果：卵石比沙子更易行走）。这种主体相互作用的复杂性，导致了沙丘形态在宏观层面上的视觉效果。沙丘不再是固定的沙块，而是近乎可移动的生物。花圃或围绕着喧闹蜜蜂的花圃，是一个这样的地方：各种主体相互作用并由此产生的美学效应，正在成倍地提高其复杂度。我们被花圃吸引，因其在本质上是一种自由的景象，无数相互竞争的主体，找到了一种占据同一时间和空间的和谐方式（Tao，2008）。这也顺带解释了为什么描绘战斗场面是如此困难。在艺术史上，战场的宏伟画面，就犹如花圃，都在于它们的静态特性——以及它们内在的审美目的——不允许画家真实地表达战斗的混乱，战斗场面的刻画总是和谐的，就好像敌方是为了配合绘画的内在框架，认可他们的姿势，形式及颜色。

4.8　振动模式Ⅴ：纺织品

异质主体性之间的互动，以及整体和谐性带来的愉悦美学效应，也源于人为的视觉配置。比如铺着卵石的人行道，尽管这种美学效应不如其实用目的重要。不管怎样，卵石路面的美，通常是无意识的，也不会遵循建筑式的审美习性；反之，有一些人工制品出于对美的追求，明确地利用了奇异性和普遍性之间的辩证逻辑。例如，各式编织工艺都是由绳结或其他编织单位并置而成的，尽管它们构成了一种有规则的图案，有时甚至构成了复杂的图案（比如织锦），但它们仍然保持着少许个体特征，这使整体感知难以预测。如图4-7展示的来自奥塔瓦洛（Otavalo）市场的（南苏丹）赤道地区羊驼地毯。

图4-7　奥塔瓦洛市场的（南苏丹）赤道地区羊驼地毯，作者拍摄

如果我们细细观察，就会发现，地毯上的每个结都不同。若没有这些奇特性，地毯的纹理及其触感就完全不同。在一定的观察距离范围内，地毯看起来与两个现象层之间的相互作用完全一致：一方面，众多个体结的感知，以及在颜色、拓扑位和内部形态学方面都略有不同；另一方面，和谐但振动的完形结

构从这些奇特性的并置中显现，结构的个体性并没有被完全抹去（组成结构的纤维在空间和时间上都以特殊的弯曲形式相互交结）。然而，它在地毯的整体形态中却受到了某种程度的约束。这种微妙的辩证法，不仅影响了地毯的视觉形态，也影响了它的触感。如果光脚踩在地毯上，就能感觉到某种程度上的移动自由，这在大理石铺成的道路上是体验不到的。这种自由源于地毯结的内部结构，因为地毯的材料触感也是其内部形态自由度的呈现。

吉奥狄斯结（Ghiordes）（对称）、沙那结（Senna）（不对称）、"错"结（jufti）（超过四股经线）和西藏结（Tibetan），这些通过手工制作的结，不仅种类繁多（如图4-8所示），而且十分独特。因此，手工地毯的美不同于机器编织的地毯。地毯内部形态多样性的增加，在于可以在不同种类的地毯结中进行选择，这就好比花圃内部视觉的多样性，在于它能在不同种类的植物和花卉中进行选择一样。手工制作的地毯，以某种方式模仿了花圃，这源于其内部形态的振动性。没有一个结是完全一样的，同样，每一朵玫瑰既能展现其微观的独特性，又和其他玫瑰一样，归属于某一物种（Bahamón and Pérez，2008）。

图4-8　地毯结类型：对称结、不对称结、"错"结、西藏结①

手工制作者力求完美，但在其将目标转为实践的过程中，不可能完全合乎理想。疲劳、精神状态、工作条件等，会随着时、日、月、年的变化而变化。因此，在地毯的手工打结过程中，会产生细微的变化。人类双手带来的不可预测性，以某种方式转移到了地毯的结上，就好像一种神秘的变异不断被引入岩石、动物和人类的形态中。手工"制作"的地毯与机器"制造"的地毯不同，因为前者让人联想到大自然不可预知的创造力，而后者在处理完美普遍性和独特奇异性之间的张力时会显得很笨拙。

---

① www.carpetencyclopedia.com

4　无意味的图像：数字完美的乌托邦

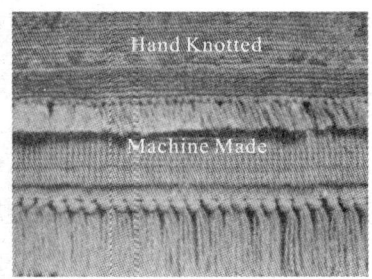

图 4－9　手工地毯和机器地毯的区别①

将机器生产的地毯和手工地毯的形态相比，可以揭示出完美与不完美、真实性和感官质量之间矛盾的辩证逻辑。纯手工地毯打结是为了减少瑕疵，但瑕疵仍然存在，并且赋予了手工地毯独特性、内在价值与真实性，机器生产的地毯因其太过完美反而变得廉价。手工地毯的制作者有意制造虚假的瑕疵，尽管这种瑕疵可能一成不变，但无论如何，它比机器有意制造的瑕疵更具创造性。地毯制作的精髓在于对打结的掌握，包括将经线的潜在移动排成正规的图案的能力，这种复杂性的减少从不彻底，这也正是与机器地毯的不同之处。在手工地毯中，绳结的规律性限制了材料的奇异性。然而，这些奇特性及其所唤起的主体性，在视觉图案表层从未停止振动，就好像它们是微小的仆人，总是处于爆发反抗的边缘。通常，努力去完美地征服物质特性与不完美的结果之间不断出现的张力，会产生一种类似观看沙丘、花圃、卵石道路所带来的审美愉悦，但前者更加强了个人主体性与整体之间的辩证逻辑。

图 4－10 展示了来自厄瓜多尔的巴拿马草帽。

图 4－10　2016 年 9 月中旬，巴拿马草帽，来自厄瓜多尔基多市，作者拍摄

---

① www.orientaldesignerrugs.com

当我们从适当的距离来观察这顶帽子时，很容易发现奇异性和普遍性、异质性和同质性之间的辩证逻辑。经过必要的改造，巴拿马草帽的美便如同地毯一样呈现出来：在有限的空间内，它的美由草帽形状的框架决定，个体组成单元并列编织在一起，以填充和创建出形式。在这种情况下，帽匠的手工劳作需要努力减少麦秸纤维的特质，使其服从整齐的序列。然而，每种纤维在形态和颜色上都以一种特殊的方式"表现"出来，在服从帽匠遵循和执行的总体设计的同时，依然不断努力威胁并颠覆它。这些微小缺陷带来的威胁，使得真正的巴拿马草帽随着人类的创造力和物质阻力之间的辩证逻辑而振动。然而，不同于波斯地毯的是，这种设计不涉及二维图形，而是三维形态，麦秸纤维必须构造帽子的形状。

4.9 帽子与屏幕

我们必须再次回到"像素符号学"。人们也许会问：购买新的数码屏幕和购买巴拿马草帽之间有什么区别？让我们先来探讨：如何评估巴拿马草帽的质量？

首先，巴拿马草帽的质量取决于一些客观的、可计算的特征，比如内部环数或每英寸麦秸纤维的数量，图4-11的两张照片展示了巴拿马草帽可计算性的质符。此外，这些质符也具有功能性：一顶编织严实的巴拿马草帽更耐用、弹性更强，而且在抵抗外部外力（雨、风、坐在帽子上的人等）时，通常能保持其形状。

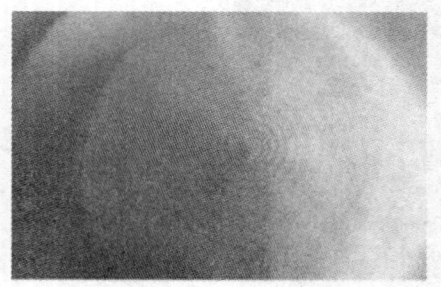 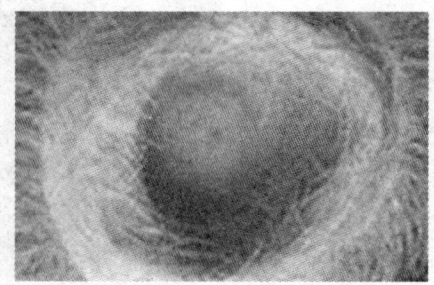

图4-11　巴拿马草帽的内部环状物，作者拍摄

其次，巴拿马草帽的质量也取决于一些主观上的、不可计算的特征，比如

编织的形状或者麦秸的颜色（图4-12）。

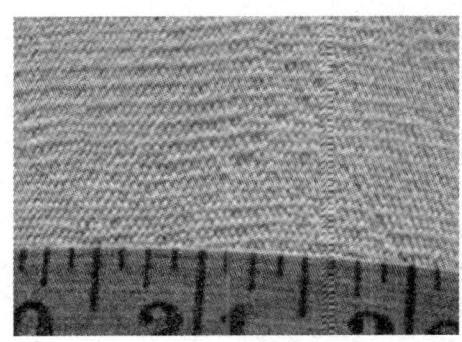

图4-12　巴拿马草帽的规则和不规则的草编图案，作者拍摄

内行人通常更喜欢图4-12第二张照片中草编的巴拿马草帽。他们认为这种草帽具有更完美的规则性（至少在这一观察距离下），这与第一张照片中的不规则性形成了对比。然而，评估核心标准并非完全客观，也就是说，没有定量的、可计算的方法来确定哪种麦秸编排得更好，哪种更糟。

这种内行评估的美学标准是在一群专家指导下由复杂的解释社群进行的，且大部分是在隐性协商后形成的。其协商的结果，便是将麦秸纤维编排规则性作为一种标准，编排规则的巴拿马草帽以更高的价格出售，而编排不规则的巴拿马草帽则相对不受好评，价格也更低。为了区分美学评估的可计算和不可计算、客观和主观间的标准，我们需要思考一个简单的问题：这些标准会随时间和空间发生变化吗？就巴拿马草帽中麦秸纤维的数量而言，第一种情况，答案是否定的：有一天，我们可能会认为松散编织的巴拿马草帽，比紧密编织的巴拿马草帽更有价值，但在同等空间下，后者总是比前者拥有更多的纤维，在这一点上，它的优势是可以衡量的。第二种情况则相反，答案是肯定的：有一天，解释社群评估巴拿马草帽的质量标准可能会改变，那些麦秸纤维编制不规则的草帽看起来比规则的草帽更加"真实"（例如，精美编织的机制帽子被大量地生产出来），就其颜色而言，下面这一点则更加明显：没有客观理由能说明图4-13中哪一种麦秸纤维的颜色更有价值。

图 4-13 巴拿马草帽的颜色，作者拍摄

第一个标准是定量的，第二个则是定性的，它们与将某种可见的质量转化成计量单位和可比较的数量的观念无关，而是取决于一种审美观念。人们能够再一次地从均匀和畸形之间、巴拿马草帽光滑表面，以及在视觉和触觉上振动的细微缺陷之间的辩证逻辑中获得审美愉悦。巴拿马草帽和地毯一样，都是由人创造出来的，它们都是在"模仿"最终形成沙丘或花圃的自然力量所具有的复杂方式。在内部形态学上，它们再现了异质突变与集体秩序之间的斗争，这似乎也是进化模式的特征（Romero、Machado，2008）。

4.10 解构式愉悦

图 4-14 再现了厄瓜多尔基多市一家精品酒店的挂毯。从符号学角度来看，挂毯的构形层"被迫"成为形象层。但是挂毯的构形层不会完全消失，并且在发挥美学效应方面有助于形象层。在挂毯中，连续不断的构形振动构成了图像的基础，然而，这种"振动"的质量变化取决于挂毯的编织方式，单结打结并构成整体形象，会影响旁观者的感知。

4　无意味的图像：数字完美的乌托邦

图 4-14　2016 年 9 月中旬，赤道区挂毯，来自厄瓜多尔基多市的卡萨华（Casa Joaquin）精品酒店，作者拍摄

我们可以从以下的观察中，得到同样的原理，日常的装饰性排列会产生不同的形态，如图 4-15 中的水果沙拉。

图 4-15　水果沙拉，作者拍摄

没有令人信服的功能性理由，能够说明哪些水果应该以这种方式被切割和呈现（也许除了便于叉子或勺子的使用）。这种排列的美，又一次来自人类将现实的形象层解构成可组合的成分时所感受到的愉悦。比如水果沙拉组成了多彩的几何形状，如同在地毯、挂毯或巴拿马草帽中，微小的单位能够合成整体的形状效果一样，有时甚至会莫名其妙地令人着迷。在水果沙拉中，人类玩弄着有序与无序、同质与异质、解构与重构的游戏，而这些正是构成自然世界及其感知的基础。

4.11 像素美学

同样的辩证逻辑在LCD屏幕上也清晰可见吗？如果将可计算和不可计算的评价标准结合起来，这些东西的质量是否与巴拿马草帽的质量相同？数字屏幕分解和重组现实图像的方式是否与地毯或马赛克一样？最重要的是，屏幕也在创造图像的视觉框架吗？它是否会让人想起大自然在矿物质、植物和动物中表现视觉形态的方式？

图4-16是厄瓜多尔瓜亚基尔（Guayaquil）机场飞机到达时间的巨型显示屏。在全球化和国际化的世界里，几乎每个机场或火车站都安装了类似的屏幕，该LCD屏幕的美学功能是否与自然图案，或之前提及的视觉人工制品有可比性？在比较几个不同的数字LCD屏幕时，最为重要的是可计算的标准，即在显示器框架内压缩的像素数量。事实上，没有其他可选择的标准，因为像素实际上就是元素，正如它们名字的词源所暗示的那样，它们只有完全放弃自主的美学主体性，才能服从于整体图像。它们不是圆形的——康定斯基认为这是视觉形而上的关键——而是方形的，或至多是四边形，就像大多数最新的路边LCD屏幕。最重要的是，它们不显示任何奇特性，因为它们的形状不仅总是完全相同，而且其亮度和色调的值可以由数值来决定，它们没有个体特质的差异，如果某个像素不遵守形象工程（figurative project）的数学规则，那么它便是一个故障像素。

4　无意味的图像：数字完美的乌托邦

图4－16　2016年9月中旬，瓜亚基尔机场的巨型屏幕，来自厄瓜多尔瓜亚基尔市，作者拍摄

因此，在美学功能上，像素不同于砂砾或卵石，因为它们的个性在制造过程中被抹去，它们也明显不同于地毯或马赛克瓷砖，因为它们不仅没有通过"变形"产生奇特性，而且最重要的是，像素的显现与消失必须一致。在地毯中，制作者的巧手把非常细小的结并列在一起，使它们融入精细的具象图案中，但其中绳结的个性和奇特性仍然存在，正如前面所强调的那样，这种个性与奇特性产生了自然和文化两方面的美学效应。

相反，屏幕数字艺术的可能性在某种程度上受限于其成分，像素被隐藏在视线之外，并服从整体，这也是市场对LCD购买者的数量承诺（Castelli；Berliner Festspiele；Martin-Gropius-Bau 2007）。像素修辞并没有揭示它们的符号化本质，而是揭示其机械的完美，如同列维纳斯宣称的"冰冷的华丽"。绘画、挂毯、地毯甚至巴拿马草帽都保留了充满活力的外观，其瑕疵也令人眼花缭乱。然而，LCD屏幕却有着镜子般的外观，其符号功能被弱化，以便服从精确比率的可靠规则性。LCD屏幕的图像显示，在人们看来是完美的，它的内容在现实生活中则更加完美。但是，这种内容在某种程度上被剥夺了生命力，因其失去了规则和反常之间的辩证逻辑，这种辩证逻辑恰恰是构成自然和文化中大多数视觉群体的基础。这么说，并不意味着LCD屏幕在本质上无法揭示这种辩证逻辑，我们或许应该从闪烁的符号学（semiotics of flickering）

81

角度进行分析，在这方面，Lagom LCD 显示器测试页面是这样定义该技术特性的：

在 LCD 显示器上的像素中，背光传输的光量取决于施加在像素上的电压。对光量而言，电压的正负无关紧要。然而，长时间使用相同的电压会损坏像素，例如，电把水分解成氧气和氢气，在像素的液晶内部也可能发生类似的反应。为了预防损坏，LCD 显示器为每个像素快速转换正负电压，这被称为"极性反转"。理想情况下，快速的极性反转不会被察觉，因为无论电压是正或负，每个像素都有相同的亮度，但在实践中，有一个微小的区别，即每一个像素有大约 30 赫兹的闪光频率。①

电灯泡或 LCD 屏幕的闪烁会对恐怖电影高潮进行模式化干预，这种干预方式令人惊讶。事实上，闪烁代表了神秘、怪异和恐怖，它们如机器出现的特殊故障。因此，闪烁象征着神秘的、通常是邪恶的主体，在一个不应该有的过程中显现。突然之间，LCD 显示屏的像素，不再屈从于冰冷完美的图像元素，曾经试图放弃所有个性来塑造形象的像素被一种危险的力量控制，从而变成了堂吉诃德式的特立独行者。

LCD 屏幕的闪烁（图 4-17）是翻牌式显示器（flap displays）故障的数字等同物。翻牌式显示器的使用在世界范围内越来越少，几乎完全被数字屏幕所取代。然而，数字屏幕需要一种强大的具有悬念的叙事维度，并运用自身的缺陷美，这种美在很大程度上依赖于显示器的机械特性（Hagener；Hediger 2015）。图 4-18 中，塞尔维亚贝尔格莱德（Belgrade）机场到达区域的翻牌式显示器，出现了"达达艺术"（Dadaist）式故障。

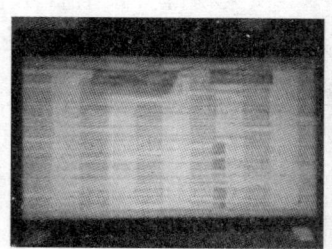 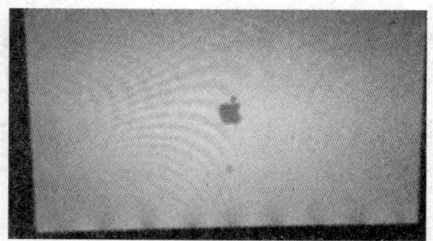

图 4-17　LCD 屏幕闪烁，作者拍摄

---

① 参见 http：//www.lagom.nl/lcd-test/inversion.php

4　无意味的图像：数字完美的乌托邦

图 4—18　贝尔格莱德机场的故障显示器，作者拍摄

在努力复古、以旧为美的时髦及怀旧的过程中，一个可能的"机械误差的诗性"时代，不知不觉地永远消失了，人们反复强调这一事实。如图 4—19 中，通过开源硬件（Arduino）材料重新组成了翻牌式显示器。对这一工程的描述极具怀旧意味：

在当今智能手机和在线聊天中，像 BRB、LOL、OMG 和 SMH 这样的三个字母的缩写已经司空见惯，某个制作者决定用自己的翻牌式显示器追溯文字和动画的机械根源。正如下面的视频链接中展示的，每一帧下面的拱形按钮可以循环使用所有的 26 个字母，以缩略词的形式表达想法，其中第四帧展示了一只猫的视频动画［由埃德沃德·迈布里奇（Eadweard Muybridge）制作］。①

图 4—19　开源硬件（Arduino）翻牌式显示器②

---

① https://blog.arduino.cc/2016/07/15/omg-this-diy-split-flap-display-is-awesome/
② www.instructables.com

83

4.12 结论

能否将 LCD 屏幕及更广泛意义上的可视化数字技术，转化为产生美学效应的矩阵？至少这能够让人想起那些更传统的"屏面"，比如地毯或马赛克。虽然 LCD 屏幕的像素可能会出现故障和失效，比如闪烁的发生，但这种可能性已经深深嵌入到复杂的技术中，很少会产生不可预知的美学效应。在数字屏幕技术中，有一个非常有趣的术语叫作"去马赛克"（英语：demosaicing，也写作 de-mosaicing、demosaicking 或 debayering）。这种操作通过适当的运算法，从覆盖有滤色阵列（color filter array，简称 CFA）的感光元件输出不完全色彩取样中重建出全彩影像。"去马赛克"是马赛克的本体论和美学的对立面：拜占庭式马赛克瓷砖有助于构造壮丽显赫的意象，但同时它们又不会完全融入其中——它们难以再分化的奇特性会进一步增强整体的金色振动——在一个"去马赛克"的数字图像中，屏幕中的众多矩阵隐藏在数字化的、无法穿透的平滑表层后面。

图 4-20 展示了由葡萄牙瓷砖组成的辉煌画像《圣餐崇拜》（来自里斯本国家瓷砖博物馆）。在这类图像中，平铺的碎片并不是其视觉组成的障碍物，恰好因为这种破碎未完全消失，反而成为支撑物，还被赋予了几何学外的意义以及秩序和规则的隐含意义（Marks，2010）。通过凝视单个瓷砖来重构整体图像，能够使人获得愉悦感，但在图像重构的视觉运用中，瓷砖的奇特性从未消失，它们在表征的具象外层下继续以几何形式振动。这种作用将瓷砖画的成分转换为一种创造力展现，它们与自然界中的花圃并无二致，是完全没有正常工作的 LCD 屏幕。

4 无意味的图像：数字完美的乌托邦

图 4-20 17 世纪晚期的瓷砖画：圣餐崇拜，图片来自里斯本国家瓷砖博物馆，作者拍摄

我们越来越多地被像素所包围，然而，这种数字环境类似于奇异和秩序并存、有规则且不完美的人类织物以深入的技术，将目前的显示矩阵，引入一个像素化的实体动画。在电影制作中，实体动画是一种伴随着电影诞生的技术，生动的演员们一帧一帧地摆姿势，拍摄定格动画，这一词汇来源于古老的英国，意思是"精神占有"（精灵）（这是我们从 20 世纪 50 年代早期开始，一直用来描述动画制作过程的词语）。

赋予数字图像生命，就意味着将像素的从属逻辑转换为像素的符号学研究，元素不再被神秘的力量占有，在这种神秘力量中，个体的自由重新被数字图像的集体项目收编，服从于无休止的传送和营销诱惑。人类此物种，作为自由的精灵，并非像素，人类将灵动的创造力用在自然中，为此探索了数千年，才能将矛盾编织到其视觉人工制品。我们如果忘记不断出现的瑕疵所拥有的美，就只会生产冰冷的显示面，这是一个注定强加于我们的无情的空洞框架。

本书第一章对无意义和无意味进行了分类，提出在当今社会中，后者更多地源于数字官僚主义在愈加广泛的符号域中强加的异化框架。第二章和第三章（分别是"无意味的网络蛮喷"和"无意味的意见相反者"）认为虚拟暴力不应该成为应对数字领域的形式存在。第四章将像素作为视觉数字世界最基本的构成要素，指出了后物质时代的异化根源：在前数字时代的视觉艺术作品中，观看者体验到的是一种舒缓甚至活跃的自然世界的回声。而在数字环境中，自然运动的随机性与文化形态的演算之间的辩证逻辑被消耗殆尽,为了颂扬后者而贬低前者。显示器的量化完美也使得视觉物品缺乏人性,在无人性的领域中,创造性是不可能存在的,任何意外的发现在一开始就会被机器的冷编程淘汰。本书接下来的章节将会详述当今世界,人们为恢复前数字世界的美学及其物质奥秘所做的不顾一切的努力,这些努力在使市场得到开拓的同时,也产生了许多后物质世界的迷恋现象。

5 无意味的购物：后物质时代的庙宇

> 这些跑腿的男孩，那些不顾自己的命运，到商店橱窗里看看的鬼鬼祟祟、四处逃窜的女孩？但我知道我们短暂的一段。
>
> ——弗吉尼亚·伍尔夫（Viginia Woolf）《海浪》（1931）

5.1 引言

本章将文化，特别是宗教中物质能指贬值的哲学反思与后世俗庙宇的出现相联系，指出后世俗庙宇为了举行个人消费和意义生产的礼拜仪式，恢复了近代宗教空间符号学中的一些元素。

符号学家通常以对立形式来思考问题，他们通过丑陋质疑美，通过邪恶质疑善，通过沉默质疑言语。[①] 在诸多与"精神性"相反的概念中，最引人深思且引人注目的概念便是"物质主义"[②]。"物质主义"表明，在所有事物中，每件有形之物都能通过人的感官成为被感知和操纵的对象。在1975—2000年间，"物质主义"标签意味着指责一些人对获得有形物的无限热情。[③] 这种对拥有

[①] 结构主义符号学尤其如此，想进一步了解这种理解意义的方法，参见格雷马斯于1966年、1970年和1983年的研究成果。

[②] 物质主义目前是人文学科和宗教研究领域的热门词，例如，参见泰勒（Taylor）及弗朗西斯（Francis）出版的《宗教、媒体和文化的劳特利奇研究》系列丛书和期刊论文《物质宗教：论物品、艺术和信仰》；该领域的最新研究贡献，参见蓬格拉茨－利斯腾（Pongratz-Leisten）及索尼克（Sonik）在2015年的文献；物质性一直是符号学关注的问题，参见弗洛克（Foch）于1984年的成果；通过皮尔斯的符号学范式来研究的最新文献，参见基恩（Keane）于2003年的成果。

[③] 有关这种辩证法最新的阐述，参见埃斯波西托（Esposito）于2014年的成果。

商品、消费主义以及对感官欲望的无约束追求，不利于那些缥缈的、无形的和无法触及的精神。此外，在更高的哲学范畴内，"物质主义"被认为是一种认识论框架，它能够冷酷地、机械地抓住事物和现象的独特本质。① 宗教也是这种物质主义的受害者之一，特别是在其精神性被贬低的"流行"版本中，它被等同于这样或那样的现实驱动力的结果。许多人可能会记得病因学——幸运的是，如今它已过时，而且有点可笑——社会生物学家通过它来解释宗教冲动。然而，反精神的物质主义也引起了人们的响应。② 例如，要求重新发现内在的秘密，以及不受任何外部决定影响的宗教自我的自由。但在反精神的物质主义的天才般的千变万化中，市场也跟进了这一趋势，并将其转变成一种悖论：物质主义向新时代的逃离，导致了精神产品的大规模生产。

然而，在 21 世纪前 10 年里，无论是消费主义、物质主义意识形态，还是新时代的唯心论，都没能主导当前的文化潮流，这就是一种占主导的被叫作"反物质性"的普遍审美倾向。③

或许，比较和对比的术语能更好地定义当代精神。"反物质性"是什么意思？为了回答这个问题，我们将采用两种研究方法：一是历史和社会学方法，二是符号学方法。

5.2　能指的数字化

从历史和社会学的角度来看，反物质性倾向与新通信技术的发展是相辅相成的。通信技术在自给自足的发展过程中产生了反物质倾向，同时，反物质倾向又促进了通信技术的发展。一方面，历时已久的全球化鼓励人们去寻求和发展日益复杂的能指的非物质化形式。这种欲望为了消除时空距离（往往以商业或军事征服的野心为基础），让世界小到可操纵的程度，由此构成了一种越来越有效的信号意识形态的指数演化背景。一封信重要的不是纸，也不是墨，而是这些字的内容，这些字必须从它的表达材料中提取出来，转化为数字，变成信号传送出去。在 1975—2000 年间，二进制驱动——倾向于把所有现象的意

---

① 最新调查，参见孔特-斯蓬维尔（Comte-Sponville）于 2015 年的文献。
② 例如，道金斯（Dawkins）2008 年的文章。
③ 有关此概念的详解，参见莱昂内于 2014 年的研究成果。

义转换成一系列的0和1。开与关、在场与缺席占据主导地位,以至于它影响了人文科学的认识论:我们的心智也只不过是虚拟的计算机,身体是被操作的机器。①就像社会生物学物质主义的理论,信号的意识形态会被更微妙的思想取代,这种二元焦虑的持续存在,源于对非物质化的强调和对反物质性的颂扬。随着技术的突飞猛进,越来越广泛的人类活动领域从物质的枷锁中解放出来,被通信数字的海洋"稀释"。然而,在这种技术扭曲的背后,人类学的转向时机正在成熟,在鲍德里亚(Baudrillard)(1981)之后,符号学抓住了这一机会。

20世纪60年代,电话通信为人们带来了完全不同于面对面交谈的体验。对话者听到的不是从对方身体发出的声音,而是通信系统产生的回响。身体发出的声音之所以能被识别,是因为手机能发出回声。然而,这种声音的一致性不是算术上的,而是几何学的,只关乎大小,而非关乎数字。用符号学的术语来说,模拟电话的功能仍然就像印记,在某种意义上,它只不过是一种电鼓声:通过更用力的敲击、对着电话听筒大喊,对话者会收到一种力的波动,这种力是由身体产生的回声。在符号学的技术性话语中,传播声音的符号是一种指示符,即作为用于交际的人工制品,其中能指与所指、符号及其对象通过物理上的关联和因果相互连接。哪里有烟,哪里就有火;因为火生烟,烟源于火。

实际上,在数字电话中,人们接收的不是指示符,而是规约符,即声音脉冲准确地对应声源,甚至比模拟通信更为准确。然而,这种准确对应不再由它的因果必然性决定,而是由翻译和数学代码的任意武断性决定,数学代码把身体变成数字,把数字变成身体。除了纯粹的人工和模拟之外,没有任何比例或对应关系。因此,能指的渐进数字化,使声音变成了一种拟像,它不再以几何投影,而是通过算术再造的方式呈现对象。②

通信符号本质的日益分化,不仅产生了指示符号,也产生了像似符号,在其本质中,能指和所指的关系并非因果,而是规约。而在像似符号中,能指与所指的关系通常源于相似性。③相似图像逐渐从西方文化中消失,不可避免地

---

① 例如,参见约翰逊-莱尔德(Johnson-Laird)1988年的研究成果。
② 论后数字时代的美,参见贝里(Berry)和迪特尔(Dieter)2015年的研究成果。
③ 根据美国符号学家和哲学家查尔斯·皮尔斯(Charles S. Peirce)著名的符号意指三分法。

被数字再现现实的图像所取代。在由二进制工程开创的"信号意识形态"下，能指的数字殖民化优势显而易见：如果现在的研究者可以不顾时空地在其屏幕上查阅手稿的数字图像，这种可能性的实现便是源于这场革命。①

5.3 数字宗教

任何发生在意义生产和接受领域的深刻革命，都有可能对宗教产生影响。但目前这种决定性的影响只是一种推测。人类如果没有发明书写，一神论（monotheism）的起源便难以想象；如果没有发明活字印刷术（mobile type printing），新教就不可能诞生。因此，能指的渐进数字化，给宗教带来了新的生活方式，甚至产生了新的宗教（Campbell，2012）。但事实并非如此，宗教是传播技术的副产品——这是一个过于简单化的假设。相反，宗教和传播技术都解释了一种缓慢而不可阻挡的进化方式，即人类通过其特有的界面（即语言）与世界及自身保持联系。尽管难以确定这种进化会走向何处，能否从中发现长期的规律和趋势，特别是贫乏且糟糕的人类文化记忆。但我们可以尝试找出一些趋势。悖论在于，要想做到这一点，有效的策略便是抓住文化反趋势的症状。

前面已经强调过，能指的渐进数字化归因于不可阻挡的"信号意识形态"。这是一种更普遍趋势的产物，它导致了 20 世纪末的全球化。随着个人和群体空间距离的逐渐消失，物质性在人类存在的许多领域不可避免地逐渐贬值。就信息传播的技术而言，这是一种宏观现象。如今，人类的声音不仅是一种数字模拟物，手机本身也淘汰了所有相关驱动程序，包括按键，以便将它们转换成数字表示。苹果等品牌成功的原因之一，便是毫不犹豫地支持并巧妙地推动了对非物质化意义的无限探索。其中技术与其使用的必要性不再具有指示关系，而是变成了纯粹的设计，一种任意想象的结果。然而，被数字化的不只是通信设备，还有所有文化的传统基础，纸质书越来越成为一种纪念物，尤其是在科学领域。在声音复制方面，尤其是黑胶唱片领域亦是如此，更不用说电影影像了，它们是在对数字身体进行完美模拟重建之后才开始加强的。

---

① 有关"新兴媒体"哲学的调查，参见弗洛伊德（Floyd）和卡茨（Katz）于 2016 年的研究。

这种物质性的贬值，同时证明了数字的种种力量，并间接地影响了其他的存在领域。广为扩散的广告话语与这种逻辑密不可分，这些广告话语让许多人尤其是年轻一代相信：人们可以，而且实际上应该过着"更轻松"的生活，可以随时方便地携带各种微型电子产品。不仅书籍和唱片应当藏在几立方厘米的小盒子里，旅行、友谊甚至爱情也应该摆脱多余的物质性（Van der Ploeg、Pridmore，2016）。换句话说，信号意识形态以及随之而来的能指非物质化，让人际关系也日益数字化，其中最典型的例子便是社交网络。如今，我不但不能让我的朋友们听到我身体发出的声音，就连这种声音的数字翻译也过时了。事实上，友谊本身已经变成了电子信号、虚拟化身之间的模拟联系，它与所有的"物质"现实的对应关系越来越少（Meise，2015）。生活不再需要肉体和空间，我们就像世界各地不断流动的数字流量，在这里或在那里，以图标、声音或朋友的面貌出现：这就是我们这个时代的乌托邦，一个并非完全缺乏神秘生命冲动（élan）的乌托邦，一个"想要远离（cupio dissolvi）"的数字乌托邦。

正如前文所指出的，相比于少数群体和边缘逆趋向，这种宏观趋势尤为突出。在音乐领域，或者在电影中对类似的无拘无束亚文化的追求（Leone，2014b）；赶时髦地收藏古董设备（Greif，2012）等，这样的结果，只会强调其反面，即对物质进行贬值普遍倾向的强调，让数字精神有益，这种精神可以在任何人工制品中被找到。因此，当代日益壮大的物质性电子模拟市场，将宏观趋势和亚文化逆趋向之间的力量平衡公之于众：数字封面以惊人的熟练度模拟了纸质封面的缺陷，CD复制了黑胶唱片的声音，数字图像出现了完美的缺陷以满足物质的小众口味或者更好地满足类似的趣味（Johnston，2015）。数字战胜物质的方法，就是模拟它们的消失，以便获得人工重建的物质性，这和上一章探讨的机器地毯的美学一样，机器地毯会故意引入人为的错误。

强调信号的意识形态是多余的，存在的去物质化并不是无辜的。功利的社会经济战略已经推动，并仍在推动人们世世代代接受一种叫作"数字方阵"（Matrix）的理念。这是一种数字模式，既可以在从盗版网站下载的电影娱乐中转化，也能够在通过点击图标进行的政治表征中转化。瓦尔特·本雅明（Walter Benjamin）的预言"光晕的丧失"是文化的技术再现性产生的后果（1936），它也导致了一种数字光晕：人们既不追求一幅绘画作品的独特性，也难以忍受独特性的缺乏，而是陶醉在数字投影重现达·芬奇《最后的晚餐》的精确度中。① 这种数字化驱动的最终视野存在于科幻作品的想象中（数字方阵的幽灵现已远去，它已变成现实），这些科幻作品将个人的良知转化为可复制的、可传输的、具有市场价值的数字。这是电影《她》② 或《超验骇客》③，《黑镜》④ 等系列电视剧的最终叙事核心。

5.4 融合的历史

我们已经通过历史和社会学方法对意义的意识形态性演变进行了辨别，同样我们也可以通过符号学的元语言形式对其进行论述。这门学科的"横向凝视"（transversal gaze）不仅可以把宗教历史看作是试图表现超越性的进化，而且还能够将前文描述的信号意识形态（它产生了当代数字狂热）和仪式的消亡进行比较。这两个过程有什么共同之处？它们具有的物质性贬值又会导致什么后果？

在人类历史上，每一次伟大的传播革命都伴随着融合的指数增长。随着书写的发明，曾经分离的各类口头话语、同一种话语的不同片段，拥有了被合并到单个媒介的机会（Goody, 1986）。柏拉图所记录的苏格拉底哲学中的很大一部分反映了这种融合的文化后果。通过新的符号技术来存储内容，有利于社群的集中处理和控制，这些内容从个人意识中被抹去，存储在外部化记忆中。访问这些内容不仅通过一种技术——写作——而且通过一种政策来管理。并非所有人都精通写作，开启和关闭这种通信技术的大门，就相当于调节权力的循环。这并不意味着"口头文化/书写文化"的二分法必然与民主社会和专政社会相对应，恰恰相反！只有书写才能记录意见，最终实现政治力量及其行政和司法控制之间不受约束的相互作用。最重要的是：随着书写的诞生，记忆不再是个人的事情，而是被社会处理并分享，比如，通过图书馆创造并保留知识。

仪式先于书写而存在，但只有通过书写，构建仪式性的故事才能被明确为

---

① 参见格里纳韦（Greenaway）2008 年的文章；维尔纳（Werner）2010 年的文章。
② 斯派克·琼斯（Spike Jonze）2013 年执导的电影。
③ 瓦利·菲斯特（Wally Pfister）2014 年执导的电影。
④ 自 2011 年始由恩德莫尔（Endemol）公司的查理·布洛克（Charlier Brooker）任编剧制作，特别参见柯尔姆·麦卡锡（Colm McCarthy）执导的第四季第六集《黑色博物馆》。

文本。此时，这文本不仅可以被分享，还能被社群掌控。事实上，每种宗教的"牧师"都有责任世世代代主持神圣书写的过程。最重要的是，这个过程传承并培养了从书写中"提取"宗教意义所需要的能力。因此，随着书写的发明，宗教能够作为一种精细复杂的工具，用来控制穿越时空进入超越的故事。

活字印刷术的发明并没有给书写带来质的飞跃，而是带来量的飞跃。这种飞跃产生了重要的文化影响，越来越多的内容能够融合在同一个手持终端设备中，大量的数据被保存下来。

学术教育自文艺复兴早期就开始发展，知识如果没有得到存储和详细分类，将不可想象。因为大规模的印刷，圣经被分发给无数忠实的信徒，祭司们所持有的辩护和解释力被削弱了。伴随着这种印刷技术可能性，一种新的符号意识形态出现了，这种意识形态将能指从所指中解放出来。过去，将"超越性"转换成不同于《启示录》的语言是一种荒谬的想象，但现在却很平常。人们能翻译《启示录》,《启示录》又能脱离其语言来源，并在世界范围内传播。这并不是五旬节神话中，巴别塔那种令人惊叹的困难：在那里，神圣启示的来源，在语言上仍然是唯一的，只有通过自相矛盾的奇迹，它才被所有人用自己的语言理解。但在圣餐礼和五旬节中，基督教通过教义悖论，调和了传统与普遍主义。然而，随着印刷术的发明，超越性本身开始以多种语言形式出现。更确切地说，是否用阿拉姆语而非德语进行表达，是否会用某个成语取代另外一个成语已经变得不再重要。

只因我们完全沉浸在由印刷品所产生的符号域中，所以意识不到这种飞跃过程的震撼：从意义化身为精确的语言（一种由特定历史、地理，最重要的是由种族决定的群体语言）的宗教意识形态，到文字不再起作用的宗教意识形态，在这里，文字不再算数，一种精神的赞美消失了，这种精神接受了巴别塔的混乱，不仅来自人类的内在，也来自神的内在。

如果我们仔细研究其反面——逆趋向，在这个逆趋向领域中，此趋势就会变得更加明显。在由"能指"贬值来实现意义全球化的宗教中，"民间宗教"从边缘寻求在宗教话语中注入新的生命，在减少其随意性的意义上重新激励它。比如这个概念化的神圣的词汇"魔法"，人们对这个词语原始性（特别是自文艺复兴时期以来）的谴责，只不过是为了捍卫现代性的边界：这种现代性不盲目迷恋能指，而只接受"本来"的含义，神圣启示意义的自我表达，不仅能通过所有语言,还能指向任何对话者(Keane,2007)。宗教传统通常将先知、超越的人类中介形象,归为半人半神,以此消失或淡化多样性,因为每个人都可能成为个人启示的先知,并与小群体分享,甚至他们可以存在于个人精神亲密的极小空间里。圣经变得易于携带,主持阅读的仪式也变得更加方便。从某种角度来看,圣像破坏运动本身是能指贬值的结果,因为在新教现代性中,它并非像犹太人那样,试图通过法律,通过建立成熟的共同体仪式,超越虚无边界,以此来自我呈现。相反,在新教的现代圣像破坏运动中,圣像因其按照相似性规则建立能指而被贬低,它被置于某种非内在意志的自由协议的标准之下(Leone,2016)。图像无法呈现出超越性,因为任何超越性的呈现都很难切题。作为一种深不可测的所指对应的是无价值能指。因此,在千变万化的符号意识形态中,存在着某种源于现代性的神秘事物,同时也存在一种可以被定义为"符号化完美主义"的倾向:既然没有任何事能够配得上讨论上帝,那么就没有任何事能描述它,或没有任何我们能够做的事,重要的是保存,反对依附于此或依附任何具有超越性纯粹观念的能指(Leone;Parmentier 2014)。这种看法,经卡尔文(Calvin)并在康德(Kant)时期达到顶峰,它导致了宗教语言的瓦解,就像它在过去几个世纪的人类社会中形成的那样。

5.5 无差别社群

康德宗教完成了宗教意义的普遍化过程,该过程始于基督教,并在新教中得以延续:构建普遍共同体的乌托邦,实际上消解了共同体这一概念本身(Leone,2012)。如埃斯波西托(Esposito)那样持有现代宗教思想的哲学家们断言,一个没有免疫力的社群是可能的,善恶之间的价值论以及正义与非正义之间的价值论,都可以沿着一个分水岭精确地加以衡量(Esposito,1988)。但是,一个没有免疫力的群体,一个超越甚至超越人类差异的超越真的存在吗?这个梦想被翻译成一种语言,它放弃了创造差异的功能,仅仅作为共性的产生者(Bhatti;Kimmich 2015)。但从基因上讲,语言不仅仅是用于交流。相反,它是交融和分化的工具。因此,全世界的神学神话,在没有形成不同的文字之前,与每个人交心,同时引发了人们对分化、排斥和至高无上的渴望。从某种意义上说,植根于基督教的反犹太主义人类学便是这样。这是一种拒绝宗教的生活形式，以自己的存在粉碎了一个普遍的神，一个在精神上与所有人说话的神的神话，它在所有语言、空间和时间中显现，犹太教作为鲜活的证据表明：神圣不仅是交流，同时也是排斥（Sacks，2003）。

由印刷技术生成的符号意识形态，允许人们从任何中介中获得宗教意义，但它却从现代人类学的社群中排除了一个基本元素，即差别。天启的内容应当从一种语言空灵地传播到另一种语言，并且在不妨碍每个人良知的情况下揭示自己。然而在这种普遍的神圣交流中，有些东西出了差错。它出现在人种人类学方面，它不是先前文化演进过程中的遗留问题，而是一种长期的需要，遗留的是那些不满足于接受无实质内容词汇，对能指漠不关心的人。事实上，只有特别成功的现代性符号意识形态，才能使本身荒谬，内容与表达不相符的概念变得可以接受，甚至被重复使用（Keane，1997）。如果对前现代宗教和教化的观点进行深入反思，就会发现，把这两个层面（本身就是符号学整个方法论的基础）分开的想法是荒谬的，神圣的《启示录》如何能离开自身语言而独立存在？以一种从史前到现在都还没有形成和被选择的语言？

这就是为什么在很长一段时间里，贬低超越性的语言（仪式的物质需要及其特有的特征），导致了超越性本身的贬值。这一过程清晰明了：首先，神并非说他自己的语言；其次，人们接受了神用其信徒的语言说话；最后，结论是每一种语言都来自神。实际上，神不过是个体道德心的反射，是古人用来掩饰内在人性的超然梦想。尽管奥古斯丁努力在作为真正神性源泉的内在升华与通过社群仪式共享符号的必要性之间，维持一种艰难的平衡（Cary，2008），但新教徒、康德主义者，甚至是希波主教奥古斯丁的后现代继承者们已经打破了这种平衡。

这个过程的当前阶段在于从上帝到自我的过程。如果现代性带给人类的是没有仪式的空洞超越，那么后现代性就会被体验为没有超越性的仪式。作为一种恢复宗教语言的非任意性和排他性的疯狂欲望，这种宗教语言存在于私人庙宇和神圣的个人语言中，存在于用自己的语言、按照自己的礼拜日历，并将自我当作神来庆祝的符号结构中。唯一抵制这种围绕自我的神圣再聚合的群体是时尚，时尚是后现代性的礼拜仪式。因此，本章将以分析后现代性"世俗"（saeculum）中具有宗教意义的空间作为结尾。

5.6 结论

1894年，来自阿尔萨斯（法国东北部地名）一个犹太家庭的泰奥菲尔·巴德（Théophile Bader）及其表兄阿尔方斯·卡恩（Alphonse Kahn），在巴黎拉法耶特（La Fayette）街和安顿大马路（Chaussée-d'Antin）的拐角处开了一家服装店。这一商业尝试获得了巨大的成功。他们在接下来的几年里，买下了整个街区，把这家服装店变成了世界上最大的购物中心。1907年至1912年间，这个巨大的商店经过惊人的建筑改造，变成了如今位于奥斯曼大道的拉法耶特（老佛爷）百货公司（Les Galeries Lafayette）大楼，以下是一些最新的室内设计图片（如图5-1所示）：

图5-1　巴黎拉法耶特（老佛爷）百货公司的穹顶和大堂，作者拍摄

穹顶的拓扑结构和内部装饰的形态，让顾客感受到一种类似寺庙的氛围。这并非偶然，而是有意为之。泰奥菲尔·巴德是阿尔萨斯犹太社区的一名成员，并且定期参加犹太集会，他对负责该项目的建筑师乔治斯·希达纳（Georges Chedanne）提出了明确的设计要求：穹顶发出的金色光芒，必须能够照亮整个大厅。楼梯带着荣光，也让商品闪闪发光。因此，穹顶的形状和材料，以及穹顶之下建筑中心主体的墙壁，都是精心挑选而来，目的是产生这种特殊的光学现象，让人从中获得心灵启示：在商场的封闭空间里，一股发光力量能从上方倾泻而下，照亮并同时将商品变成多面的光，一种闪烁着的金色光芒。

值得注意的是，设计这一带有新艺术风格的穹顶（即将十排彩绘玻璃窗嵌在装饰着绚丽花纹的金属支架上）的建筑师希达纳，赢得了1887年的罗马大奖（Prix de Rome）。希达纳最后旅居在永恒之城罗马，潜心研究万神殿（Pantheon）的建筑风格。实际上，他在永恒之城旅居期间，绘制的宏伟的罗马建筑内部草图，一直是建筑历史学家的参照物。拉法耶特（老佛爷）百货公司的穹顶，借用了万神殿灯光的拓扑和色彩结构，金色的光线投射在建筑内部空旷处的细粉尘上，以一种神秘的方式实现造型变化，这也借鉴了一些其他神圣建筑的风格。由于老佛爷百货公司的老板泰奥菲尔·巴德与建筑师希达纳意见不同，从1912年开始，希达纳将穹顶的施工委托给助手费迪南德·查努特（Ferdinand Chanut），查努特从拜占庭建筑中汲取了灵感，修改了穹顶的结构。

　　从穹顶倾泻而下的光束，淹没并美化了商品的外观。参照罗马万神殿的设计，在巴黎最大的商业大厦之一的顶部，有一个拜占庭式的花窗玻璃穹顶，其中路易丝·马若雷勒（Louis Majorelle）设计的带花边的栏杆上镶嵌着金色的马赛克，从而将剧院的光学系统移植到这一"庙宇"中（歌剧院坐落在商业大厦后面）。采购和消费的景象取代了祭坛和舞台。① 这种从建筑及前现代祈祷性神圣空间的艺术，到现代及后现代买卖性世俗空间的造型构造转移，必定能够唤起学者对神圣空间的兴趣②，尤其是当他们需要分析现代文明的关键环境——城市的时候。2009年③，巴黎老佛爷百货（Galeries Lafayette Haussmann）吸引了2500万游客和顾客，每天10万人次。显然，他们中只有少数人觉得，进入这一建筑中心，等同于踏入了一个神圣的空间。但毋庸置疑的是，泰奥菲尔·巴德及其建筑师设置的复杂建筑设备将访客置于一种立体的、彩色的、物质的和明亮的氛围中，这种氛围让访客联想到神庙，其中金色的灯光把商品从纯粹的物品变成了个人仪式的摆设、无声的朝圣圣物，既无所属社群，也没有超越的男人和女人可以通过时尚的礼拜仪式展示他们的个人崇拜。

---

① 参见博梅（Böhme）2012年的研究成果。
② 关于此类跨学科方法的示例，参见吉欧达（Giorda）和海加西（Hejazi）2013年的研究成果。
③ 参见2008年公开的统计数据。

6 无意味的集会：后物质时代的礼拜仪式

"也许这没有什么不同。"祖玛边说边铺开桌布，"你也有你的狂热，左边是古龙香水，右边是剃须刀，更不用说我了。"然而，马里亚诺认为，它们并不是一种狂热，而是对死亡和虚无的回答，一种对事物和时间的修复，用一种仪式，以此来对抗满是漏洞和污迹的混乱。

——胡里奥·科塔萨尔（Julio Cortázar）

6.1 引言

下面的这幅图（图6-1），笔者于2012年1月4日拍摄于意大利巴里（Bari）机场。这是一家新开的咖啡馆，是连锁品牌"Culto"的分店。"Culto"的字面意思是"狂热信徒"或"崇拜"。这个词和机场咖啡馆里的日常生活场景并置，有些令人费解。"Culto"这个标识符号，用极简、近乎禁欲式的字体书写，它在黑色背景板中发出神秘的光，旅行者们在它的下面选择不同的早餐。

图 6-1　2012 年 1 月 4 日，意大利巴里机场的一家新咖啡店，作者拍摄

这种并置方式好像把这一机场咖啡馆变成了一座庙宇，这很像马克·奥格（Marc Auge）所描述的"非场所"的缩影。咖啡馆的建筑样式是对称式的。有仿效大理石穹顶拓扑结构的白色天花板，这种布置有助于实现某种效果。馆内的男侍好像变成了牧师，他们在帮助旅客们完成他们的例行早餐，并安抚旅客们起飞前的焦虑情绪，这就像许多宗教仪式中的牧师帮助信徒们应对一些即将发生的重大事件一样。

这幅图近乎完美地显示了本章的论述主题。本章将对仪式和惯例、宗教崇拜中的表演及世俗行为中的表演进行符号学和现象学的比较研究。

6.2　相似性：仪式与惯例的现象学比较

我们将讨论以下问题：仪式与惯例之间主要的相似之处和差异在哪里？这种比较之所以具有可行性，在于仪式和惯例在其现象学方面具有共同元素，这些元素又是什么？

第一点，仪式与惯例之间的相似之处体现为时间的重复。在仪式和惯例中，现实中的某些元素必须被排列到完全相同，或几乎完全相同的组合中。这种组合的规律性,涉及时间、空间、行动者和行为。它们是同一行动者,在同一空间内,一次又一次完成同样的行为。从这个角度来看,在圣体教堂(Corpus Domini)中,天主教游行的宗教仪式,在结构上就好比某人早上刮胡子的例行程序。游行意味着那些行动者(牧师、助理、信徒等),每年在同一时间和空间(教堂、教堂前庭、游行道路等)完成相同的行为(祈祷,礼拜姿势、动作等)。同样,如果早晨刮胡子是一种例行程序,那么它也意味着,在同一时间(清晨)和空间(在特定的镜子前),用同样的姿势,日复一日地小心翼翼地重复,几乎没有任何变化(Hankiss, 2006)。

第二点,这种时间和空间的重复,具有不可改变性。仪式和惯例都是如此,它们的发展过程中不能掺杂任何变化。例如,在复活节后的星期一,意大利天主教徒通常会在乡村举行野餐,如果每个人都选择不同的工作日来庆祝复活节,那么这一传统仪式就会被破坏。同样,某人睡前习惯用玻璃杯装一杯水放在床头柜上,如果换成用其他瓶子代替玻璃杯、用甘菊茶代替纯净水,或者用椅子代替床头柜,这种惯例都会被打破。

第三点,仪式和惯例都必须随着时间的推移不断地重复。因此,两者依然都不容许任何变化,这两个因素导致了第三个因素。人们"发明"了仪式和惯例的说法可能有点奇怪。通常,我们一般会说人们"遵循"仪式和惯例,这种表达说明了两个方面的观点:一,仪式和惯例都不允许选择。二,它们不会被当作在特定的时间和地点由某个人创造出来的结果。

第一方面,缺乏选择。这在宗教仪式和日常生活中都很明显。例如,天主教信徒不能选择跳过《耶稣受难记》这一段。因为这种行为会导致这一仪式被破坏,并转为异教行为。同样,一旦某个惯常的步骤不被遵循,其后果将是灾难性的:惯例不再存在,而变成了一种单独行为。如果某人选择某晚不打开电视机,那么忽然之间,整个晚上的结构和意义都发生了变化。

第二个方面,缺乏创造性。如果仪式有一个起源,那么它通常是由追随者构想出来的超验(Tarasti, 2000)。它独立于日常生活的时间和空间之外,而构成仪式的话语顺序、姿势、动作等,不是由人类的双手创造,而是来自上帝或神明般的祖先。同时,惯例通常与超验的起源无关,它是内在的,这是仪式和惯例的主要区别之一。然而,尽管存在这样的区别,但惯例的遵守者往往会有这样的感觉,即惯例先于其行为而存在,他们并没有创造他们所遵循的惯例。正是这种预先存在的感觉,让惯例的遵守者遵循着这种惯例。

英语和许多其他语言一样,都有这样一种表达,即"陷入了一种惯例之中"。这意味着,惯例先于其遵守者而存在,他们几乎是偶然地陷入这种惯例中,并没有经过深思熟虑。例如,对于天主教徒而言,圣餐仪式并不只是在自然的此时此地(拉丁语:hic et nunc)中被创造出来,而是一种内在语境和耶稣的超验主动之间的相遇。同样,那些每天按照一定的路线,从家到工作场所的人,往往会忘记他在哪个历史时间或期间创造了这样的惯例,哪怕开始遵守这一惯例的确切时间明显存在。当惯例起源的时间或时期不自觉地被遗忘时,惯例便形成了。因此,如同仪式一样,惯例不是人们创造的东西,而是人们遵循的东西。

通过时间、变化、选择和起源实现重复,这是仪式和惯例所共有的、最重要的现象学元素。它们的共同点还在于:这两者都是没有意义的。如此强硬的结论需要详细的解释。如果按照结构主义来理解意义,那么仪式和惯例都是没有意义的。因为有意义的事物是从差异中产生的,即在两种不同元素之间的选择中产生(Saussure, 1972)。鉴于这种意义概念,只有从外部视角对仪式和惯例进行分析,才会发现其意义(Pike, 1967)。例如,对于符号学家而言,构成天主教洗礼仪式,或阅读报纸的日常惯例中的所有元素,都与其他可能被选择的元素相反。为什么洗礼仪式用的是水而不是油?为什么人们通常早上看报而非晚上看报?回答了这些问题,就相当于确定了结构否定性的矩阵,仪式和惯例的意义正源于此。

然而,那些对仪式和惯例持本然观点的人,并没有将其当作对立事物,而是将其视为预先确定的结构。正如前面指出的那样,所有改变和选择的可能性都被排除在外。对于给孩子施洗的牧师来说,水并非选择问题,就像那些习惯在早晨读报的人,不会接受任何改变一样。

因此,根据结构主义的意义概念,仪式和惯例对于其遵循者而言都是无意义的。仪式和惯例被视为第二天性(McDowell, 1994)。试着去理解它们的意义,就像试着去理解呼吸的意义,不同元素之间的对立,就像呼吸和不呼吸之间的对立一样。

然而,宣称仪式和惯例毫无意义,似乎与其遵循者的常识矛盾。如果意义代表着价值,那么仪式和惯例就很难被认为是没有意义的,对于遵循者而言也很难说它没有价值。相反，仪式和惯例都受到遵循者的高度重视，以至于他们中的许多人觉得，如果没有这些惯例，他们的生活将毫无意义。

因此，如果根据结构主义的意义概念，人体仪式和惯例是没有意义的，而这种无意义判断与遵循者的常识又自相矛盾，那么，只能这样归纳：结构主义的意义概念，不适用于理解仪式和惯例的遵循者所持有的经验（Keane，2003）。

这种不适用，在于结构主义通常将意义包含在具有意义的事物中，比如，一首诗、一幅画、一场对话，它们都具有意义。这些意义的产生取决于这些诗歌、绘画与其他诗歌、绘画及对话的相互否定。依据这种内部观点，仪式和惯例都没有意义。因为它们不能反对其他没有意义或有不同意义的仪式和惯例。它们的意义不是源于差异（它们与它们可能是什么的关系），而是源于无差异。这种无差异，注定它们没有改变、没有选择而且翻来覆去的重复。

结构主义符号学及其相关学科，能够从外部而非内部来理解仪式和惯例的意义，根基在于事物的外在意义，而非其内在的本质性意义。事实上，仪式和惯例挑战了结构主义的基本原理。这个基本原理，强调意义是基于差异而产生的，是基于在两种或多种不同选项之间选择的可能性。对于结构主义来说，某物之所以有价值，是因为它被选择出来替代了某物本身。某事物如果没有其他可能的选择，那么它就不会有价值。因此，也就没有任何东西会有意义。然而，仪式和惯例对其遵循者而言是有价值的，正是因为他们没有其他可替代的选择，仪式和惯例是其唯一的可能性选择。

结构主义无法理解仪式和惯例的遵循者所体验到的意义，这也表明了结构主义的意义概念并不具有普遍性，正如结构主义者和符号学家长期以来认为的那样，意义概念是基于一种特定的符号学意识形态（Leone，2010a；2011），通过一种特定的、历史和文化的方式来想象意义。

这种想象建立在可供选择的观点基础之上：某件事有意义，因为它可能和它本来的样子不一样。然而，这是一种相对较新的观点，在过去几个世纪里愈加主导"西方"文化。直到17世纪，在文化中的许多领域人们都不得不遵循其前辈的事业，没有任何其他选择（因为事业被认为是第二天性，通过某种仪式或惯例代代相传）。在接下来的几个世纪里，人们的生活会越来越面临在不同的选项之间做出选择的问题。这种趋势不仅涉及事业，也涉及过去被认为无法在不同选择之间进行自由选择的生活。在当今"西方"文化中，人们的体形、性取向以及死亡不再是抉择问题，而被认为是生来如此，或是上帝所赋予的本性，因此，人们认为它们是无法改变的（Leone, 2010b）。

然而，我们不应该得出这样的结论：在前现代，生活的这些方面毫无意义。它们是有意义的，但依据的是一个不同的、前现代的意义概念。在前现代性中，意义是事物的存在，而不是事物的拥有。意义在于事物的存在，是因为它不可能与它本身不同；意义不是事物的拥有，是因为不同的事物可以相互替代。

符号学的起源，早于现代，但其最为重要的进展却是在20世纪。由于符号学是根据现代性的替代概念来生产意义的，因此它很难理解诸如仪式和惯例这样的现象，这些现象展示出了一种不同的意义概念。

本章的主要假设是：仪式和惯例体现出一种基于重复、不可能改变和选择以及自然行为的意义观念，这与基于创新、改变和选择的可能性以及行为的文化本质的意义观点相反。前者盛行于被定义为"前现代"时期的"西方"社会。后者盛行于被定义为"现代"时期的"西方"社会。从本章的观点来看，"现代"和"前现代"是一对模糊不清的分类，它们给人留下这样的印象：由于仪式和惯例体现了"前现代"的意义概念，从前现代到现代的历史发展，自然会通过能体现出"现代"的意义概念来取代它们。前现代性的定义离不开现代性（前现代作为先于现代性的事物），因此这种取代现象，不可避免地被描述为贯穿整个历史的人类斗争的自然结果。

没有什么比这个结论错得更离谱的了。如果"现代"和"前现代"的分类必须有实用价值的话，那么它就不能被当作一种历史时期，而是一种人类学的甚至是生物学的方式，其中价值和意义基于重复与替代。纵观历史，这些方式大多数能共存，但以不同的组合形式出现：在一些特定的历史时期和社会文化语境中，以重复为基础的意义概念普遍存在，而在其他时期和语境中，以替代为基础的相反意义概念占主导地位。将这些分类视为人类学的而非历史的，人们就容易理解：基于重复的意义概念可能会回归主导地位，因此它不仅是前现代性的特征，也是后现代性的特征。这并非偶然，而是源于人类作为生物物种的内在本质，即人类需要替代选择，就像他们需要重复一样。事实上，人类历史已经表明，这两种截然相反的意义概念，没有一个能够完全将另一个从人类场景中排除（Leone，2010c）。

6.3 差异性：仪式与惯例的现象学比较

迄今为止，本章的大部分内容都致力于阐释以下几点：强调仪式和惯例之间的相似性，并表明两者都符合人类对基于重复、缺乏替代选择以及本体论意义概念的需求，在这种本体论中，事物的意义源于其本身，而不是与其不同的可能性。

本章的下一个部分将致力于论述仪式和惯例之间的差异，将它归结为个体和集体之间的对立。没有所谓的个人仪式，就像没有所谓的个人语言一样，一个人可以独自执行一项仪式，就像一个人可以对自己说话，但在这两种情况下，仪式的语法都是由集体决定的，因为仪式的主要目的之一，就是让某种作为重复意义的集体经验成为可能。

反之，没有所谓的集体惯例。惯例是个体的经历，一旦涉及多人，它们就开始变得更像仪式而非惯例，我们甚至可以得出这样的结论：惯例是仪式的个体化，仪式是惯例的集体化。

观察在当代"西方"城市中人们的生活方式，我们可以得出这样结论：意义的体验更多的是基于可替代选择而非重复。例如过去人们大多居住在他们的出生地，或者他们父母出生的地方。但如今，在众多居住地中进行选择，愈加成为一种普遍趋势。事实上，欧洲和其他地方的年轻人，经常围绕着"居住在哪一个城市最酷"这一话题展开对话。年轻人认为自己可以自由选择一个城市的居住区，选择租房或买房，选择工作，在城市之间来回，甚至以走出城市的方式选择想要见面的人，可以选择咖啡馆、餐馆和其他常去的娱乐场所，可以选择要参加的活动等，他们认为意义与选择的自由密不可分，没有选择的生活便没有意义。

是的，这种流动的城市社会不可避免地产生了体验重复的意义需求，这种意义需求不是基于选择的自由，而是基于事物本身无法不同的基本性。不过，在大多数当代"西方"城市，这种需求的满足并非通过仪式，而是通过惯例完成：人们从家到工作场所，总是按照同样的路径，总是在同样的咖啡馆或餐馆吃饭，几乎不会走出特定的区域。同样，频繁出现在同一家电影院，在同一家超市买东西，以同样的方式移动货架寻找相同的产品。在经济环境中，人们不断地被鼓励尝试新的消费选择，没有任何经济方面的原因能够解释这种相反的重复倾向。事实上，只有当某人充分考虑到人类对重复意义的需求时，才能解释这种倾向。

但在城市日常生活现象学中，有些惯例比仪式更不适合满足这种需求。例如，我们可以比较这两者：前现代意大利城市里举行的户外宗教仪式，与某人每天沿着相同路线从家到工作地的日常惯例。在这两种情形下，意义以重复的方式被体验，路上的任何微小变化都会破坏仪式和惯例的意义，路线不是一种发明或创造，而被认为是近乎自然遵循的事物。经验意义不是来自在不同的替代方案中自由选择，而是来自不可避免且无替代方案的重复。同样，在这两种情形下，人们从生到死，生命流逝的痛苦感觉，停留在以某种方式循环时间的错觉里，这种错觉的意义体验在于否认任何变化。

此外，宗教仪式中的人与遵循惯例的人之间是有区别的：前者体验到的是永恒的重复以及整体的意义，后者体验到的是个体重复的意义，有时还会无意间发现其他的个体惯例。

在当代"西方"城市中，仪式最重要的变形之一，就是从重复的集体经验，转变为独立的个体经验。前现代的城市仪式到现代城市惯例的转变产生了一系列的影响。这些影响表现在当代城市能够平息人类对意义的渴望，复兴传统的户外宗教仪式并不能提供解决之道。独立个体的惯例，将会在很长一段时间内存在于人们的生活中，直到新的城市仪式形式被创造出来。

6.4 结论

依据莱昂内即将出版的《归属的张力符号学》(*The Tensive Semiotics of Belonging*) 中的观点，仪式和惯例都可以理论化为语义路径和修辞策略。其旨在减少主体在跨越归属环境与非归属环境之间的边界时所需转变的情感强度和延伸距离。从这个角度来看，仪式和惯例都可以被视为顺应和忍耐的语义路径和修辞策略。每当某一空间表达在归属环境和非归属环境之间产生了模式化的对立并形成边界时，仪式和惯例就会在这种模式空间中，产生重新统一的错觉，从而消除边界和环境的分割感。换句话说，仪式和惯例都是替换的语义路径（静态角度）和修辞策略（动态角度），它们确立了某个主体（惯例中的个体、仪式中的群体）与空间（无论是真实还是虚拟，物理还是概念）之间的关系。

案例不胜枚举。一方面，集体仪式的多数目的在于确认群体（以及被认为是群体成员的个体）在特别"微妙"的过渡期的存在地位：在非存在和存在之间（以出生仪式为例，比如基督教洗礼），存在与非存在之间［以葬礼仪为例，比如印度教的仪式萨蒂（sati）］，在生命的各个阶段（以启蒙仪式为例，比如犹太教的成人礼），在季节之间（季节性的仪式，比如与凯尔特宗教中关于冬季到来的仪式），诸如此类等。

另一方面，独立个体的惯例，主要是为了确认个体在同样"微妙"的过渡期中的存在地位：在陌生和熟悉之间（比如向陌生人介绍自己的惯例），"在家"与"在外界"之间（比如在离家或归家的时刻所遵循的惯例），清醒和睡眠之间（比如入睡或醒来的时刻所遵循的惯例），诸如此类等。

如前文所述，仪式和惯例都有顺应和容忍的策略，因其意义的归属与具有多种替代选择的主观性无关，而与其相关的是缺乏替代选择的非主观性（Leone，2009）。从这个角度看，仪式和惯例都包含在某种意义的移植中，即存在于"去文化"化中。然而，空间模式的出现，以及随之而来的划分，即归属环境和非归属环境边界的出现，主要通过各种形式的错位放置来揭示归属感的文化本质。仪式和惯例的修辞，它的脆弱性，主要是通过消除所有替代和反对的情感，重新确认文化自然本质的错觉。换句话说，在仪式和惯例中，主体都摆脱了选择意义和存在路径的负担，这样，他们就能享受到一种完美的习惯性归属的宁静。

然而，从严格的叙述视角来看，模式空间中的边界被符号学家们表述为"切断"（débrayage）。仪式和惯例的语义效果，虚拟地回归到这种表述之前的存在阶段，这被符号学家称之为"连接"（embrayage）（Greimas and Courtes，1993；Leone，2010d）。仪式和惯例的主要叙述机制，回归到一种不可分割的空间感，这与童话故事帮助孩子们"适应"光明与黑暗、白天和黑夜、醒来和入睡、与父母在一起或独处等的转变是相同的，它们都是一种重复。事实上，童话故事不是因为它们的内容而起到适应和容忍的修辞策略作用，而是源于其重复，每晚的故事内容或多或少地由相同的词语重新组成（如果词语变化，儿童会立即抱怨,更糟糕的情况是出现了意外的情节)。

尽管后现代的成年人已经学会了从新故事所展现的各种意义中享受无归属感,但儿童(以及前现代的成年人)仍然倾向于从旧故事的单调意义中获取归属感,对于成年人来说,重读一本书是多么舒服的事啊!存在的确认性通常来源于它。

然而,可能也有人会这么说:故事不过是在虚构被破坏之后,对归属感的一种重建(Greimas,1970、1975、1983)。因此,故事会伪装成意义惯例的变体,但这不是重点。需要强调的是,在仪式和惯例中,持久的归属感是通过同样的叙述结构产生的。这种叙述结构通常是讲故事的基础,它可能被标记为"Z字形结构"(the zigzag structure),这种结构可以抽象地表述如下:在 T1 时,主体 S 拥有一个对象 O;在 T2 时,主体 S 失去了对象 O;在 T3 时,主体 S 重新获得了对象 O;诸如此类等。

对这种结构的描述,可能会变得复杂。例如,介绍静态主体(交替地失去和重获对象)和静态反主体(主体失去对象时又获得新的对象,反之亦然)之间的区别;语用主体(以这种方式决定静态主体和客体之间的连接或分离)和语用反主体(即语用主体的抽象叙事对应物)的区别。然而,问题的关键不在于符号学拜占庭式的微妙。在仪式和惯例中,主体和价值对象之间的关系,即主体和归属空间之间的关系,正是通过这种修辞节奏得到证实的,这种修辞节奏呈现为:联系暂时中断,只是为了随后被重新建立。

正如莱昂内(Leone,2012)所指出的那样,后现代旅行的目的通常类似于讲故事:它是一种模拟,旨在模拟创造一个将旅行者与其归属环境分开的边界的惯例,但它的目的只是为了给予旅行者存在的回归乐趣,这种乐趣源于临时边界的消除。旅行和流亡的存在经验之所以如此不同,原因正在于此。

既然仪式和惯例都可以理论化为一种叙述节奏,并且成功地创造了一种归属环境的持续性错觉,那么前者和后者之间的区别就可以从符号效力的角度被重新定义。简言之,仪式通常比惯例更为有效,因为仪式将同步性的语用效果添加到叙述节奏上。在惯例中,个人主体遵循的是连接/分离/再连接的叙述节奏,而在仪式中,同样的节奏被多个个人主体融合到同一个集体主体中,并且共享同一个集体主体。

集体主体的创建,通常采用"传染"逻辑(Manett,2003;Landowski,

2004)。受其他主体叙事节奏影响的个人主体开始使用它来增加集体主体的能动性,并以此增强集体主体的吸引力。举个例子,大约在十年前,意大利并没有庆祝万圣节的活动。相反,在10月31日,人们通常会为所有圣徒举办天主教活动并且纪念死者。从一般文化观点或更为具体的现象学和归属符号学角度来看,我们甚至可以说,万圣节和纪念死者是一种对立的仪式:前者"入侵"到边界之外的死者领域,这个归属环境把生者分开,这种纪念死者(至少对天主教徒来说)是一种方向运动——生者自发地选择"拜访"死者及其所属的非存在环境与记忆(Santino,1994;Finol,1996;Markale,2000;Skal,2002)。

然而,在世纪之交的意大利,有一些受美国习俗影响的个体开始庆祝万圣节,同时也为所有圣徒庆祝以及纪念死者(Foley and O'donnell,2009)。这一新鲜的节日包含了一种有趣的元素,这种元素对孩子特别有吸引力,也吸引了经济市场。在接下来的几年里,万圣节的市场营销变得越来越火,越来越多的营销行家从中获利,以至于许多人(包括天主教会)现在都担心,这种新的节日可能会取代为圣徒庆祝和纪念死者的节日。

这就是新仪式的诞生方式。在归属环境和非归属环境的边界,就如前文所述的例子,即在"生者世界"和"死者世界"之间的边界,通过一个驯化跨越边界仪式A,越来越多的个体主体选择了遵循另一种仪式B。至少对他们来说,仪式B在建立适应和容忍的语义路径和修辞策略以及创造一种长期归属感方面,都更加有效。然而,个人主体对这种替代仪式及其叙述节奏的选择越多,它的符号效力就越能影响到其他个人主体,从而也促使他们放弃旧的仪式而接受新的仪式。

但为什么个人主体会根据受欢迎程度,做出放弃旧的叙述节奏或接受新的叙述节奏的选择呢?原因在于,当集体仪式变得很不受欢迎时,它们就会承担变成个人惯例的风险,反之亦然,当个人惯例变得非常受欢迎时,它们就会看起来像集体仪式。

换句话说,为了使叙述节奏的连接/(虚构的)分离/再连接,如同适应和容忍的修辞策略那样发挥作用,众多个人主体必须合并成一个集体主体,共享同一主体。个人主体越遵循特定的叙述节奏,这种节奏的符号效力就越好,就越能鼓励其他的个人主体接受它;反之,个人主体越是放弃某种特定的叙述节奏，这种节奏的符号效力就越差，就越容易导致其他的个人主体放弃它。简单说，仪式是获得社会认可的惯例，而惯例是没有获得社会认可的仪式。然而，为什么仪式会失去聚集个人主体的能力，而变成单独的惯例？反之，为什么惯例会获得吸引个人主体的能力，逐渐成为集体的仪式？仪式和惯例通过哪些符号过程才能获得或失去其符号效力？这些核心问题我们必须通过进一步的研究，才能找到答案。①

---

① 宗教仪式有效性的最佳符号学调查研究之一，参见菲诺 2012 年的研究。

7 无意味的饮食：后物质时代的膳食

> 去追忆饮食那种转瞬即逝的快乐，就像追忆昨日的香水或烹饪余味，这些都不是自由人的标志。
>
> ——普鲁塔克（Plutarchus），《道德小品》（*Moralia*），686c

7.1 引言

1973年，马可·费雷里（Marco Ferreri）① 的电影《极乐大餐》（*La grande abbuffata*）上映。电影中四个主人公待在一间别墅中，饕餮至死。自从该电影在戛纳电影节上首次放映以来，它一直被解读为对消费主义的残酷讽刺（Mereghetti，2002；Scandola，2004）。在晚期资本主义社会，食物被看作是欲望和满足之无意义的惯例隐喻（Grande，1980；Gantrel，2002；Saponari，2008）。但是，在20世纪的最初十年里，这种对烹饪乐趣的间歇性渴望已经失去了隐喻性，它已成为消费的直接体现。对食物的无节制热情，不再是晚期资本主义的标记，而是晚期资本主义的意义所在（Ritzer，2001；2013）。

就算有远见的导演马可·费雷里也很难预见当代文化全景，哪怕是在意大利这样经济发达的国家。当代电视和无线电频道里到处都是喋喋不休的食谱，以及技艺娴熟的厨师或笨拙的小明星（Chaw，2003；Krishnendu，2007；Urroz 2008）。那些有特色的真人秀是最受欢迎的电视节目（Marrone，2013；

---

① 马可·费雷里，意大利著名导演，1928年5月11日出生于米兰，1997年5月9日在巴黎去世。

Moutat，2013)，在这些节目中，满是那些在竞赛中受虐的自封厨师，以及对其进行惩罚的虐待狂专家。越来越多奢华、荒谬的烹饪书籍涌入书店（Bower；2004；Ferguson，2012)。所有人都在撰写烹饪书：不仅是知名厨师，还有演员、足球运动员、政治家。这些书的销售额确实很惊人，作者们公开露面时需要出动警卫队。书店和咖啡馆变成了装备齐全的餐馆，甚至还用精制的食品杂货来取代书籍。一项倡导更优质的营养的"慢食"（Slow Food）运动，首先征服了意大利，随后征服了全世界，最终成为一种人生哲学，甚至成为一种宗教。它的创始人卡洛·佩特里尼（Carlo Petrini）被尊为专家，教皇弗朗西斯（Francis）通过私人电话向他致敬（Petrini，2003；Andrews，2008；Leitch，2009)。慢食企业家奥斯卡·法利内（Oscar Farinetti）创立了名为"Eataly"的慢食杂货店，首家店在意大利开张，之后遍及世界各地。慢食运动在都灵附近的波伦佐（Pollenzo）开办了自己的大学，在国际上吸引了很多食品研究学者。另一种趋势叫"零公里"（Zero Kilometer)，相较于全球食品，这种趋势更支持当地食品，使越来越多的食品生产商、杂货店和餐馆受到鼓舞。严肃的学者，包括知名的符号学家撰写了关于食物的文章和书籍，科技期刊致力于解决特殊问题，学术协会组织研讨会和聚会，高校专注于硕士课程，2015 年米兰世界博览会选择的主题就是"喂养地球"（Feeding the Planet)。

  食物香味不仅充满了公共空间，私下里，人们也谈论食物，描述他们以前吃过的，正在吃的或未来要吃的食物。人们希望烹饪食物、购买食物、享用食物，希望购买精致的食物，在高档餐厅用餐，了解最精美的食品杂货店、最小众的街边市场、最神秘的食谱。总之，在饮食方面优于他人，是 21 世纪人类的终极地位象征。社交网络中最常见的帖子就是关于豪华食物的图片（Mcbride，2010)。

  这是发达经济体中的全球趋势。烹饪书籍在意大利取得了巨大成功，在美国、加拿大和日本亦是如此。在各个地方，无关性别，年轻人都觉得在道义上有义务找回其祖母的食谱。从女权主义母亲抛弃祖先烹饪工具的地方复原这些工具，并且在准备古老菜肴的过程中狂欢数个小时，以便自豪地在下一次盛宴中享用（Holtzman，2006)。如今，意大利人对食物的痴迷尤其引人注目。作为在国际上被誉为美食之源的国家，意大利日益将在全世界范围内传播优质食物的事业，作为一种宗教使命和国家使命（Kostioukovitch，2009）。这些使命旨在保护重要的意大利美食不受令人发指的模仿，教导没有饮食文化的"野蛮"国家如何在食品杂货店购物、烹饪和饮食，与国外令人憎恶的快餐激烈斗争，向世界展示意大利人的饮食优于地球上的其他地方。当今意大利正在宣扬美食福音，以至于使其变得具有定义性：如果你是意大利人，你必须真正吃得好；如果你吃得不好，你就不是真正的意大利人。

这一趋势可能会使一些文化符号学家感到欣慰，他们对着遍及意大利和全球符号域的意式干面（tagliatelle）垂涎欲滴。一些文化符号学家甚至可能会加速这种趋势并从中获利，为食品产业量身定制和销售专业知识，而不会自问太多令人不快的问题（正如他们对20世纪80年代的时尚产业和20世纪90年代的广告业所做的那样）。但是，如果文化符号学家的目标不仅仅是成为社交美食家，亦不仅仅是冷漠的商人，那么，他们必须提出支撑其职业的简单问题：当全球符号域随着食物狂热而日益升温时，这意味着什么？当食物成为国际文化市场上买卖的主要事物时，这意味着什么？当意大利欣然接受"世界主厨"的角色，并相应地塑造其大部分公共经济时，这意味着什么？

在马可·费雷里的《极乐大餐》中，不计后果地消费极其精致的食物是对晚期资本主义欲望爆发的隐喻。今天，对精致食物的荒谬痴迷已从隐喻变为现实。甚至在一天之内，过多接触谈论食物的意大利符号、话语和文本之后，人们留下的印象就是《极乐大餐》正在上演。这些又意味着什么？

7.2 社会冲突的审美中立

洛特曼的符号学将文化视作符号、话语和文本的动态综合体，并将其称作"符号域"（1990）。符号域的拓扑结构一直不稳定，外部元素不断在其边界挤压以便被转化为内部元素。与此同时，意义碎片在符号域内进行斗争，以获得文化记忆和拓扑中心方面的优势。随着新元素被转化进入符号域，旧元素便输掉争霸之战。旧元素被边缘化、被遗忘、被驱逐。最终，根据分析者对文化的观点，符号域的边界只能被确定为一种假设（Lotman，1985；Leone，2007）。

由于不存在静态符号域——在分析者的理论虚构中是安全的，因此，不存在没有道义维度的文化（Greimas & Courtés，1982，见"道义"）。在各个符号域中，特定类别的文本暗示、指示甚至规定了人类应该做什么。无论这些文本是书面的、口头的或其他表达形式的，它们决定了存在主义改进的方式。它们明确了行动主体性在符号域内的动态路径（Leone，2009a）。宗教传统围绕这些文本而展开［Leone，2013a，参见此书第五部分："宗教意义的目的论"（"Teleologies of Religious Meaning"）］。然而，无论是个人还是集体，促使其改变和获得生命价值的因素，在哲学研究、政治宣言和心理学论文中都有论述。

在前现代符号域中，只有哲学和艺术会把宗教视为倡导存在主义变革的主要道义机构。但哲学家和艺术家主要是针对个人，而集体目的论则以典型的宗教话语为核心。借助现代性，革命性意识形态和精神分析逐渐取代宗教、哲学以及艺术，成为主流的道义话语。然而，在近代晚期，作为温和的伦理去世俗化的新时代精神（Leone，2014），作为个人改善量化标准的医学科学以及作为获取和失去社会价值的场所的美学，这三大主要趋势取代了道义维度的政治世俗化和弗洛伊德（Freud）世俗化。

所有道义话语都会遇到敌人。在前现代符号域中，宗教的敌人是形而上学式的邪恶。只有人与神合作才能打败它。在现代符号域中，反派不是超然之物，而是内在之物：为了自我解放，人类应战胜的不是邪恶的形而上学行动主体，而是其他邪恶的人类。在马克思看来，道义话语规定了奴役阶级的解放；在弗洛伊德看来，道义话语规定了压制超我的解放。最终，在近代晚期，人类既不与坏神斗争，也不与坏人斗争。他们与坏品味斗争（Lipovetsky；Serroy 2013）。现今对末世食物的狂热也依赖于道义文本，即世界各地代表于1989年12月21日在巴黎喜歌剧院（Opéra-Comique）签署的《捍卫快乐和享乐权利宣言》（"Manifesto for the Defense of-and Right to-Pleasure"），这是慢食运动的象征性开端。以下是该宣言全文：

> 我们所处的这个世纪，以工业文明的名义诞生和发展，首先发明了机器，然后将之变成20世纪的生活模式。
>
> 快速已成为我们的枷锁，我们都遭受同一种病毒的侵害：快节奏生活。快节奏生活打乱我们的习惯，甚至在家中也会让我们感到困扰，使我们在快餐店里孤独地用餐。
>
> 但智人（homo sapiens）必须恢复他们的智慧，摆脱速度，这可以降

低他们成为濒危物种的可能性。

因此，要克服"快节奏生活"的全球狂热，人们必须选择捍卫静谧的物质乐趣。

为反对那些——并且他们占多数——将效率误认为狂热的人，我们建议在缓慢而长久的享受中，接种足够保证感官享受的疫苗。

让我们从餐桌上的慢食运动开始，反对快餐的平凡化，让我们重新发现当地美食的丰富和芳香。

如果"快节奏生活"以生产力的名义改变了我们的生活并威胁环境及其风景，那么，慢食运动在当今是一个前卫的答复。

真正的文化就在这里，在品味的发展历程中，而不是在其枯竭的过程中；随着事迹、知识和项目方面进行国际交流，进步便从这里开始。慢食运动确保了更美好的未来。

慢食运动是一个需要众多坚定拥护者的理念，以便这个（慢）倡议可以成为一项国际运动，其象征物是小蜗牛。

之前的道义符号域会借助不同文本来对抗邪恶的食物，它们已确定了替代反派。在前现代道义维度中，宗教话语会命令道："尔等不能吃麦当劳的食物！"然后，注释会解释快餐是邪恶的形而上学力量的人间化身，它与对人类产生影响的善良之神冲突。无论是谁吃了被禁之树的食物，都将扩大超然敌人的力量。无论是谁戒绝被禁之树，都是在为上帝事业做贡献（Röbkes，2013）。在集体和个人意识形态的现代世俗话语中，内在行动主体性将取代超然使者。弗洛伊德式心态主张：如果你吃得快，你实际上是在刺激你的口欲。通过一种疯狂的摄入节奏，你会试图弥补你未充分发育的性欲。你通过你的超我蚕食，从而对抗你面对不可避免的死亡的焦虑（Bersani，2006）。马克思主义理论的重点不是心理学，而是社会结构。快餐体现了对社会经济阶级的剥削，糟糕的食物和疯狂的消费只不过是一种嘲弄。剥夺生理需求时间，以及被污染的营养品皆是社会经济结构的症状。在此结构中，劳动力只是为了繁殖而被喂养。葛兰西（Gramsci）式的注释会附加上：市场营销是霸权主义的行动主体，将吸引力赋予垃圾食品（Albritton，2009）。

这三种道义尽管彼此之间有很大的差异，但它们的方法存在共性（Ricoeur，1965），即都把食物本身看得不那么邪恶，而是把饮食塑造为邪恶的表现。此外，它们都将快餐背后（形而上学、潜意识或社会经济）的邪恶行动主体置于主体范围之外。相应的对策分别是：祈求善良的神来对抗邪恶的食物；通过精神分析对话来驯服无意识对话；以及颠覆影响无产阶级营养的社会经济结构。

慢食运动宣言的引言部分让人想起马克思主义者的话（大多数代表都是左派分子）："我们所处的这个世纪，以工业文明的名义诞生和发展……"然而，没有任何外部行动主体受到谴责。工业文明并非产生于对利润的渴求，客观地说，而是产生于"我们所处的这个世纪"（Peace, 2006; 2008）。这一通过唤起非个人集体来减弱任何特定行动主体性的行动进一步表明："快速已成为我们的枷锁，我们都遭受同一种病毒的侵害。"在慢食运动的后马克思主义话语中，导致人类行为变得疯狂的事物，不是错乱的精神、被压抑的性欲，也不是受压迫的社会阶级，而是一种隐喻性的一般病毒，它无差别地感染所有人。"快节奏生活……甚至在家中也会使我们感到困扰。"同样，快速不被视为症状，而是被视为自主行动主体，攻击"我们"独立于我们本身的生活。快速本身就是慢食运动叙事的敌人（Osbaldiston, 2013）。由于快餐背后没有外部因素，生活的改善既不需要善良的神性战胜邪恶的神性，也不需要从暴虐的超我中解脱出来，也不需要（但愿不会）一场推翻剥削阶级的革命。如果快餐是敌人，那么让我们开始慢慢用餐，一切都会好起来的。

慢食运动开展以来，随着它逐渐成为一种全球意识形态，我们确实已开始试图缓慢用餐。然而，并非所有事情都变好了。为什么呢？是慢食运动忽略了救苦救难的食谱这一成分吗？慢食运动发布其宣言的日期不容忽视：1989年12月21日。柏林墙于11月9日势不可挡地倒塌。在巴黎喜歌剧院宣言被宣读完的第二天，勃兰登堡门便打开了。它在物质上和象征意义上都标志着可怕的隔离的终结以及一个时代的终结。在慢食运动之初，如何辨别一群左翼知识分子在对意识形态新纪元破坏的敏捷反应中，是否怀有恶意？要回答这个问题，需要对宣言的意识形态的历史和背景进行深入研究。但是，大多数历史学家和社会学家由于忙于签署慢食运动宣言，很少有精力对其进行批判性的评价。持怀疑态度者仍然认为，慢食运动及其宣言构成了世界观（Weltanschauung）的一部分，这种世界观的起源，恰逢政权垮台之时，它们受到了马克思主义的启发。在20世纪80年代末和90年代初的地缘政治环境下，任何主张通过社会经济结构的根本变革来促进人类进步的话语，听起来都具有不可宽恕的怀旧之情。左派思想家并没有放弃救世主式的救赎想法，而是把它变成了马克思主义所说的"上层建筑"使命：为了解放世界，我们不要拆除快餐的资本主义工具；相反，让我们放慢饮食速度：美学和感官革命会让人类变得更优秀（Paxson，2005）。

　　这是否或多或少地是对失败意识形态的有意识、不再抱幻想的抛弃？或者这是否是一次在美学掩护下幸存的尝试？可以肯定的是，慢食运动并未改变人类。但它确实有助于传播关于保护和促进健康可持续食品生产和消费的意识。我们前所未有地意识到古拉泰勒（culatello，一种意大利火腿）的美学相关性。然而，审美提升并没有影响到快餐的社会经济结构。对于大多数人来说，古拉泰勒仍然非常昂贵（Simonetti，2010）。世界各地的一小部分社会经济精英，可以通过从容消费精致菜肴获得一种升级的存在感而感到欣喜。但对于发达经济体中的大多数人而言（随着经济危机的延续，人数逐渐增多），他们的答案仍然是寻求快速、廉价、不健康、不公平和不可持续的食物。如果他们没有金钱购买，没有时间和空间进行消费，那么，教导他们古拉泰勒有多美味是不够的。更不用说世界上还有如此多挨饿的人。对他们来说，食物消费的相对速度是次要问题，因为几乎没有食物可以消费。

　　慢食运动的粉丝会争辩道，改变世界不是此次运动的目标。但是，怀疑美学救世意识作为虚假意识的强大来源，是否有害呢（Schneider，2008）？慢食运动食品杂货店 Eataly，像麦当劳一样遍布全世界，它们像麦当劳那样做广告，像麦当劳那样聘请和雇用工人。这一切真像 Eataly 拥护者所声称的那样吗？他们是在"使用对手的武器"来改变世界（Marrone，2011）。或者，更现实一些，他们是否通过美学福音来调整资本主义的社会经济不平衡？询问如何分享美味、如何缓慢享用蛋糕，这是一种非常过时的做法吗？

7.3　刻板印象的市场营销

　　文化投入了大量精力来定义其范围。洛特曼的理论模型，即符号域，在拓扑结构上捕捉到了这种努力。一方面，复杂的传递系统决定了某种文化中哪些符号、哪些话语和文本是有意义的；另一方面，紧张局势遍及符号域内部及其边界。这是一场对身份、真实性和归属感的争夺（Leone, 2012a、2012b）。与虚假相比，民族文化特别容易对真实产生焦虑，并试图重新定义。在此过程中，不断产生示播列①（Leone, 2009b）。从符号学的角度来看，示播列是一种区别性特征，其感知存在/缺失决定了某一文化要素包含/排除在某一符号域内/外。比较质符与类符是示播列运作的简单符号机制。质符与类符匹配吗？匹配则在符号域内；不匹配则在符号域之外。

然而，偏见会影响比较以及类型本身的设置。谁来决定文化中的典型内容？谁来掌管真实性？谁来宣布归属感？多数和少数是示播列周围的短暂形态。但是，很少有符号域是民主的。相反，示播列的拓扑结构是不规则的、不稳定的甚至是混乱的。它通过多中心机构发挥力量，以此影响包含和排除（Leone, 2012c）。民族主义认为，政治机构及其话语决定了文化接缝。这是一个暴力且痛苦的过程。通常，它不仅涉及对外来符号的非难，又涉及对主体的排斥。那些被认为意义不真实者，被边缘化、被抛弃。它的残酷性更加令人费解，因为它没有任何事实依据。从符号学的角度来看，示播列只不过是习惯。它们具化了接纳与敌意的杂乱界线。它们也可能包括它们决定排除的内容，反之亦然。所有共同体都是想象之物。但真实修辞可以无处不在，以产生又一本性。示播列从文化阈值转变为自然阈值（Leone, 2010a）。然而，修辞可以造就某物，修辞也可以进行破坏。文化符号学家的首要任务，是展示各种文化的必要性和虚幻性。符号学家必须是特立独行者，甚至是别出心裁者，并承担苛刻职责，打破文化的暴力魅力的同时证明语言的必然性。

在没有存在维度的情况下，文化在知觉感知中所包含和排斥的内容更加广泛（Stoller, 1997）。文化要求个人立即将其所见、所听、所闻、所触和所尝之物归类为熟悉或陌生（Wise、Velayutham, 2003）。文化也在食物竞技场上发挥着隔离作用。从生物政治角度来说，在共同体想法与被吸收并成为主体之物之间，它们更有效的联系是什么？宗教创始人立即意识到：如果你想改变一群人的饮食方式，或改变他们认为合法或非法的食物，那么，事实上你就拥有了一个共同体（Freidenreich, 2001）。饮食规则比口头诫命更尖锐地描述了宗教符号域。但是，在定义"世俗"身份时，食物也会成为示播列：国家、地

---

① "示播列"出自《圣经》，用以辨别归属。

区、城市和家庭（Hayes-Conroyand Martin，2010）。

然而，慢食运动已经将饮食的时间性转变为新共同体的标准（吃得快，你会被排除；吃得慢，你就被接纳）（Meneley，2004），而意大利和全球烹饪符号域的另一个主要趋势是关注食物的空间性，即零公里（chilometro zero）。慢食运动提倡的是慢速而非快速的价值，零公里称赞邻近而非距离。其环保主义色彩很明显：如果你吃的西红柿来自意大利乡村，而不是摩洛哥，地球将免受无效运输造成的污染。但是，符号学家吃力不讨好的工作职责，也包括暗讽这一环保主义话语，因为尽管它看起来值得无条件称赞，但仍具有多重意识形态的细微差别。零公里不仅要求意大利消费者倾向于购买当地西红柿而非摩洛哥西红柿，还要求他们放弃异国菠萝而选择近处的苹果。保护环境免受运输污染的愿望，应比对遥远快乐的渴望更为重要。零公里同时也对食品杂货店和餐厅的经营造成了影响。如果你在零公里意大利餐馆（trattoria）就餐，那么，你就忘记木瓜沙拉吧，因为在你居住城镇的果园里，没有种植的东西是被禁止的。

同样面对这种新现象，符号学家应提出专业性的问题：这意味着什么？当共同体逐渐发现对异国文化的好奇心不值得耗费环境成本时，这意味着什么？当邻近而非距离被称赞且更接近共同体假想中心的事物时，理想情况下距离为"零公里"会变得更可取吗？符号学家的尖锐怀疑，刻板印象的市场营销是支撑颂扬邻近的基础，这既是政治营销又是经济营销。零公里和慢食运动，可与千禧年之际在世界各地蓬勃发展的无数趋势一同归类，以响应经济、社会和文化的所谓全球化。用洛特曼的话来说，非全球性运动在于破坏超国家符号域概念的修辞尝试。有争议的是，它的边界是"非自然的"，由全球金融力量等险恶行动主体产生。为了与之相抗，新话语应揭示更小、更局部符号域的"自然性"。全球金融力量诱导消费者渴望菠萝，这样少数人的利益是通过利用远方土地和污染环境积累起来的，为了近处的苹果而放弃远方的菠萝，将使世界变得更好。

但零公里的道义启示是有争议的。克服距离的环境有害性主张，与邻近的文化习惯有关。近便是好，远便是坏。任何一种让远方文化更紧密地联系起来的做法，都是不受欢迎的，特别是当它包含环境成本时。在意大利进行的反对建造新增高速列车线路运动［皮埃蒙特的"反对高速列车"（No TAV）］和新增天然气管线运动［阿普利亚的"反对跨亚得里亚海管线"（No TAP）］都很艰难。它们与零公里的共同理念是：我们必须捍卫社会文化邻近性以战胜距离，并且与偏远之地的可持续虚拟连接，以取代有污染性的物理连接。但是，这种通过虚拟全球主义取代物质全球主义的做法，真的不需要付出代价吗？其好处是否像它所宣称的那样均匀分布？

从政治角度来看，零公里与沙文主义密切相关，这是它的环保的一面。从经济角度来看，其行动并不能免受游说集团行动主体性的影响。政治民粹主义劫持了意大利，以及其他发达经济体中对全球化不满的社会经济敌意。非全球性民粹主义的煽动性言论，经常导致公然的仇外心理，并将外来食物作为其目标(Ott, 2012)。意大利的地区分离主义者政党编造了当地食品和食谱可能导致返祖灵长类动物出现的言论，同时也指责外国食品的入侵。烤肉串被视为阿拉伯文化的美食缩影，中国餐馆也变成了数一数二的敌人。国际大都会米兰的高级管理人员颁布了法律，禁止在该大都市街头消费烤肉串（但几年后此人因腐败入狱）；托斯卡纳市长禁止在中餐馆外展示红灯笼，其他人强制在餐馆的菜单中加入当地食材。然而，人们继续在米兰街头消费大量烤肉串，红灯笼在被拆除后会很快再次出现，而托斯卡纳的餐馆继续向其顾客提供其主厨喜欢的菜品。

但是，在沙文主义和公然仇外心理的失败之处，环境话语喜获成功。零公里拥护者真正关心环境还不是问题所在，问题的关键在于其邻近性修辞必然与民粹主义的地方主义结成联盟。消费者发现，在被标记为环保的意识形态保护下，将地方事物的价值视为高于全球性的事物，将近处事物的价值视为高于远处事物的价值更容易被人们接受。但他们没有认识到，与远方之间的商业已经持续了数千年，这不仅是最大的利润来源之一，也是最佳的战争解决措施之一。只要两种文化之间存在商业贸易，就没有战争，反之亦然。当然，可以调整贸易条款和方式，以尽量减少人类剥削和环境影响。但是，完全自产自销社会的构想，不仅是乌托邦式的，也是危险的。它体现了烹饪门下共同体的梦想（Modigliani, 2007; Leone, 2009c）。吃外来食物虽然可能会产生一些环境外部性，但它却是和平的一种基本仪式（Rose, 2011）。

零公里在经济上也存在不公平性。虽然意大利的食品杂货店和餐馆都对当地美食的好处十分狂热，但栉同机构却在与"烹饪假货"进行一场全球性的斗争（Staglianò，2006；Doll，2012；Mueller，2012）。加拿大奶酪生产商如何敢称产品为"帕尔马干酪"，并在"伪意大利"品牌下销售呢？只有在意大利生产的帕尔马干酪芝士，才应使用这个名称并相应地进行商品化。这个问题对于符号学很有吸引力，符号学是研究一切可用于说谎之物的学科（Eco，1976；1986；Scalabroni，2011）。什么是"真正的"帕尔马干酪？什么又是假的？从符号学角度来看，就本体论而言，没有帕尔马干酪是真的。相反，复杂的修辞在全球符号域中传播，因此，"信仰共同体"具化了食物的真实性。

被视为"独特的"和"不可替代的"文化要素往往占据符号域的核心位置，许多象征性能量被用来不断重现这种独特性概念。价值确实源于此，而阶层式拓扑结构的可能性源于价值。没有任何东西是独一无二的，且一切都可被复制的文化是没有中心的，因此也不具有神圣性。艺术在保证价值在符号域中的独特性方面发挥着基础性作用，尽管本雅明（Walter Benjamin）在1939年提出了复制技术下的现代艺术的文化疾病，以及市场对审美领域的侵蚀是有害的（Berger，1972），但艺术的符号仍然是文化遗产的大部分内容。文化遗产的边界定义了有权占据符号域中心的人和物。根据定义，位于这一中心的符号、话语和文本是无价的：我们应不遗余力地交换它们对未来的忠实记忆。

然而，没有任何文化遗产像它所辩护的那样，不受变化和伪造的影响。一切文化事物都可以被伪造，一切可证伪的东西都是文化。《蒙娜丽莎》（Mona Lisa）在巴黎市中心的卢浮宫中心散发象征性光环，巴黎位于法国的中心，也曾是西方世界的中心。但是，随着世界地缘政治中心向其他地方转移，《蒙娜丽莎》有朝一日也会转移，不仅是地理上的转移，也会在象征意义上转移，这并非不可想象。法国文化吸收欧洲文艺复兴的能力可能会减弱并消亡。有一天，世界人民可能会在迪拜或上海朝拜《蒙娜丽莎》，甚至马琳（Ma Lin）绘制的壁画将取代《蒙娜丽莎》，成为艺术神圣的全球性化身。

侵蚀符号域主要遗产的不仅仅是外部行动主体，伪造、模仿或平凡化也会从内部使之丧失其独特性概念。在前现代，伪造试图攻击《蒙娜丽莎》的光环；在现代，杜尚（Duchamp）的戏仿破坏了绘画在世界文化遗产中的中心地位；在后现代时期，不再需要进行伪造和讽刺来诋毁莱昂纳多·达·芬奇（Leonardo da Vinci）的肖像。无数机械复制品破坏了它的价值，"蒙娜丽莎"元素随处可见，在杯子、围裙、T恤和卫生纸上——无处可逃。它在欧洲帝国博物馆的中心卢浮宫里不再具有象征意义了。

证实或伪造文化遗产的内部努力遍及所有符号域。一方面，为了在不变的奥林匹斯山上，尽可能多地构建文化元素，我们付出了巨大努力。这是民族主义心态倾向，根据这种倾向，从语言到历史，从艺术到时尚的一切事物都必须得到推崇。长期以来，一些欧洲国家一直试图通过院校机构〔法国法兰西学术院（Académie française）、意大利秕糠学会（Accademia della Crusca）、西班牙皇家语言学院（Real Academia de la Lengua）〕使他们的文化尤其是他们的主要模态系统和语言系统永垂不朽。然而，将语言融入永恒遗产中的尝试已经系统性地失败了。

另一方面，微弱振动或地球运动不断动摇着符号域，将旧符号从文化遗产中抽离，将新符号推入其中。"世界遗产"的发明和国际文化官僚机构的建立，旨在集中和稳定全球性的价值定义。然而，联合国教科文组织机构的实习生们都知道，这种行为是由国家压力和社会经济游说集团融合的产物。权力再次源于证明价值的能力，源自将新的《蒙娜丽莎》移至新的神圣之地（见 Leone 将要出版的 *Dinamiche* 一书）。联合国教科文组织逐渐将食物列入非物质文化遗产名录，地方机构针对特定产品实行了相同的做法。意大利标签和机构被建立来验证意大利葡萄酒、奶酪和慢餐的真实性，其目的兼具象征意义和经济意义：排他性作为社区身份的基础在政治上产生价值，作为可出口和出售的实体又在经济上产生价值。国际贸易是符号域之间相互认可的产物，金钱是衡量文化修辞成功与否的标准。法国消费者尚未准备好为摩洛哥葡萄酒支付与意大利葡萄酒相同的价格，原因与酒无关，不在于葡萄酒本身的化学成分，而是与符号学有关。意大利通过成功的修辞，将其葡萄酒置于全球符号域的中心，与法国和其他几个国家竞争。第二次世界大战结束后，意大利在经济上取得的成功，很大程度上取决于说服世界相信喝酒、吃饭、开车的价值，尤其是穿着源自想象中的意大利符号域核心的文化元素的能力。

然而，以媚俗的形式系统性地创造价值却适得其反。寄生性复制品每天都会消耗《蒙娜丽莎》作为法国美学象征中心的光环。同样，无论该遗产受到多大程度的保护，文化造假会不断尝试夺取非物质文化遗产的价值。但是，不同的符号具有不同的抗伪造程度，一切有意义之物都可以被伪造，但难易程度不同。伪造《蒙娜丽莎》需要特殊技能，这就是《蒙娜丽莎》处于欧洲符号域中

121

心的原因。欧洲将这幅画置于其最负盛名的博物馆中心，歌颂这幅画散发的真实性光芒。看着《蒙娜丽莎》，尽管有复制品、滑稽的模仿品及媚俗品，却让观众对文化的稳定性感到放心。只要《蒙娜丽莎》放在卢浮宫——这是错觉——众神便不会从巴黎迁至迪拜（或从第一区迁至郊区）。

但是，一盘帕尔马干酪是否具有与《蒙娜丽莎》相同程度的抗伪造能力？尽管专家、官僚机构和公共机构做出了各种努力；尽管发明了标签、印章和证书；尽管甚至派出了特殊的"私家侦探"，他们漫游世界寻找假货进行惩罚，一盘帕尔马干酪来自技术而非天赋。这是工艺，而非艺术。虽然技术复制会危害《蒙娜丽莎》的光环，但帕尔马干酪的形式从来没有任何光环，因为它不仅可以复制，而且它的生产也是机械的。取一些牛奶、盐和凝乳酶，用正确的技术，就制成了。伪造者可能很容易获得莱昂纳多的颜料，但不会很容易获得莱昂纳多的技术，因为没有任何技术足以伪造《蒙娜丽莎》。这是符号域的终极悖论：它们将最大价值和拓扑结构中心性归属于这些能指不可复制却只能解释的符号。我们崇拜和再现《蒙娜丽莎》，是因为我们无法复制莱昂纳多。

相反，目前试图赋予当地食物独特性光环的尝试是荒谬的，并且在某种程度上是可悲的。受经济利益和身份焦虑的驱动，他们经常诉诸领土及其传统的修辞发明：只有来自雷焦艾米利亚且吃当地青草（？）并呼吸当地空气（？）的奶牛可以生产出"制作"正宗帕尔马干酪所必不可少的牛奶（Greene，2008）。然而，保护食品真实性的官僚做法注定会失败，这比皇室试图推崇某一种语言更具破坏性。食品的真实性无法得到证实，坦率地说，因为世上没有真正的食物。世上有真正的莱昂纳多——不能幸免于伪造事件——但没有正宗的帕尔马干酪。这不只是后者比前者更容易模仿（尽管意大利奶牛具有神秘性），还在于它们有着完全不同的识别逻辑。一位加拿大女士在去巴黎度蜜月时，购买了一份《蒙娜丽莎》副本，她可能会相信在多伦多家中壁炉上挂着的是莱昂纳多的原画，而卢浮宫里的是赝品，如此做法会遭到世界上其他人的反驳，但她如果将放在冰箱里"伪造"的帕尔马干酪看作是正宗的意大利帕尔马干酪，这又何妨？雷焦艾米利亚的侦探们可能会试图说服她，告诉她这不是真的，但侦探们没有必要去说服那些持有相同看法的数以万计的加拿大人。由于食物可以使用机械进行生产，因此，对其真实性的看法是一种修辞问题，而非本体论问题。

这是符号域的另一个悖论：文化圣地的定义是不可复制的，且不可出售。其价值是定义性的，而非经济上的。可以出售的是《蒙娜丽莎》的图片、复制品，而不是《蒙娜丽莎》本身，其文化中心地位不能被转化为出口意义。一个社会想要出售其文化遗产核心，就如希腊人在最近的经济危机期间考虑出售帕特农神庙一样，这便是它作为文化符号域终结的开始。反之，可以出售的文化遗产必须是不真实的。

目前，把出售食物作为终极审美体验的尝试，正在引发一种荒谬的、带有沙文主义色彩的独特性话语。技术上可复制的商品被赋予神圣光环，它作为典型的文化表达方式被买卖。然而，由于文化精华是无价的，刻板印象及其根深蒂固的市场营销话语逐渐成为符号域的核心。尚佩涅（Champaigne）及其海德格尔式的风土（terroir），被认为与普桑（Poussin）的《七件圣事》（*Seven Sacraments*）一样，深刻地体现了法国的世界观。无论一座18世纪城堡的精确复制品是否耸立在加利福尼亚的泰坦庄园（Taittinger），无论在其他地方生产的起泡葡萄酒是否与法国生产的具有相同的化学成分，前者只是"起泡的葡萄酒"，而后者才是真正的尚佩涅，加利福尼亚泡沫与法国地方特色（genius loci）在内部是缺乏关联的。

从符号学角度来看，食品生产商为主张真实性而付出了巨大努力，他们试图施加一种生产者意图（intentio auctoris）。食物的内在质量及其审美接受并不重要，重要的只是产品的仪式洗礼。品牌被赋予语义身份的专有名称，它们归属于签名。但是，伪造保护正宗葡萄酒的意大利标签（DOC或DOCG）与伪造《蒙娜丽莎》上莱昂纳多·达·芬奇的签名是不同的。这就像在一双鞋上伪造阿迪达斯的商标（Crăciun；2013）一样。莱昂纳多的签名是一个指示符，意味着时空中有一双独特的、不可复制的手，能够从无到有创作出《蒙娜丽莎》。而品牌签名不是指示符，而是象征符号，是关于相关生产商/产品真实性的常见声明。前者即《蒙娜丽莎》，表示因为无法有更多实例，它是一个符号，没有其他人可以再创造。后者即阿迪达斯商标，它可以有无数的实例，它是一个与生活没有关联的符号，尽管话语修辞努力将其变成典型表达方式。商标不是原型，而是刻板印象。一个完全复制的标识，如果不是它身体的指示符，那就是一个赝品。一个商标的完美复制品，如果不是其品牌的标识，那么它就不是同类的赝品。

近距离的食物修辞创造了示播列，其内容不仅指向环境的可持续性，在审美模仿之下，它们也指向政治身份，背后的经济主体性显而易见：它们试图创造并出售价值。然而，食物不是艺术，而是技术，技术上产生的示播列是自相矛盾的。一方面，它们必须保护真实性（标识）指示符的神圣性；另一方面，它们必须无限期地复制该标识以便出售。因此，它们用真实的刻板印象来填充符号域的核心，其民粹主义心态只是市场营销的副产品。"不得在我的地盘"仅仅是"不得在我家后院"的另一种表达。

7.4 感观层次的颠覆

符号域不仅分层次排列符号、话语和文本，还排列感观。数个世纪以来，宗教文化一直在为哪个感官能更好地接受神圣内容而斗争，是仅通过听觉，还是也通过图像（Leone, 2010）？它们也在人类存在的品位问题上拔刀相向。复杂的禁食体制几乎是所有宗教文化的特征，这些文化对共同体的生物政治控制，不仅源于决定吃什么，而且源于决定是否要吃以及何时吃（Leone, 2013）。就对其他感官品位的排序方式而言，"世俗的"符号域在历史和环境方面也有所不同。

古希腊罗马文化常常把对食物的蔑视作为其哲学卓越的标准之一。毫无节制地谈论食物尤其被认为是精神贫乏的表现。因此，泰奥弗拉斯托斯[①]（Theophrastus），亚里士多德（Aristotle）等逍遥学派的继承人，在《人的特性》("The Characters of Men"）中讽刺了那些"逐一讲述晚餐所吃菜肴"（Loeb 的翻译）的唠叨之人。普鲁塔克[②]（Plutarchus）在《道德小品》（*Moralia*）（686 c–d）中，将食物的无关紧要性作为哲学话语主题进行了嘲讽：

> 去追忆饮食那种转瞬即逝的快乐，就像追忆昨日的香水或烹饪余味，这些都不是自由之人的标志。只有哲学讨论的乐趣将永远保持活力，人才能一次又一次享受盛宴。如果快乐只是一种物质上的东西，那么，色诺芬（Xenophon）和柏拉图（Plato）的研讨会记录就不是关于谈话，而是关于卡利亚斯（Callias）和阿加顿（Agathon）家中供应的开胃小菜、蛋糕和甜品。

---

① 约公元前 371 年生于希腊的伊勒苏斯，约公元前 287 年死于雅典。
② 约公元 46 年生于维奥蒂亚州奇罗尼亚，约公元 120 年死于福基斯州德尔斐。

然而，没有哪个拉丁作家比佩特罗尼乌斯①（Petronius）更优秀，更能嘲笑那一类知识空虚、空谈食物之人了。《爱情神话》（*Satyricon*）(66) 中充满怨恨的语句值得大段引用：

> "但是"，特里马乔（Trimalchio）问道，"你晚餐吃的什么？""如果可以的话，我会告诉你。"他回答说，"我的记性实在是太差了，以至于我经常忘记自己的名字。让我想想，至于第一道菜，我们吃的猪肉，放在酒杯里，上面点缀着奶酪蛋糕和全熟鸡肝。当然，还有甜菜、全麦面包，我宁愿吃白面包，因为它给你带来力量，当我事后如厕时，我不必大喊大叫。在此之后，是一道凉菜，果馅饼，温热的蜂蜜上，淋上优质的西班牙葡萄酒，我吃了几个果馅饼，把蜂蜜弄得全身都是。然后是鹰嘴豆和羽扇豆，你想要的所有光滑去壳的坚果，还有每人一个苹果，但是我带走了两个。在这儿用餐巾纸包着，如果我没有为我最喜欢的奴隶带回一份礼物，我会在手上划一道口子。哦，是的，我的妻子刚刚提醒我，有一道配菜是熊腰部上的肉，她在不知情的情况下吃了一些，当她发现时，她几乎快把她的内脏吐出来了。至于我，我吃了有一磅多，因为它尝起来非常像野猪肉。我是这样说的，如果熊吃了人，难道这不是人吃熊的理由吗？最后一道菜是软奶酪，将新酒煮浓，每人一只蜗牛、一份牛肚、肝酱、带壳鸡蛋、萝卜和芥末。但这就足够了。腌制橄榄被放到木碗中递过来，一些人贪婪地抢了三把。我们也有火腿，但我们把它退回去了。"

更为独断的是，斯多葛学派不仅概括了对食物谈话的经典蔑视，也概括了对食物本身的经典蔑视。用艾比克泰德②（Epictetus）的话来说："这是一个愚蠢之人的标志，这样的人花费大量的时间来解决其身体问题——运动、吃喝、疏散肠道和做爱，这些事情应该顺便完成，你应该全神贯注于心灵。"（Enchiridion, 41）

忽视身体并专注于心灵的命令，反映了斯多葛派的心态。现代性拒绝身心分离，现代评论家可能会对此感到宽慰。费尔巴哈（Feuerbach）的唯物主义甚至将食物尊为精神物质。然而，一方面，承认我们所吃的东西和我们的想法

---

① 盖厄斯·佩特罗尼乌斯·阿尔比特（公元27年—公元66年）。罗马官员与作家。
② 约公元55年生于弗里吉亚希拉波利斯，公元135年死于希腊尼科波利斯。

之间存在连续性；另一方面，沉溺于符号域中，我们所想的便是其中的食物，我们谈论的只有食物。在探索意大利公共领域和私人领域时，某人获得证据表明，对食物这一文化典型的痴迷达到了前所未有的程度。机构、媒体和人们在关注食物的道路上并不孤单，食物正在成为意大利整个符号域的主要模态系统。意大利凭借其自我意识和国际形象，正在转变为"美食"之地。在感官的阶层式拓扑结构中，味道得到凸显，成为衡量所有其他感官和经验的标准。符号学家再次面对他们的专业性问题："这意味着什么？"当一种文化不是通过它的文学、艺术、音乐和哲学令人信服，而是通过食物被他人识别时，这意味着什么？为何主厨这个职业成了意大利年轻人最梦寐以求的职业？

这些问题没有简单的答案。味觉的"美学即时性"起着重要作用。在符号域中，越来越多的人以实用主义、调解以及复杂判断系统的名义，否认食物是一种感观框架，这完美体现了当前意大利社会的反智主义。当然，要成为"厨艺大师"，必须具备出色的技能并经过长期的培训。然而，在流行想象中，变成一位厨房艺术大师与成为一位知名外科医生，走的是一条不同的道路。据说，能否成为厨艺大师取决于与生俱来的天赋、社会适应能力以及学徒的模仿能力，与歌手或足球运动员的训练一样，主厨培训不会承受口头传授知识以及在学校学习、官僚主义控制带来的负担。判断谁是优秀的主厨，不应取决于机构，而应取决于受众。

吸引当今流行文化是食物的第二要素。食物不仅受欢迎，而且还具有平民主义色彩。在当代想象中，烹饪体验需要美学判断，既具有摩尼教色彩，又不受复杂评价形式的约束。我喜欢，我不喜欢：食物变成了"脸书"美学的材料版本，摄入的感观即时性，消除了用语言表达复杂细微差别的需要。语言在烹饪界很重要，但却是辅助性的；语言努力呈现食物，但只能作为背景信息。厨房里高深莫测的气味占据了最重要的地位，并在言语失去意义后仍旧余韵悠长。在一个非常倾向忽视词汇和发音的符号域中，食物因而演变为审美自然性的完美隐喻。人们通过培养自然禀赋，成为优秀的主厨，通过简单摄取食物，就能获得美食的乐趣。

但这到底会有什么问题呢？毕竟，画家的学徒生涯与主厨的学徒生涯类似，艺术中的非言语判断修辞与食物的非言语判断修辞密切相关：艺术品的迷人之处无法用语言表达，虽然许多超现代观点已被贴上势利保守主义（即把食物纳入艺术的知识阻力)的标签。然而显而易见的是,食物不是绘画。绘画无须食谱,艺术品不被美学消费。因此,食物艺术更类似于音乐艺术吗?是的,但它们却有根本性的区别:在音乐中,我们固然重视演奏,但我们更重视作曲。没有贝多芬(Beethoven)就没有切利比达克(Celibidache)。但谁最先制作了"奶油培根"呢?尽管当今媒体进行了大量工作,但食物艺术不是艺术,而是工艺。因此,热衷于食物的符号域,不会与音乐、绘画或文学活动的符号域具有相同的符号学特征。通过品尝食物和谈论食物,当代社会庆祝流行堕落美学,在这种过程中,呈现了一种没有个体创造者的创造力,审美价值随着消费的生发而消失。

7.5 结论

保罗·利科通过一系列不朽的著作(1983-1935)传达了以下著名的观点:叙事是用于与时间的矛盾经验达成共识的文化手段。符号域也是宏观叙事,时间是其主要关注的问题之一(Leone,2014)。最终,符号域关于意义的复杂拓扑结构是关于时间的,但不是关于此时,而是关于话语中时间的结构问题,关于存在的时间。符号域的拓扑结构既是一种文化及其成员集体应对死亡方式的结果,又是这种方式的体现。

大多数起源于当代食物狂热的现象,包括市场营销行为,都围绕经验概念而展开。人们比以往任何时候都更愿意赞扬食物美学。因为人们不仅渴望获得美味菜肴,也渴望获得美味菜肴所体现的内容:对存在进行即时的、引人入胜的共时确认。我吃,故我在。我能感受摄入的乐趣,故我还活着。新技术促进文化加速,导致的结果是集体记忆的丧失。一切看起来都比以往更加无常:想法、语言和机构。在遥远的过去,文学和艺术传递的声音无法缓解存在的饥饿,人们渴望存在,并且活在当下。人们希望看到与被看到,希望触摸与被触摸,不是通过感受与遥远的过去重新建立联系或投射到危险未来而存在,而是通过当前体验而存在,还有什么能比摄入多汁食物、精致饮品更能证实存在的呢?

这就是一个紧张地吮吸着乳汁的人类,他比以往任何时候都更害怕把嘴唇从世界的乳房上分开,唯恐他的渺小会在第一次禁欲时吞噬他的存在。

8 复原的意味：奇特性的价值

（神的）形式和外表是什么？难道他们不认为你的神是可鄙的和可耻的吗？
——米努修（Marcus Minucius Felix）《奥特威斯》（*Octavius*），38，5

8.1 引言

技术实践中隐含着一种发展的意识形态。其中包括法律和宗教。在这两者中，人们坚信，技术符号的不同排列，能够更好地使人们进入一个看不见的王国。一方面，宗教对礼拜仪式进行微调，确信通过言语、手势、建筑物和其他感官装置的变化会缩短内在性与超然性、共同体与神性之间形而上学的距离；另一方面，法律体系采用日益复杂的策略和工具，研究人类生活及其法律困境的真谛。然而，关于技术进步的意识形态很少是中立的，并且经常会引入偏见维度，即两个或多个抽象意义极性之间的两极分化。在本章中，我将探讨其中一种极性，这种极性影响着法律领域、宗教领域，更广泛地说，影响着人类文化对无形事物的认知方法。现代性的传播意义似乎在于日益量化，这种偏见认为，"看到的更多"等同于"看到的更好"。从产生现代解剖学的文艺复兴晚期到为分析"视觉大数据"而研发的极其复杂的机器，有形与无形连接起来的宗教、法律和其他表征更加牢固地掌控了它们的对象，并且通过简单地增加包含在感知范围内的物品数量以及仅对这些物品进行某种计算，从而获得了更为有效的行动主体性。在本章中，我试图通过关注早期的反对意见，以相对论观点来分析这种意识形态的转变。这些转变主要源于两个方面：一方面，诸如托马斯·布朗（Thomas Browne）这样的哲学家，他们屈服于对自然的神秘解读，与同时代的理性主义哲学家所倡导的实证和图解式精读形成了鲜明对比；另一方面，像伦勃朗（Rembrandt）这样的艺术家，对解剖学凝视投以讽刺的更高一层的凝视（meta-gaze），以淡化其认识论的上升趋势，这反而强调了画家凝视的优点。

8.2　透明与不透明的意识形态

在本章我将探讨两种视觉意识形态之间的辩证关系：一种是透明的视觉修辞，其社会和政治对应物是控制的层级结构；另一种与之相反的不透明的视觉修辞，倾向于发现前者的谬误，从而颠覆其视觉主导战略。从历史角度，用更简单、更具启发性的话来说，就是我要应对能够被定义的东西，诙谐地说就是"视觉媒介嫉妒"。在历史上，每当社会发展并采用更完善的视觉再现手段来控制环境时，就参照以前的、效率较低的视觉媒介从而构建社会解放的隐喻。在透明和不透明媒介之间的这种辩证关系中，透明和不透明始终与涉及的特定媒介相关，而这种辩证关系必然会影响到法律领域。

法律体系通常将认识论维度与视觉维度交织在一起（Resnik，2004）。所有感官在构建法律判决时都很重要，其中视觉最为突出。每当天真的视觉修辞渗透到整个法律历史中时，这种修辞便认为，看到的更好等同于更接近真相。在视觉上掌握环境与在认知上控制其中的因果关系在法律人类学中根深蒂固且具有深厚的跨文化根源（Marrani，2011）。然而，关于它们所采用的"看到的更好"的特殊定义，法律社会表现出了巨大的差异。因此，这些对于视觉和认识论卓越性的意识形态分类阐述工作尚未充分开展起来。

定量和定性视觉乌托邦之间的分歧，也是这种分类的一个重要分歧。一方面，社会及其法律体系坚持这样的观点，即在视觉范围内囊括更多物体，将更容易评估视觉和法律场景。最近，意大利在进行行政选举，在之前的竞选活动期间，一名右翼当地候选人将"为所有公寓安装监控摄像头"作为其计划的关键，并作为其高声承诺的政治宣言。视觉卓越性的定量意识形态总是倾向于提倡全景监狱与反对"看到全貌，即看到的更好"的视觉乌托邦。与此形成鲜明对比的意识形态倾向，是对现实进行更具选择性的视觉探索。从某种角度来说，这两种方法之间的辩证关系可与德勒兹（Deleuze）和瓜塔里（Guattari）

著名哲学拓扑学（1980）中对立的平滑和条纹空间进行比较。

因此，定量视觉乌托邦，倾向于含蓄地相信单维度空间模型，可在不设想不可逾越的障碍的情况下对其进行详细审视。从技术层面上来说，全景野心与平滑环境拓扑结构的结合，往往会自动产生错觉。这种乌托邦的社会，会投入重要的认知资源和经济资源，以此来引导各类自动目光，并以一种被排除在有机视线之外的方式来审视环境。

然而，视觉卓越性的定性意识形态，通过与定量视觉乌托邦的对比及辩证关系表明视觉环境不是平滑的，而是有条纹的，尤其是它们热衷于设定多维度的社会空间模型。其结果表明，重要的不是审视现实，而是获得不同层次的导航能力。如果说平滑拓扑结构的定量探索会产生自动化的乌托邦，那么，条纹拓扑结构中的定性探索则颂扬所谓的"隐喻乌托邦"：重要的不是看到现实，而是看穿现实。

毋庸置疑，人文科学，特别是符号学，几乎自然而然地倾向于认可对环境的第二种视觉理解和法律理解。该学科的主要对象本身即符号，实际上是关于信念的理论圣歌，即坚信"某物"背后始终存在"别的事物"，并且这个"别的事物"永远无法直接触及，只能借助第三要素的某种神秘而莫测高深的调解，例如皮尔斯（Peirce）符号学中的解释项。

8.3 透明与不透明的解剖学

假定这种辩证关系可能不如确定描述它们之间的过渡的段落那么重要，在这些段落中，张力和扭力产生于集体的观察、陈述和判断方式。解剖科学的诞生构成了现代视觉意识形态建构中的一个基本步骤，解剖学研究自古以来就有，并且在文艺复兴时期达到了超乎寻常的复杂程度。然而，即使是其中最伟大的大师之———莱昂纳多·达·芬奇，他在这个领域为后人提供了最重要的见解，但他仍然将对身体的探索与身体的图像表征联系起来。了解尸体内在的最佳方法，不仅要解剖尸体仔细查看，还要将这种实用主义的、触觉的和视觉的体验，转化为一种不可避免的主观表征。在解剖和绘图的基础上构建知识的组合关系，这意味着要努力调和两个明显相反的符号运动：一方面，对尸体进行解析拆分，以便将其条纹拓扑结构，转变为视觉和外科手术研究的平滑领域；另一方面，对身体进行合成重组，以便从身体解剖的三维表现平滑度过渡到其表征的二维条纹度。

作为现代科学，解剖学恰好诞生于分析与综合、解剖与表征之间的平衡破裂之时。正如现今的解剖学手册一样，17世纪的解剖学专著仍有大量插图。然而，认识论的鸿沟似乎将莱昂纳多·达·芬奇与安德雷亚斯·维萨里（Andreas van Wesel）分隔开来：在现代和当代解剖学中，图像并不是艺术上的重组被解剖的尸体，而仅仅是呈现其面貌的口头阐述。如果在文艺复兴时期的解剖学中，人们见证了从关节分离指示符到表征像似符的转变过程，那么，在现代解剖学中，像似符并不直接变换身体，而是说明其象征性的、标准的口头阐述。

正如本章开头所指出的那样，对这种关于真相的新型视觉修辞的怀疑，首先以"媒介嫉妒"的形式出现。虽然，解剖学的成就取得了巨大成功并获得了广泛赞誉，但那些不够热情的人正是先前身体视觉探索方式的先驱：画家们。面对身体新科学在视觉和认识论上的狂妄自大，持身体的旧艺术观者发出质疑：这真的是看待事物的最佳方式吗？这是了解事物的最佳方式吗？这是评判事物的最佳方式吗？在身体内部、在其皱襞中，在其同质的条纹拓扑结构中，是否也存在只有画家的间接、隐晦和隐喻性的凝视才能触及的秘密？在谈及解剖学时，这些问题尤为棘手，因为解剖学在现代被视为科学，成为法律知识、评估和判断的工具。很快便会出现这样的情况：如果这具尸体不是在视觉上，或在艺术上重组而成的身体、真正个体的遗体，是否有可能从尸体解剖中推断出视觉真相？

古老的艺术解剖学与新的科学解剖学之间的辩证关系，在表面上调换了普遍性与奇特性之间更为抽象的认识论对立状态。如果像莱昂纳多·达·芬奇之类的画家解剖一般的尸体，是为了随后通过绘画将其重组，尤其是通过绘画将其重组为被再现身体的奇特性，那么像安德雷亚斯·维萨里之类的解剖学家，反而会描绘个别身体，以便在视觉上呈现人体解剖学的客观普遍性。色彩在17世纪的大多数解剖图中消失，这无疑是由印刷史的技术性导致的，但这一现象也符合一种视觉意识形态，这种视觉意识形态认为，解剖学雕刻品无法像画家那样借助肉色"复活"身体，而只是提出关于科学解剖学语言知识的图像转写。

8.4 伦勃朗的嫉妒

在早期的现代视觉作品中,找不到能比伦勃朗①的名作《尼古拉斯·杜尔博士的解剖学课》(*Anatomy Lesson of Dr. Nicolaes Tulp*)(图8-1)更具挑衅性的作品了,它最能体现画家对解剖学家的"媒介嫉妒"。

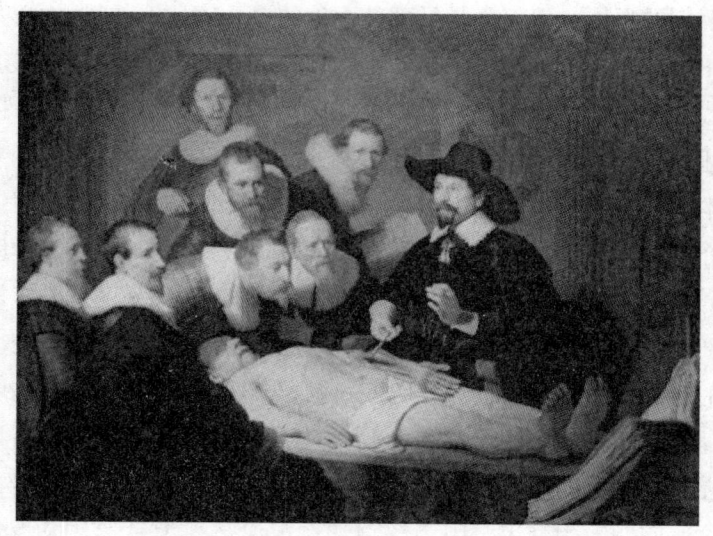

图8-1:伦勃朗·哈尔曼松·范·莱因,1632年,《尼古拉斯·杜尔博士的解剖学课》,216.5厘米×169.5厘米(85.2英寸×66.7英寸),布面油画,现藏于海牙莫瑞泰斯皇家美术馆

1632年1月16日,在阿姆斯特丹的瓦格布(Waagebouw),知名的荷兰外科医生尼古拉斯·杜尔②(Nicolaes Tulp)对阿德里安·阿德里安松(Adriaan Adriaanszoon)的尸体进行了公开解剖,阿德里安·阿德里安松又名阿里斯·金特(Aris Kindt),是一名刚被施以绞刑的41岁强盗。此次解剖是阿姆斯特丹外科医生行会每年提供的公共解剖课程的一部分。来自数个国家的医生、解剖学学生、学者以及好奇的市民坐在圆形看台的长椅上观看了此次演示。

---

① 伦勃朗·哈尔曼松·范·莱因(Rembrant Harmenszoon van Rijn),1606年7月15日生于荷兰共和国(现荷兰)莱顿,1669年10月4日死于荷兰共和国(现荷兰)阿姆斯特丹,享年63岁。
② 1593年10月9日生于阿姆斯特丹,1674年9月12日死于海牙。

若不是当时 26 岁的伦勃朗将之描绘成他最著名、最神秘的画作之一（该画作现藏于海牙莫瑞泰斯皇家美术馆），从而使之名垂千古，阿里斯·金特的尸体及其解剖，以及进行解剖的外科医生，很快就会被人们遗忘。大量论著致力于揭开这幅油画的神秘面纱。其中，一个细节尤其吸引了艺术历史学家、哲学家和普通观众未得到满足的好奇心：尸体的左手是否被弄错了。人们看到杜尔博士用镊子夹着其前臂肌腱：从手骨的分布来判断，实际上，人们认为这是右手（Koolbergen，1992；Ijpma，2006；Jackowe，2007；Masquelet，2011）。

看到这具尸体具有两只右手，很可能会刺激解释者的解释学幻想，因为在一幅图像中出现意料之外的双份事物时，常常会出现这样的情况（Heidegger docet；Leone，2012）。关于因画家的无知而导致错误的假设被立即抛弃：伦勃朗在人体解剖学方面是一个绝对可靠的专家（O'Bryan，2005）；而且很难相信在一幅本应赞美这一学科的画作中能发现如此粗劣的无知。因此，这一畸形必然是刻意为之的。下文提出了对这一畸形的符号学解读。

令人吃惊的是，图像隐含的观察者凝视（即由于伦勃朗的绘画技巧而使画作预设的凝视）与在所画场景中被表现为"拟像"的观察者凝视之间的差距，显示得如此彻底。然而，我们自己的目光应立即被去皮的前臂细节吸引，它之所以吸引我们，是因为它处在该场景视觉结构的中心位置，是因为肉体暴露的残酷性及其解剖学畸形。相反，场景中观察者的目光甚至都没有扫视一下被解剖的尸体。尸体处在他们中间，位于场景的中心位置，观察者以自己的身体、手势和脸围绕它，但它仍然不被看见，因为他们对其视而不见。

那他们在看什么呢？右边的杜尔博士并未看着尸体，他用镊子拉起尸体的皮肤，切开大大的口子，以便更好地揭开其内在奥秘，但他的目光并未直接投向尸体。相反，他的眼睛转向观众，而不是那些离他更近的人，反而是遍及圆形展览馆各处的一群充满好奇心的观众。他右边有四个人物——一人手里拿着一张纸条，另外三人俯身靠近尸体，他们既没有看着尸体，也没有回应杜尔博士的目光。相反，当他们将身体伸向场景的中心时，不是为了更好地观察强盗被解剖的肉体，而是为了更好地阅读杜尔博士在解剖过程中，放在尸体脚边打开的书籍——安德雷亚斯·维萨里于 1543 年所著的《人体的构造》（*De humani corporis fabrica*）的副本。这部很大的对开本书中没有图像，只有文字。事实上，场景中间的四个人物正是将他们的目光投向了这一著作，因而忽略了他们眼前的尸体，而且其中最远的那个人物，正将自己的笔记与该著作的内容进行对比。

　　至于坐在尸体左侧的两名观察者，他们构成了一幅双连画，意在通过其凝视的静态差异和面貌的相似性暗示一个人的动作：右边的人，看着杜尔博士，左边的人，转头看着打开的书本，然而，这两个人都没看尸体。是什么造成这种宏观层面上的分神？在一个挤满了观众、充满凝视的梯形教室中，在对一个被绞死的强盗尸体剥皮的解剖仪式展示中，发现了两只右手，为何这个被杀死、剖开、暴露和畸形的身体被放任不管，位于场景中心处却无人察看？

　　也许，秘密的关键之处正隐藏在姿势、面貌中，最重要的是隐藏在这个人的凝视中，他站在众人之上，既没有看尸体或看杜尔博士，也没有看他身边打开的书本。相反，这个人物看着我们，他以一种既平静又好奇地凝视召唤我们。这意味着什么？这种目光投向我们，关于我们的目光，关于我们（即伦勃朗绘画陷阱下的囚徒）如何将目光投向场景的中心——我们的拟像均未关注的地方，将目光投向被遗忘实体的不真实肉体，它又想知道什么？

8.5　笛卡尔（Decartes）与布朗

　　在《土星环》（*The Rings of Saturn*，1992）的第一章中，温弗里德·格奥尔格·泽巴尔德①（W. G. Sebald）巧妙地提出了一些识别这个人物及其来历和目光的途径。《土星环》是一部不同寻常的作品，它混合了游记、传记、哲学深思和众多体裁并以不规则的途径开启和发展。微妙的语义统一性及预言性的展开方式，使其成为一部看不见技巧的作品（Leone，2004a、2004b）。一连串布满逻辑却具有神秘的离题话中，泽巴尔德开始对17世纪的英国医生和博学家托马斯·布朗产生了兴趣。② 这位德国作家猜测，在布朗对人体奥秘着迷的那段时期，他参加了杜尔博士的解剖课。泽巴尔德与托马斯·布朗并没有辨认出伦勃朗绘画中的神秘人物，但却为这种辨认提供了一些隐藏线索，其

---

①　1944年5月18日生于德国韦尔塔赫，2001年12月14日死于英格兰诺福克。
②　1605年10月19日生于伦敦，1682年10月19日死于诺维奇。

结果对于画作本身的诠释至关重要。

泽巴尔德提供的第一条线索意在提醒读者，另一位伟大的学者可能在阿姆斯特丹观看了阿里斯·金特的尸体解剖，他是勒内·笛卡尔（René Descartes）。① 第二条线索意在暗示，虽然布朗观察尸体解剖的确切视角不为我们所知，但可以从他所写的关于 1674 年 11 月 27 日在英格兰和荷兰许多地区出现的神秘白雾的文章中推断，根据布朗的说法，正如泽巴尔德提醒我们的那样，这种迷雾是从刚被解剖的尸体的凹陷处散发出来的。布朗确信，在我们的生活中，当我们睡觉或做梦时，这种迷雾就会围绕在我们大脑四周。

总而言之，一个神秘人物从图画场景中看着我们，在此场景中，没有人察看我们正在看的东西：绞死后被解剖强盗的畸形手。笛卡尔存在于尸体解剖的观众中，托马斯·布朗也存在于这批观众中，迷雾召唤暗示了一种直觉：笛卡尔的注视和布朗的注视在某种程度上是对立的，并且这两者都隐藏在伦勃朗画作中的人物之间。泽巴尔德提出了一个文学谜团，其最终结局似乎是帮助我们解答伦勃朗的绘画之谜，即一种元谜团。

这一谜团的关键隐藏在下文中，隐藏在一连串新的题外话中。对泽巴尔德而言，布朗的迷雾看起来就像他在外科手术后，因服用镇痛剂而出现的模糊视线的迷雾那样，透过他的病房窗户，泽巴尔德可以观察飞机的轨迹，并意识到追踪飞机与追踪其中的乘客一样，都是看不见的（Sebald, 2001）。这个传记式的题外话，显然是随意的，它就像所有泽巴尔德的题外话那样，在现实中起作用：它揭示了关于故事深刻含义的新颖视角。当他在思考伦勃朗的画作时，当他在思考托马斯·布朗和笛卡尔从相反的角度观察伦勃朗的画作所代表的解剖学课程时，实际上，问题的症结是凝视、距离和知识之间的关系。杜尔博士周围的人物很接近其研究对象，但他们不是通过直接观察，而是通过将其目光集中在书本（可能是一本解剖学专著）上来试图了解它。而且他们并没有通过比较专著内容与身体图像来拓展他们的知识面，伦勃朗以尖锐的讽刺手法强调了这一点：其中一人将老师的著作与自己的笔记进行比较，其他三人将老师的著作与其话语进行比较，然而，他们中没有人看着尸体，没有人比较老师的著作与肉体。

---

① 笛卡尔生于 1596 年 3 月 31 日，1650 年 2 月 11 日死于斯德哥尔摩。

因此，泽巴尔德与托马斯·布朗一同确认的神秘人物，他投注在我们身上的诱人目光可被解释为：我们与解剖的旁观者不同，由于这幅画的协调，我们不仅没有专注于书籍，也没有看到尸体，相反，我们看到的是尸体的绘画形象。我们从中发现的东西既简单又可怕：一个异常之处，但解剖学和解剖学家的目光并未察觉。作为典型的早期现代博学家，托马斯·布朗痴迷于认识论的核心问题：什么可被知晓？什么不可被知晓？应距离多远、应使用何种目光，才能从无知转变为博学？泽巴尔德指出，托马斯·布朗的认识论以一种自相矛盾的方式发展：一方面，就像同时代的其他学者那样，布朗通过探索一个单一的知识体系，为新科学的发展做贡献（Leone，2010）；另一方面在自然界的绚烂多样化中发现一些恒定的构造，这种发现和描述可以引导人们去解读自然和文化现实，在这方面，这位英国学者从未失败过。

在《塞勒斯的花园》（*The Garden of Cyrus*）（1658年）中，布朗在五点形中发现构成现实的其中一个秘密模型。五点形即为五种元素的排列，他将之视为"上帝智慧"的标志（Leone，2005）。他发现五点形排列无处不在：在塞勒斯的花园（布朗作品的名称由此而来）中的树木排列中，在某些晶体形态中，在海星和海胆中，在哺乳动物的椎骨中，在鱼类和鸟类的脊骨中，在几种爬行动物的皮肤中，在倾斜行走的四足动物的脚印中，在毛毛虫、蝴蝶和蚕蛹的身体构造中，在水蕨类植物的根部中，在葵花籽和伞松的外壳中，在小栗树嫩枝的中心或马尾草的茎干中，也出现在人类工程中，如埃及金字塔和奥古斯都的陵墓或所罗门的花园，其中的石榴树和百合花按数学顺序种植。布朗梦想将整个现实（自然和文化）简化为一个数学公式，简化为一张图表，在最简洁的情况下，这张图表依然能解释这一切的产生和显现。

然而，在将现实几何化的梦想推向极端之后，他彻底改变了原先的想法，他的思想和散文经历了明显的转折，他写道：天穹的五仙座已经消失在地平线之外，"因此，是关闭五个知识口岸的时候了。我们不愿意将我们的思想编织成蜘蛛网或变成茂密树林中的荒野"，使我们陷入睡眠的幻觉之中。（Browne，1669）

事实上，在托马斯·布朗看来，揭示宇宙的秘密规律，并解释其终极意义的野心与对立的热情——对异常、不规则和畸形的热情——并存，这在巴洛克式思维模式中是一种典型情况。*Paradoxia Epidermica* 的第一版刊行于1646

年，第五版和最后一版刊行于1672年，在此书中，布朗正是专注于这一主题：他想在数百年的人类历史中发现或想象出关于怪物的现实或小说。不知为何会期待博尔赫斯①（Borges）的《幻兽辞典》（*Libro de los seres imaginarios*），这位英国博学家对变色龙、火蜥蜴、鸵鸟、狮身鹰首兽、凤凰、独角兽和双头蛇感兴趣。此外，他还在他的实验室里养着一只大麻鸭，其声如低音管那样深沉，他为之着迷。他寻找宇宙的规律，寻找秘密结构的几何原理，同时，他永不停止在自然和文化中收集改变、破坏这种几何结构并在其秩序中引入混乱和晦涩的反常、异常和畸形的东西（Leone, 2014）。

本章最后将阐述"自然与文化的几何化"与"畸形寻找"的对立——这种对立既是布朗科学作品中的特征，也是许多同时代作品的特征——与伦勃朗在其关于杜尔博士解剖学课的绘画作品中所巧妙诱发的对立（"对尸体的凝视"与"对书籍的凝视"，笛卡尔与布朗）之间的关系。更重要的是，在这个背景下，下文将重点讨论这些对立与本章开头简要描述的视觉意识形态的辩证法之间的关系。

8.6　显微镜之外

折射望远镜最早在1608年出现于荷兰，用于记录工作。同样，在荷兰，第一台复式显微镜出现于17世纪20年代，之后不到十年，阿德里安·阿德里安松被施以绞刑，尼古拉斯·杜尔博士对其尸体进行公开解剖，而伦勃朗将其绘成画作。首先是在阿姆斯特丹，然后在欧洲其他地方，画家的眼睛和手，不仅受到能够观察无限远和无限近的光学仪器的挑战，而且受到来自尸体解剖这种光学技术的挑战。尸体解剖承诺，在没有任何障碍的情况下揭露身体的奥秘。"媒介嫉妒"源于旧的视觉技术与新视觉技术之间的对立，促使绘画精心制作出一种不透明的修辞，与镜头和手术刀的新型科学运用中体现的透明度修辞形成鲜明对比。视觉首要性受到挑战，伦勃朗通过具有讽刺意味的视觉场景重获其艺术尊严。在此场景中，解剖学家对他们的科学光学仪器非常有信心，

---

① 豪尔赫·路易斯·博尔赫斯（Jorge Francisco Isidoro Luis Borges），1899年8月24日出生于布宜诺斯艾利斯，1986年6月14日去世于日内瓦。

以至于他们实际上忘了看尸体,而画家组织尸体的表征,以便我们(尸体的观察者)不会错过被解剖学家如此荒谬地忽视的奇特性:这具尸体有两只右手。这是一个反对解剖学的普遍主张、关于奇特性的教训,但同时也是一个道德教训(Leone,2013):伦勃朗的画作暗示了只有借助隐喻性的、条纹的绘画凝视,而非流畅自动的尸体解剖来观察人类个体的复杂皱襞,我们才能发现身体的真实秘密。正如泽巴尔德在《土星环》中所指出的那样,通过反对笛卡尔图解的圆滑认识论,和支持布朗关于有序和混乱的错综复杂的认识论,伦勃朗揭示出:这个强盗,在几个小时前被绞死,被解剖学家残忍地解剖,并且可憎地暴露在新光学倍率技术的自大展示中,尸体实际上没有左手,左手在传统上与邪恶、罪恶和罪行联系在一起。因此,这幅画传达给这个身体生命的道德判断颠覆了全景式法律的判决,发现了人性的内在纯真,而解剖学家、显微镜和法律的无意识行为只发现了背离和罪责。

8.7 结论

本章提出了一条跨越几个时代、学科、表征实践和认识论领域的复杂而曲折的道路。这条道路可概括为对奇特性的恳求和对奇特性的关注。再现与控制数字设备的技术进步,与承诺给予用户对现实的日益完善的掌握,现实被设想为一组可以直接计算的参数集合。在法律领域,技术员的话语越来越倾向于一种冷静启示的想象。其中,患者数据的积累及其定量治疗揭示了人性的终极真相。当代的宗教话语也无法逃脱这种意识形态,事实上,除了精神上的差异之外,当今所有宗教的数字版本似乎都强调问责制的优势:计算一个人的罪恶、祈祷、计算节日日期,安排信仰的官僚主义似乎比引发存在的奇特性与其精神对应物之间的危险对决更重要。更令人担忧的是,生活中的数字外壳本身似乎变成了一种新的精神信条,全球人类社区围绕着这样的信念:计算表征等同于知识,或者更糟糕是等同于道德。这一信念被全球人类社区不加批判地接受。如今,所有的表征领域都不可阻挡地沦为此类数字计算恶魔的牺牲品,沦为一种由早期现代光学科学开创的符号意识形态的牺牲品,这种符号意识形态主张对人类困境进行有序探索,直到其奥秘变成几何图形的四角形结构。人文学科无法否认这一看法的出现,但也不能盲目地给予认可。世世代代的复原神秘哲学家、嘲讽的画家和有远见的作家的凝视，的确可以作为一剂解药来抵抗表征的过度僵化，这种僵化将生命的奇特性压缩成可量化的网格。矛盾的是，它可能会失去现代对现实的理解核心，即奇特性的宝藏。

9 协商的意味：妥协的价值

9.1 引言

有一次，我的一位同事，一位知名符号学家告诉我，只有当发生某种"符号学事故"时，符号学才会在世界上获得应有的地位。比如，有人大声呼喊："附近有符号学家吗？拜托，我们迫切需要一位符号学家！"这情境就像有人在飞机上突发心脏病，人们焦急地呼叫医生一样。

确实可以想象类似的符号学紧急情况，它们甚至模仿着日常生活中的轶事。2014年8月24日，从纽瓦克飞往丹佛的美国联合航空公司1462号航班，被迫转飞到芝加哥。原因是两名乘客，一位男士和一位女士之间发生了争执。那位男士坐在飞机的第12排，用他的笔记本电脑在工作，而那位女士坐在第11排。当这位女士决定向后调整椅背时，发现调整不了。原因是这位男士已经为自己装上了一个膝盖防护装置，这是一种为飞机乘客设计的小设备，在当时美国大多数机场商店里花几欧元就可以买到。将这个膝盖防护装置适当地固定在航空公司座椅背面的折叠式托盘上，可防止前方乘客斜倚座椅。其生产公司对这一产品做了如下广告：

> 在您面对一个匿名的、坚定地放倒椅背，且并不关心您的腿长或是"后方"所发生的任何事情的人时，它有助于捍卫您所需的空间。

这种冲突叙述文本的读者有下面两种认同选项：其一，读者认同那位男士：他个子很高，他的双腿几乎无法适应两个座椅之间的空隙，而且，他必须在这样的条件下工作。因此，他完全有资格用这个精巧的小装置，来捍卫他的生存和工作空间。其二，读者也可以这样认同那位女士：她累了，她想把椅背往后调，而且航空公司允许她按照自己的意愿这样做。那她为什么要放弃这种舒适呢？她完全有权要求她身后的乘客拆除膝盖防护装置，这样她的椅背便可倾斜。认同取决于各种因素，如风格、体型和旅行习惯，还取决于一个可称为"空间意识形态"的变量。两名乘客共享一种共同的方式来假定他们的意向性、他们的身体与身体占据空间之间的关系。他们都认为座位之间的空间是航空公司已经出售给他们的产品，它是他们与机票一起购买的。那位男士购买了他前方的空间，可以随心所欲地使用它。而那位女士购买了她身后的空间，她也可以随意使用它。因此，这就出现了一个问题：他们实际上购买了相同的空间，并且，他们在与身体相关的使用意图方面没有达成一致意见。

是否存在一种解决冲突的替代方案？这不是道德问题，而是经济问题。美国联合航空公司工作人员提出的解决方案，是将飞机转飞到芝加哥，这对于两位争执者及其他乘客以及航空公司本身而言，成本极高。事实证明，这一方案无法解决此类看起来平庸的冲突。相反，下文将展现一个符号学家（如果被要求干预紧急情况的话），是如何将这一支撑紧张关系的无形无意味转化为可见的意义，以此来完全缓解这种情况的。

9.2 论对医生的需求

从比较角度看，对一个疑似心脏病人来说，召唤医生来干预是有用的。她（假定是一位女医生）会先听取患者的陈述。她与他（假定是位男性患者）交谈，如果患者仍然有意识、能说话，医生就能从患者所抱怨的内容，即从胸部向耳朵和牙龈扩散的疼痛，推断出是心肌梗死的明显症状。这位医生之所以这样推断，是因为她在医学院学习过症状学，并了解到抱怨这种疼痛的患者很可能是心脏病发作，临床经验证实了这位医生在学校所学东西的可信度。因此，在此推断的基础上，以及经验证实的症状规则的指导下，医生会将乘客移至飞机的紧急出口区域。然后她开始执行心肺复苏术(CPR)。在2010年之前，训练有素的医生的执行程序是：先是气道，然后呼吸，之后进行胸部按压(ABC)。然而，在2010年后，美国心脏协会和国际复苏联合委员会更新了他们的心肺复苏指南，提出先进行胸部按压，然后是气道，之后是呼吸

(CAB)。

在这个虚构的例子中，训练有素且见多识广的医生，于2014年在飞机上进行干预时，会执行CAB，而不是ABC。她这么做，是因为她所参照的医学协会在科学证据积累的基础上，断定CAB比ABC更有效。这种判断之所以是合理且可靠的，在于它基于一个可证伪的假设：如果CAB优于ABC，那么会有更多的患者，将通过前者而非后者进行复苏。一位持不同意见的医生，可能会引用拉图尔（Latour）关于实验结果的建构主义观点来解构这一假设的确证。然而，几乎没有拉图尔的读者愿意在飞机上，作为患者发作心脏病时，得到此类医生的帮助。他们宁愿落入这样医生的手中：面前这位医生认为CAB优于ABC，并采取相应的措施。

这个例子的虚构故事还在继续。当医生正在执行CAB时，空乘人员会带着自动体外除颤器（AED）冲过来。自动体外除颤器是一种便携式电子设备，可自动诊断心室颤动和室性心动过速所导致的危及生命的心律失常。自动体外除颤器可以通过除颤来治疗这些症状，除颤就是通过电疗法来阻止心律失常，使心脏恢复有效的节奏。美国联邦航空管理局要求所有航班都要携带自动体外除颤器。然而这并不是一项国际规定。因此，大多数患有心脏病的乘客宁愿乘坐美国飞机，也不愿乘坐其他没有配备自动体外除颤器的飞机。这完全是因为他们相信，这种装置的功效就如上面虚构的例子中的医生的作用一样。除此之外，乘客和医生对自动体外除颤器的信任也是出于实验性证据。或者更抽象地说，是数学证据即数字。这些转换为可量化数据的实验性证据证明，自动体外除颤器能够检测和治疗心律失常。一位尼采主义式的特殊乘客可能声称，自动体外除颤器的功效，是一个关于解释而非事实的问题，这并不会让人想起乘务员拿着念珠飞奔的场景。虽然所有人都尊重念珠，但大多数患有心脏病的消息灵通人士，还是会选择自动体外除颤器，或者即使他们不想这样做，也不得不这样做。

在这个虚构的例子中，自动体外除颤器，确实能够恢复患者大脑和重要器官的血流量。后来，不幸的是，由于心源性休克，该男子再次出现心律失常，然后，又重新进入心脏骤停的状态。但这位患者是幸运的，飞机上还有一名药剂师。当医生再次尝试使患者复活时，药剂师对其进行了静脉注射，这是从飞机上的医药箱中得到的肾上腺素。这种医药箱装有肾上腺素而不是香醋，这是出于更多的可转换为可量化数字的实验性证据，它们是经过数十年控制实验的测试得出的可证伪的假设。如果再有一次，患者又遭遇心脏骤停时，人们可能会解构这个想法，但依然很少有人希望药剂师为患者注射香醋。

这就是说，迫切呼喊"飞机上有医生吗？"背后的原因不仅仅是一种习惯，而且这种习惯更多地受到电影，而非现实生活中场景的强化。在这种呼喊的背后，存在着最重要的人类信任——对现实的经验观察、可证伪假设的产生、实验室实验的细化以及将现实转化为可量化数据改善人类生活方式的信任。简言之，这种呼喊背后隐藏着这样的观点：现实显示出一些规律，人类可以分析它们，并将它们转化成数字，这种转化可能导致行为（CAB）、设备（自动体外除颤器）和改善人类生存的物质（肾上腺素）的产生。这个虚构的患者，将能够活着着陆并庆祝其孙子的第一个生日。而在另一架飞机上，执行的是 ABC 而不是 CAB，念珠被视为与自动体外除颤器一样有效，并且，香醋被视为像肾上腺素一样值得信赖，这架飞机上的患者就不太幸运了，除非出现奇迹。

9.3 论对符号学家的需求

读者可能会好奇，在紧急情况下，符号学家是否可以像医生、工程师或药剂师那样进行干预，并在培训、认识论框架和方法论的基础上，显著提高紧急情况中的人们的生活质量呢？

倘若认识到科学尚不能有效应对一些紧急情况时，这可能是一个令人欣慰的出发点。一般而言，使用自然科学来解决所有涉及人类语言、意义和替代性潜在决策的情况，均不能与使用自然科学来处理人体肌肉、电子设备中的电路，或化学反应获得相同的功效。事实上，对自动体外除颤器的正确使用，是医学工程师所要解决的问题。但是，空乘人员使用这一仪器的快速性，已经超出了自然科学的范畴（除非神经科学的全面发展，能够充分考虑人类对应激状态的反应）。

这是一种有利于符号学和其他人文学科的观点，但同时也是一个弱点。基于化学的药剂学，不是关于自由的学科，而是关于必要性的学科。注射肾上腺素时，人体必须以某种方式做出反应，这没有其他替代选择。经验观察、可证伪假设的构想以及实验室实验的目的，正是为了达到无法设想替代选择的情况：发生心脏骤停，就注射肾上腺素，没有别的选择。相反，作为其他人文学科，符号学永远无法排除替代选择，因为替代选择正是符号学的意义所在。例如，向空乘人员展示一张图表，以便她了解如何使用自动体外除颤器：尽管很多符号学家在研究，但他们永远不会设想出一张这样的图表——它是肾上腺素对于心脏骤停意义的传达的等效物。心脏对肾上腺素起反应，是一种非符号学过程、一种必要行为以及一种自然现象，而空乘人员对图表做出反应是一种符号学过程、一种自由行为以及一种文化现象。

因此，那些梦想着人文学科与自然科学具有相同功效和社会地位的人，应该接受这种内在的局限性：在紧急情况下，符号学家或哲学家甚至是法学家，永远不会与医生、工程师或药剂师一样获得相同信任度，后者因求助而被召唤。这是人文学科的一个缺点，但同时也显示了一种力量的地位。为了彻底理解它，人们应该想象一个涉及语言、意义、替代选择和选择自由的问题，被委托给自然科学，或其中一个"关于必要性的学科"。这种情况已在历史上出现过，尽管主要是出现在那些可被描述为极权主义的社会政治背景中，出现在那些已经想象、规划并设计出没有其他选择的所谓的完美人类的乌托邦（或者更确切地说，反乌托邦）中。对完美语言的探索，往往具有同样令人不安的极权主义内涵：不仅完美的语言不可能存在，甚至关于它的工程也是一种意识形态症状。这种意识形态认为，为了一个群体的完美语言和谐，语言能力的基本机制之一，即发音自由通常会被否定。对数字科学的刻板解读，往往将人类及其思想，与没有替代选择的机制相提并论，这会让人联想到黑暗的意识形态时代，这种联想也解释了人文学科对所有简化论的惯常（但有时同样是意识形态上的）不信任。

9.4 必要性法则与自由法则

人们不应该得出这样的结论：鉴于人文学科的对象具有内在的自由特性，人文学科无法形成任何科学思想，无法发现现实中的规律性，无法构想可证伪的假设并进行实验。自由并不一定是混乱的。人类能够形成各种无限的想法，并通过同样无限的符号排列来表达它们，例如：通过口头语言。然而，应该明确的是，语义无限和表达无限的本质：正如皮尔斯最初的直觉，人类思想通常不会随机发展，尽管它们可能总是如此；而是倾向于向某些规律靠拢，这些规律最终会成为习惯。在皮尔斯的认知模型中，解释项的播散是绝对自由的。在解释另一个符号时，解释项无须采用这样或那样的符号学方向。然而，这种绝对自由仅仅是可能的，因为实际的符号过程，不可避免地会包含一系列约束条件。但是，符号化可能性的绝对自由，不可能是关于任何科学操作的问题。因为从定义上来说，它逃避了各种规律性，因而也逃避了可预测性。习惯凝聚成符号过程的社会动态确实会产生重复，因为没有冗余就不可能有习惯。符号学可以科学地分析这种冗余以及其产生的变量，就像化学分析某一材料的分子结构中的规律一样。

将语言置于人文学科的核心位置，不仅蕴含在皮尔斯的思想传统中，也蕴含在结构语言学的思想传统中，它引发了人文学科向科学探索的潜在转变。在索绪尔的谱系中，语言一方面是人类不断运用其自由的维度，因为没有一种语法是如此令人信服，以至于迫使其使用者从社会共享的符号形式沉淀物中选择某种符号组合，且仅仅如此。人类如果想参与游戏，就必须遵守语言游戏的规则。与此同时，人们可经常自由地以自己的风格做这件事。事实上，其中一些人形成了一种非常独特的风格以改变游戏本身的规则（但有一些社会也很可怕，因为在这些社会中，诗歌的自由言语游戏被禁止，或被施加一些规则）。

然而，另一方面，结构语言学的革命性表现恰恰在于提供了证据，它证明了人类的语言自由实践是建立在规律与例外、重复与变化之间的复杂辩证关系之上的。在人文学科中，语音学的结构认知引入了这样的观点：语言以及伴随语言的文化，可以通过一种微积分、通过组合学进行建模。这种转折点源于一种特定的符号意识形态（即某种想象意义的方式）。然而正是在语言领域，文化研究似乎首先产生了一种类似于自然科学的预测能力。

例如，葆朴（Bopp）早在1820年就已开始了对印欧语言的研究，从伊朗中部地区开始，并应用相同的规则，可以预测欧亚大陆另一端的盖尔语词汇的形态。尽管是暂时的，但葆朴的理论通过观察实验性证据、制定可证伪的假设，并测试它们与印欧语系习语的形态关系来捕捉诺言的规律。

类似的，格雷马斯根据结构语音学，模拟其语音模式的相同思路和原则，认为有可能对语言的语义学进行建模，这就相当于假定语言的能指以及其所指，均由规律、重复和规则构成。如果语言是以足够抽象和宽泛的方式定义的，那么社会、群体和个人不会随意地思考意义，而是根据被证明是语言结构的文化模式来思考意义。这就是格雷马斯基于克洛德·列维-斯特劳斯（Claude Lévi-Strauss）在对印第安人神话的结构研究中的发现、弗拉基米尔·雅可夫列维奇·普洛普（Vladimir J. Propp）在对俄罗斯民间传说研究中的发现，以及（甚至更为雄心勃勃的）乔治·杜梅齐尔（Georges Dumezil）在印欧神话和宗教文化研究中的发现，所构想的假设。

从某种角度来看，这些理论的预测方式与科学理论的预测方式相同。阿尔伯特·爱因斯坦（Albert Einstein）的相对论，能够证明其对于艾萨克·牛顿的（Isaac Newton）引力理论的理论优势，因为它不仅可以预测行星的轨道，还可以预测之前的理论无法预测的水星轨道中的不规则波动。同样，格雷马斯的叙事模型，可被视为优于普洛普的叙事模型，因为前者能够捕捉到后者可以且只能通过个别功能的增加进行解释的叙事结构变化。换言之，格雷马斯的理论推动了普洛普的理论，因为前者能够看到规律、冗余和组合变化（顺序），而后者只能看到差异和混乱（无序）。

因此，指定文本中语义规律的个体化的格雷马斯术语"同位素"（isotopy），是以科学术语为模型的，这并非巧合。由于物理同位素是一种显示不同中子数的特殊化学元素的变体，所以，语义同位素是一种显示不同语境特征的特殊语义要素的变体。正如所有隐喻一样，叙事同位素的隐喻也是不完美的，原因在于语义核和"中子"不具有与物理同位素和中子相同的本体，因为后者是分析者的元语言所假定的认识论实体。然而，格雷马斯的叙事同位素的元语言本体论，并不意味着其经验观察以及关于其符号功能的假设构想，都不会产生可证伪的预测。例如，符号学分析者可以预测，具有某种同位素结构的文本，将会被一定范围内的认知、语用和情绪反应所接受。

此外，格雷马斯的术语"同位素"，也指科学术语"等压线"。等压线指的是在地理地图上，穿过海平面，或在某一高度上呈现相等大气压的点的理想线路。类似的，"同位素线"是那些理想地穿过显示相同语义核的叙述点的线路。正是通过自发地连接这些点，文本的接收者推断文本欲表达的意义，正如气象学家可以通过观察等压线的形态来预测天气。

然而，由于语言的结构研究在人文学科中引入了经验观察、可证伪建模以及预测未知事件的可能性，语言学和符号学仍是人文学科的一部分。实际上，语言学和符号学提出了一些假设和预测，这些假设和预测在本质上，不同于化学或生物学中关于极其重要的元素的假设和预测。为了在必要性领域找到规律性，自然科学可以依赖非语言物质的相对稳定性。当物理学家研究中子并制定与之相关的假设和预测时，中子不会随意改变它们的行为。在其最后的公式中，海森堡（Heisemberg）原理声称，古典物体与量子物体之间的任何相互作用均具有基本限制。然而，人类学家可以采用这样的原理来描述参与观察转变观察者和被观察者的方式，这只是一种比喻。事实上，在非语言物质领域，观察可以导致改变，但改变发生的方式实际上进一步证明了物质的本质，它们没有行动主体性的扩展、没有意向性的本体以及必要领域。例如，在使用海森堡原理时，物理学家发现，互补变量观察的精度损失，不会影响正式的数学结果，这些结果仍然是有效的。换言之，即使是量子物理学，似乎也在赌物质的惯性，尽管从经典物体的角度来看，并不能完全掌握物质惯性的内部规律。

语言学家，而且更多的是符号学家不断明显地面对其对象的同质可变性。事实上，语言和符号系统不会仅仅因为它们被观察而改变，而且更加令人不安的是，没有人观察时它们也会改变。作为许多自由和有意识行动主体性之间相互作用的结果，语言和意义根据趋势而演变，这些趋势的预测，无法与试图捕捉非语言物质演变的趋势之预测进行比较。正如皮尔斯所认为的那样，意义通常表现在习惯上，但也不确定是否会这样。新的解释项可以在任何时刻打破已知的符号模式，基于先前的经验观察对所有假设和预测进行证伪。自然界中也存在着混乱现象，但它们是例外，而且是非常态的。此外，所有科学家的不成文规定，都基于这样的希望：这些所有的混乱表征，都是非常复杂的必要表达形式，这终有一日会被证明。目前，只有科学的无知才会将之解读为"混乱"。

语言学家和符号学家不断意识到，其对象的规律性及其可预测性，与对象并不是同质的，而是自由之间相互作用所产生的短暂的社会结果。然而，其不可预测的演变可在任何时刻破坏这种均衡状态。符号学家研究意义并试图理解其规律，但他们确信，这些规律是矛盾的，是修辞的"自由法则"，而不是描述非语言物质特征的必要法则。一旦语言学家和符号学家开始相信他们所追求的是必要法则——其严格性将中肯地决定人类之间的相互作用，这就如化学法则决定化合物之间的相互作用一样，他们便不再把自己置于人文学科中，而是追求一个简化论梦想，坚持一个本质上非符号性的人类模型。

9.5 方法论竞争

预测的不确定性造成的实际结果是方法论竞争。用许多不同的方法研究必要法则，但最终可以证明的是，这些方法可以根据功效梯度进行排序。但这并不适用于自由法则，即不适用于涉及人类意向性、行动主体性和语言的所有现象。当有人心脏病发作时，空乘人员大喊"救命！飞机上有医生吗？"的迫切性，也首先取决于这样的事实：至少认识到在目前的心脏病学技术条件下，几乎没有替代方案。替代方案可能只是具有讽刺意味的构想。如果在同样的紧急情况下，有人大喊"救命！飞机上有牧师吗？"这对病人来说并不是特别令人欣慰的。事实上，至少在当今的西方文化中，召唤牧师而非医生是一种强烈信号，表明病人已经无药可救了。同样，如果有人大喊"救命！飞机上有巫师吗？"这将是社会文化知识的确凿证据，它与现代知识相去甚远。这样的呼吁听起来也很荒谬，因为它完全与环境不符：工程师驾驶机器所需要的知识，很难与现代医学拒绝非理性的宗教和魔法相提并论。

尽管如此，人们可以想象在未来历史中的某个时刻吗？在这个时刻，当有人在飞机上心脏病发作时，"救命！飞机上有医生吗？"的呼喊，变成了"救命！飞机上有医药工程师吗？"这将不是科学地位在大众想象中发生急剧变化的标志，而是科技演变的结果。医药工程师会向患者跑去，并给他注射一个纳米装置，该装置将穿过静脉到达他的心脏，并在几秒钟内修复损伤。换句话说，未来将被召唤的是医药工程师而非医生，因为事实证明，前者比后者更为有效。

效用的提高主要是由于可自由支配的行动主体性的减少。医生的行动主体性依赖物理学、化学和生物学所证实的科学证据。然而，医生还必须根据推理将这种背景科学知识与一系列行动联系起来。例如，他必须解释症状。因此，被注射肾上腺素的心脏反应不是关于争论的问题，而是在逃避符号学分析。正如安伯托·艾柯诙谐地写道，符号学研究一切可用于撒谎的事物（Eco，1976），但肾上腺素对心脏的化学效应是没有其他选择的：这样进行注射，总是出现同样的反应。并且，还有可能肾上腺素的有效性正是取决于其对身体的直接且无中介作用，独立于患者的心理状态。

相反，符号学可以，并且实际上确实研究了医生在观察患者行为后给出的推断。经过推断，医生确定患者是心脏病发作，随后进行了一系列的医疗程序。由于分心或者仅仅是技术不娴熟，医生可能会错误地解释症状，她可能会将惊恐发作误认为心脏病发作，而给患者带来悲剧性后果。这也构建了这样的基础：可能在不远的将来，被召唤的将是医药工程师而非医生。工程师无须解释任何东西，她不必从其潜在症状中正确推断出医疗状态的存在。相反，她仅仅是注射一种纳米装置，该装置将到达心脏并确定是否存在心脏病发作的情况。纳米装置是一台非常复杂的机器，但它始终是一台机器。它将测量某些物理、化学和生物数据，并采取相应的措施。这个过程不涉及替代方案，因此不存在错误。事实上，我们将故障归咎于机器只是一种比喻说法。实际上，技术设备故障不是由错误的意向性（即错误的选择）导致的，而是由糟糕的工程设计造成的。在发生故障的机器的背后，某处必然存在出故障的人类行动主体性。

一方面，简化论者梦想将人类邪恶也解释为必然性结果；另一方面，未来学家设想这样的时代，在这个时代中，技术设备将变得非常复杂，以至于可能自相矛盾地犯错误。然而，就目前而言，也许在不久的将来，技术进步的意义在于将越来越多的活动从必要领域转移到选择领域。用更抽象的话来说，技术进步的意义在于从生活中驱逐语言。这就是呼唤医药工程师（或者更确切地说，医用纳米装置）而不是医生的原因：它会根据必要法则来治疗患者的身体，而不是根据自由法则来进行治疗。治疗只涉及机械推导，而不涉及人类外展，从而这一过程中的人类存在将逐渐减少。例如，如果患者或患者的亲属用飞机上没有人能理解的语言大喊"救命！我们需要医疗纳米装置！"，这又会如何呢？那么，在这种情况下，语言的自动处理也可以解决这一问题，进一步消除此类紧急情况所附带的任意可能性。

更广泛地说，基于科学的技术办法解决人类问题，意味着将该问题转移到语言判决领域，从而也进入人类领域。心脏越是变成可以固定的装置，发生错误治疗的可能性就越小。相反，如果考虑患者是惊恐发作，我们所举例子的复杂程度就会急剧增加。在那种情况下亦是如此，人们可以设想，一种非常复杂的医疗纳米装置进入患者的大脑，并刺激血清素受体，会使惊恐发作立即停止。

然而，这种情况更为复杂。第一，大脑比心脏要复杂得多；第二，这种医疗纳米装置比第一个装置更难以想象。考虑到神经学的技术状态，很难对这种大脑纳米装置进行工程设计，甚至难以想象工程设计。它会对血清素受体起作用吗？它会作用并产生乳酸钠和二氧化碳吗？或者，在一个人出生之前，惊恐发作必须通过特定的基因修饰来治愈吗？想象这样一种医疗纳米装置，最严重的问题是不能排除惊恐发作，这实际上是一个符号问题，它取决于患者记住过去、体验现在并想象未来的方式。换句话说，目前，也许也包括遥远的未来，当有人在飞机上惊恐发作时，最佳程序不是呼叫医生，而是召唤一位和蔼的空乘人员，此人已目睹成百上千起类似情况，坐在患者旁边，握着他的手，最重要的是和他交谈。

人们可以想象一种与患者交谈的技术设备，但大多数人在飞机上出现恐慌发作时，还是更愿意得到空乘人员的陪伴。大多数人希望通过对症状做出自由反应的事物来解决问题，这是可以即兴发挥的。最重要的是，可能想象对方的痛苦以便对其做出反应。换句话说，大多数人希望得到某个人的安慰，而不是某物、某个移情设备，或某个机器人设备的安慰。但就目前而言，地球上唯一的移情设备就是人类（或其他活体动物：大多数在飞机上惊恐发作的人，更喜欢他们的狗或猫陪伴，而不是机器陪伴）。

但是，如果能够大大提高对大脑的了解，从而设计出有效的大脑纳米装置，又会如何呢？如果自动语言设备变得如此复杂，以至于无法与人类心理学家区分开来，又会如何呢？如果大脑活动也从语言领域中被移除，又会如何呢？对这种未来学家的简化论，主要有两大反对意见。第一种反对意见是，从语言领域消除一个问题，会导致将其从复杂领域中移除。上述两个医学例子便是如此。人们可能想要获得一种医疗纳米装置来拯救心脏病发作的某人，然而，如果认为采用这种医学技术可以消除心脏疾病，那就想得太简单了。事实上，心脏病发作不仅是一个肌肉问题，而且是一个有关存在的问题。什么样的生活方式导致了这一疾病？什么导致了社会压力？为了不仅在局部，也在全球范围内解决心脏疾病的问题，要进行的操作实际上是将问题重新纳入语言领域，也就是复杂领域思考。在惊恐发作的情况下，这一点甚至表现得更加明显；仅仅将之视为大脑局部故障，就意味着忽略了整体范围内诸多因素导致的惊恐发作，这是复杂的符号混乱状态的后果。如果要在其根源上处理和解决问题，必须将混乱状态解开。

第二种反对意见甚至更为激进：尽管未来的语言自动装置的发音酷似人类，但这并不会消除人类对它们是自动装置的认识。反过来，这种认识会影响其自身功效。我们无法从语言领域中移除心理问题，因为移除行为本身就是患者精神面貌的一部分，因此而改变问题的本质。例如，精神科药物治疗肯定是有效的，但不能消除患者对接受该药物治疗的意识（除非药物治疗是秘密进行的，大多数人认为这在伦理上是有争议的）。更笼统地说，科学证据表明，我们关于意向性、行动主体性、自我意识、移情作用和知觉的感觉是生物基质、化学基质以及最重要的物理基质的直接结果，但它并不能消除这些感觉。空乘人员会继续对在飞机上遭受惊恐发作的患者产生同情，尽管她从科学的角度知道，惊恐发作是由化学反应引起的。最重要的是，尽管她从科学的角度知道，她自己的移情作用最终不过是化学反应的结果。换句话说，进化似乎已经将人类设定为被赋予符号界面的人类，即使科学解释其进化和功能，我们也不能忽视这一界面。

从某个方面来说，这是让人安心的，特别是对于那些将一生中的大部分时间致力于研究自由法则的人而言。尽管科学技术在进步，但人类生活中总会存在一些最好由人文学科来处理的问题。因此，否认上述论点的所有科学和技术所做的事情，完全不同于寻找人类问题的科学解决方案。他们宁愿寻找适用科学解决方案的人类，这意味着他们暗中调用了一种不同的人类模型，其中，（人类与其他生物共享的）独特的人类特性——例如，尽管有现实知识，但还是会产生移情作用——被认为是反启蒙主义过去的不良遗物，需要通过科学教育进行消除。不过，这可能是目光短浅的判断。将来，对人类进化的更深入了解可能会证明，人类之所以能够幸存下来，不是因为他们的反现实行为，而是因为人类本身。换句话说，有朝一日，科学可能会发现，使人类成为适者生存物种的，不仅仅是他们从语言中剥离现实的能力，还有通过语言迷惑和重新迷惑现实的能力。

"人文学科必要性"的缺点也应被深入探讨。关于某些人类问题（例如，在飞机上遭受心脏病发作或惊恐发作的人的社会背景和生活方式）将始终存在于语言领域，因此，只有人文学科作为最佳解决问题方式的这个论点，必须解答如下问题：什么是人文学科？在一定的复杂程度上，存在一种直截了当的方法来对科学和科学理论进行排序,这些科学和科学理论所应对的问题,至少从局部来看,似乎处于语言领域之外。毫无疑问,现代医学在应对心脏病发作方面优于中世纪医学。在治疗高血压方面,β受体阻滞剂肯定比借助水蛭的临床放血效果更好,这也是毫无疑问的,电路/现实的观察/假设/实验/证伪或证实/都能证明这一点。正如其名称所言,另类医学可能会试图在必要领域引入替代方案。并且认为,例如"天然药物"在治疗癌症方面与主流医疗程序具有同样的效果,甚至更为有效。尽管,与简化疗法相对应,这些非传统疗法并未提出替代解决方案以解决医学问题,而是对其进行了替代性界定。它们将人体及其病理从必然性和科学领域转移到了自由和语言领域。使用未经科学测试的药物进行治疗的癌症患者,可能比接受主流疗法的患者更早死亡,因此应该禁止那些声称相反情况的患者的投机行为。

然而,在某些情况下,医学科学也无能为力:在这种情况下,患者及其亲属和朋友所追求的不再是一种解决方案,而是一种错觉。再一次,科学告诉人类他们会死,而且没有办法证明相反情况。但是,相信宗教奇迹或借助另类医学的再生作用,使身体和精神遭受的痛苦更容易忍受。从这个观点来看,另类医学应被视为指向"技术"医学日益忽视的人类方面的指针。然而,它们仍然只能通过拒绝现代理性来质疑现代医学对于中世纪或替代疗法的科学领先性。

不幸的是,就人文学科而言,这个问题要复杂得多。在本章开头的虚构例子中,涉及的问题显然是一个抽象的、属于语言领域的问题(即属于自由法则领域)。然而,人们并不确定处理此类问题最有效的具体人文主义方法论是什么。是否应该召唤符号学家?或社会学家,或经济学家,或心理学家?或者全都召唤?此外,更令人担忧的是,目前还不能确定一个现代符号学家会比她20世纪60年代的同僚更有效地处理这个问题。当代物理学确认其优于古希腊物理学的奇妙信心,在任何人文学科中都是不存在的。例如,符号学家不太确定,是否他们比斯多葛学派人士更了解符号。当今学者探索不同的问题,并给出了不同于其古代前辈的答案。但总的来说,人文学科可以对他们的方法论进行排名,排名既不是共时的(最好的方法论是什么?),也不是历时的(在方法论的历史中,哪个阶段是最好的?)。因此,关于焦急的空乘人员在飞机上紧急召唤符号学家的梦想,是否应该无情地抛弃?

9.6　结论

基于上述原因，我们永远无法证明人文学科中的某个学科比其他学科更有能力去应对自由法则。虽然现代医学可以证明其对中世纪和另类医学的优越性，而当代符号学却不能以相同的方式证明其优越性超过了20世纪80年代的符号学或当今社会学。人文学科存在的目的是在自由中寻找规律，因而永远无法提出必要的方法论。因此，空乘人员在飞机上呼叫符号学家、哲学家或社会学家的紧迫性，将始终取决于当时人的想法，以及各种人文学科用以设法确认其有效性的修辞力量。例如，没有任何事实可以解释，为何现代符号学在解决社会和文化问题方面的使用频率不如1960年的符号学。这只是一个当时人的想法问题，或最终归结为一桩无聊小事，即当今符号学家是否比20世纪60年代的先辈在支持该学科的有效性的修辞上能力更低（缺乏效应，反过来影响典型的符号学倾向，即文化上解构，社会上建构，包括相信这样或那样的方法论）。

然而，上述问题（有朝一日，在发生符号紧急情况时，符号学家是否会在飞机上被紧急召唤）可重新被表述如下：如果未来的符号学家能够成功声称，自己与20世纪60年代和70年代符号学家对该学科有同样作用，那么，符号学家可为解决语言领域内的问题及其自由法则所做出的具体贡献是什么？在上文给出的例子中，两名乘客在飞机上为同一空间而发生争执，以至于飞行员被迫降落，并让两名争执者在最近的机场下飞机。所有人文学科都由一种特定的方式来构建，并寻求一种不那么混乱的解决方案来解决问题。本章无法充分证明所有人文学科的内部复杂性。为了清楚起见，对其方法的描述，多少有点夸张。

对于经济学家而言，飞机上的问题显然是一个供求问题。两名争执者都声称购买了同一个空间。解决方案很简单：给飞机空间定价，以便使供求一致。例如，在某些航空公司，经济舱乘客不能再将其座椅放倒。如果想要更多空间，就必须为此支付额外费用。这种方法直截了当，且令人耳目一新，但它并未真正解决问题。它只是将问题从空间领域转移到价格领域，即转移到财富获取领域。就像在飞机上那样，在社会中亦是如此。根据受价格控制的供求机制分配资源，并不会在资源分配中引入原则，而是通过将问题转移到谁能获取金钱的问题上来质疑甚至掩盖谁可以获取资源的问题。

对于法学家而言，争论是由管理失败导致的：如果乘客有权同时放倒其座椅，有权购买并使用阻止其他乘客放倒其座椅的小装置，则应禁止在飞机上使用这些装置。这种方法似乎通过引入禁令简单地解决了争议。但这种方法也存在缺点，它忽视了膝盖防护装置的生产、销售和使用所指出的一个问题：对于某些人来说，坐上甚至是坐在飞机上舒适地工作是一件不可能的事。此外，当前方乘客放倒其座椅时，关于膝盖防护装置的禁令并不会阻止乘客与其前方的乘客发生争斗。

尽管使用不同的方法，但社会学家、人类学家和符号学家均从相同的角度看待这个问题。对于所有这些学者来说，空间不仅是一个物理容器，也是一个与个人和集体生活的许多其他方面相关的文化变量。因此，上述冲突讲述的不仅仅是一个关于座位之间空间缺乏的简单轶事。例如，它揭示了工作和娱乐设备的微型化，目前可允许乘客在旅行时继续学习、工作或玩耍，并且这种微型化无法与身体的小型化相匹配：无论计算机变得多么小，人类仍然需要以一定的角度弯曲颈部来看电脑屏幕，否则他们会感到非常不舒服。这同样适用于我们的手臂、腿部、眼睛和我们身体的其他部位。尽管计算机工程师们付出了努力，但在飞机上仍然需要一点空间来容纳工作中的身体或我们玩耍中的四肢。

同时，这两名乘客之间的争斗表明，旅游业的边际利润是有代价的。低成本航空公司的时代，可能被称为旅行民主化的时代，但是，通过出售极其便宜的机票产生巨额利润是不可能的。因为除了飞行之外的一些其他东西，也在低成本飞机上出售：紧张。从更广泛的意义上讲，低成本行业——旅游、娱乐、食物——似乎可以更广泛地获得以前被排除在外的商品和活动，但它同时也从人体和心灵的损耗中获利。旅行者越来越多地以其舒适和健康换取低廉的票价。

但上文的故事也揭示了其他一些东西：乘客举止越来越不礼貌，更确切地说，是不愿妥协。这就是膝盖防护装置的最终意义所在：我并不想以和蔼的声音、灿烂的笑容以及适当的礼貌用语询问我前方的乘客，她是否会同意稍微少倾斜一点她的座椅；相反，我借助一个没有人情味的小装置，将我的意志强加于她。在某种程度上，我自动保护我的生活空间，这样我就不必再借助语言亲自去做这件事了。

总而言之，符号学能够，而且必须向当今社会做出的具体贡献是如此简单：提供证据——尽管不是科学证据，而是杂乱无章的证据，以此表明无论技术多么巧妙，语言领域中的问题均不能通过技术来解决。语言领域中的问题只能通过对话、妥协和达成协议来解决。与通过符号学方式与另一个人产生互动相比，膝盖防护装置显然更快速、更有效、更省时。但是，当整架飞机因此装置而必须改道时，情况真的是这样吗？在更大和更引人注目的范围内，解决民族宗教边界冲突所产生问题的军事解决方案似乎也非常有效。但从长远来看，它们真是如此吗？

如果符号学成功地确认了它在人文学科中的作用，那么，有朝一日，空乘人员会大喊："救命！飞机上有符号学家吗？我们碰到紧急情况了！"然后，符号学家会从她的座位上起身，走向正在为膝盖防护装置而争斗的乘客们，并冷静地说："请冷静下来，我是一名训练有素的符号学家。你们可以仅通过谈话来解决这个问题，我会告诉你们如何做。"

10　共享的意味：共识的价值

> 良知是人世间分配得最为均匀的东西。因为每个人都认为自己具有充分的良知，以至于那些在其他事物中更难以获得满足的人通常也不会希望在超出他们的更大的范围内，对该品质进行考量。
>
> ——笛卡尔，《方法论》（*Discours de la method*），I，i（1637）

10.1　引言

建设一种有失礼仪的符号学很有用（Puckett，2008）。不幸的事件，例如事故、离婚或死亡（Idone Cassone；Thibault；Surace，2018）等，可以为研究提供丰富的案例。此刻，个体之间的互动必须保持高度矜持，有时甚至是仪式化的，因为任何偏离常规的说话和行为方式都可能导致尴尬。例如，对刚刚离婚的人该说些什么呢？"我很高兴，你的妻子是个女巫。"或者"我知道，她太漂亮了。"类似的话肯定要被丢弃，同样像"这对你来说肯定是个致命的失败"的话，在这种情况下也是不合适的。由此可见，围绕悲剧事件的口头交流往往是老套的、缺乏创造性的，像"我希望你们俩都能再次找到自己的幸福"这样完全空泛的话，反而是对离婚消息进行评论的恰当句子。

然而，没有法律规定一个人面临悲惨情况，在社会中进行互动时所需要的行动边界。当有人告诉我们她或他的老母亲去世时，没有成文规则规定我们不应该说："不管怎样，她年事已高！"这种不得体的评论并未铭刻在制度化的文化中：在葬礼上应该说什么，或不应该说什么。这种文化不是在学校里传授和被学生学习到的，而是人们通过沉浸在真实的生活环境和经历中，通过观察在这种情况下更成熟的人的行为而领悟到的。造成失礼的原因在于，这种沉浸和领悟不够，因而构成了令人不快的社会事故。通过这些社会事故，社会共同体的不成文法律得以被揭示和加强。

有些人可能会在行为准则手册中，转载和编纂这些不成文的规则。例如，那些起源于中世纪的欧洲常见规则①，它们规定了各种世俗环境中的正确礼仪。然而，这些礼仪得体性的形成并非一劳永逸，它们会随着时间和空间上的变化而变化。即使它们被编纂成一本手册，其地位仍然始终存在不确定性，因为不确定礼仪本身，与此同时还有演变的速度。那些使我们免于在社会中失礼的事物，并不与使我们避免语言错误的事物具备相同的符号性质。②众所周知，语法也是社会结构，其力量在语言演变和统计的压力下，注定会随时间流逝而发生变化。然而，鉴于口头语言在人类生活中的中心地位，大多数文化中的这种符号系统所经历的编纂和制度化程度，是其他符号学领域中不存在的。

自孩童时期起，我们就在与社会文化环境的接触中，学习如何恰当地说话、恰当地行事。前者涉及的是一系列语法规则，而后者涉及适当的积淀的典范行为。我们可以正确地使用动词的虚拟语态，是因为语法书中说明了其形成和使用规则。我们也可以在婚礼上着装得体，是因为这种礼仪经过代代相传，已经成为共同体无形的符号遗产。

无形规则在重复演练中规定了正确行为，但同时，它也促使人们形成刻板印象（Ponzio，1976：115）。但这些规则并非总是不好的（Lescano，2013），刻板印象是隐式模型，共同体成员遵循这些模型，便于接受关于解释给定情况的最佳方式的指导（Dahl，2016）。例如，当一位新晋的年轻教授被某一院系任命时，没有成文规则规定资深同事应该如何解读和评判年轻教授的行为的方式。然而，一种无形的、松散的刻板印象矩阵，会促使他们认为这位年轻的同事过于热心甚至有点敖慢。或者相反，她或他过于谦虚和顺从，偏离了新手本身的实际角色。这种偏见，或者更确切地说，预先判断，取决于这样的经历：新晋的年轻教授需要花费一段时间，并经历数次的职业失礼之后，才能找到融

---

① 关于这个话题的例子和研究很多，例如，见惠兰（Whelan）于2017年的研究成果。关于早期现代"礼仪书籍"的文献特别丰富，例如参见伯杰（Berger）2000年的文献。

② 参见诺伊迈尔（Neumaier）2007年的文献和里森（Reason）2013年的文献；关于语言"错误"，参见金特（Kindt）2020年的文献。

入早已存在的群体的恰当方式。

民族方法学家已对另一个合适的例子进行了全面研究。这个例子是在对话中发现的，特别是当参与者决定想要将自己的言语交流纳入某个类型时的表现方式（Perinbanayagam，2011）。一个新来者，或者一个不属于该群体的某个人，会倾向于过分表现自己，他们试图在交谈中获得空间和注意力。或者相反，她或他可能会倾向于隐藏自己，试图在新的对话环境中，寻找一个瞬间和一种方式，出现在最佳目光下。

虽然我们很少意识到这一点，但我们的大部分日常生活，尤其是我们每天与其他人的互动，在很大程度上依赖于那些未被转载，且未在任何地方教授的知识。我们在童年时期获得了一些强制性的规则，我们在内心中牢记它们，却不记得它们的确切来源，甚至不记得何时何地学会了。事实上，这些规则主要是通过模仿、直觉，尤其是在经历失礼教训的过程中，学会了"如何在社会中生存"。掌握这些不成文规则，通常是以"归属感"名义进行的事项中的一个重要环节（Leone，2012a）。属于某个学术共同体，也意味着将不成文的规则牢记于心，例如，座谈会上有个不成文规则，就是要在人发言之后，开始提问。

年轻而缺乏经验的参会者，可能会出现典型的失礼行为。他们试图通过提出冗长、复杂和博学的问题来卖弄知识，或者在其批评性评论中过于挑衅，或者在其赞美评论中过于谄媚等。只有参加了一定数量的座谈会，并在接收到皱着眉头的同事的负面反馈，以及适当提问的积极模态之后，年轻的参会者才能学会，如何参与那出修辞精美的"芭蕾舞剧"，即论文或讲座之后的问答环节。

掌握这些不成文的规则，对于培养归属感非常重要，因为这些不成文的规则，不仅决定了适当行为与不恰当行为之间的分水岭，还决定了内部人员与外部人员之间的边界。外部人员即那些不具有归属感的人员，正是那些不分享作为共同体互动之基础的共有隐性知识的人。他们可能是自愿或非自愿的。后一种情况已经有人进行过描述：那些不完全熟悉该群体规则的人，未能遵守这些规则，导致失礼；前一种情况更为有趣，因为它涉及的是那些非常了解这些隐性规则，却有意忽略这些规则的人。群众在民粹主义领袖中经常发现，那些具有吸引力的大多数蛮横行为，恰恰在于忽视了社会生活的不成文法，同时还暗示了这不是出于无知，而是出于一种尼采哲学上的优越性（Aalberg，2017）。

10 共享的意味：共识的价值

然而，在这两种情况下，无论是无意还是有意，忽略共同体的隐性和不成文的规则，都构建了一个分等级的社会拓扑结构。在第一种情况下，无知个体被置于归属感圈子之外；在第二种情况下，他或她试图将自己置于归属圈之上。第一种行为导致了谴责和驱逐；对于暴力和迷恋而言，第二种行为产生了敌意和权力。换句话说，自愿或非自愿的失礼行为，破坏了共同体的常规拓扑结构，因为它们创建了一个结构之外或结构之上的防疫区。

10.2 共识的内容

通常被称为"共识"的东西，只不过是隐性的认知、实用和情感规则的复杂沉淀物。通过这些规则，社会成员在互动的同时确认他们属于该群体。[1] 这种意义被称为"共识"，因为它是当下的——这意味着它在该群体的所有表征中，并渗透到该群体的日常生活中。它也是共享的：因为它是属于整个共同体的。与此同时，共同体成员通过它也可以产生归属感。

---

[1]　福格森（Forguson）（1989）探索了共识的哲学和心理学基础；布里奥（Briault）（2004）重建了关于共识的哲学反思史，并倡导其批判和解构主义潜力；Rescher（2005）专门研究共识哲学和沟通之间的关系；有关对共识的历史、方法和适用性的研究，请参阅休谟（Hume）、康德（Kant）、旦德（Reid）、奥斯汀（Austin）、塞尔（Searle）、摩尔（Moore）和维特根斯坦（Wittgenstein）等哲学家（以及对民族心理学、谚语和博弈论的题外话）；关于当代哲学中的共识［特别是麦克道尔（McDowell）和新康德学派的形而上学］，请参阅博尔特（Boulter）于2007年的研究。关于共识的"消失"，请参阅劳伦斯（Lawrence）于1994年的研究；关于作为哲学出发点的共识"辩护"，请参阅莱莫斯（Lemos）于2004年的研究；有关共识与民族心理学的比较，请参阅赫托（Hutto）和拉特克利夫（Ratcliffe）于2007年的研究；关于政治中的共识修辞，请参阅罗森菲尔德（Rosenfeld）于2011年的研究；关于共识与科学之间的关系，请参阅拉瓦扎（Lavazza）和马拉法（Marraffa）2016年的文献。各种主要研究"共识"在不同历史时期的地位，参见古罗马时期［见马丁（Martin）和伦德格伦（Lundgreen）2013年的文献］，18世纪的英国［见亨克（Henke）2014年的文献］等。

"意义"和"共识"之间有什么关系？[①] 这个问题与符号学、诠释学以及其他关于解释的学科都有关系，当观看者观看博物馆中的一幅画时，该画像及其形式、颜色和位置的构型都会散发意义，这是必然的。这幅画是有意义的，或者更确切地说包含着意义，因为它往往在特定方向上，引导观看者的目光、注意力和认知过程。画作与画廊中悬挂这幅画的墙壁之间的主要区别恰恰在于：画作倾向于以比墙壁更有说服力和限制性的方式引导观看者的认知能力。换言之，这幅画是有意义的，因为它显示了一种意义，即一种对观看者观察、注视和解释的引导。在这幅画面前，观看者完全依靠经验，但从图像和目光之间的相互作用中产生的某种意义并不是特殊的，而是取决于两者恰好所处的社会文化背景。并非所有的绘画意义都是常见的，但所有这些意义也并非都是罕见的，并非都是"与众不同"和"私人专属"的意义。

例如，如何对一幅画进行完全私人化的阐释？几年前，在西班牙毕尔巴鄂大学的一次专题研讨会期间，我受邀参加在古根海姆博物馆华丽的中央大厅举行的酒水和音乐派对。参观者可以喝着鸡尾酒，听着嘈杂的音乐，然后继续探索之旅。因为他们为弗朗西斯·培根（Francis Bacon）的特别回顾展感到非常开心。很有可能发生的情况是：在喝下一杯杯鸡尾酒之后，一些参观者在欣赏这位爱尔兰艺术家的画作时，实际上已经酩酊大醉。但那时他们对画作的反应是完全怪异的吗？可能不是。即使我们在一幅画作之前，哪怕沉湎于极其个人和私人的遐想之中，甚至当我们在酒醉状态下欣赏这幅画作时，该画作也未停止通过其内部符号结构和复杂而多样的方式（其中，结构指的是沉思的环境），引导我们的目光和阐释：展览的阐释意义，也被沉重的社会文化决定了。

尽管我们所做的努力具有创造性、原创性和个体性，但共识仍然系统地重

[①] 关于格雷马斯符号学中的共识问题，请参阅格雷马斯和库尔泰斯（Courtès）的《语言理论词典》（*Dictionary of Theory of Language*）（1979）中的词条"monde naturel"（自然界）和"figurativization"（同上）；有关注释，请参阅马罗内（Marrone）（2006）。关于共识在格雷马斯符号学中的作用，请参阅内特（Nöth）（1995：98）；安伯托·艾柯经常批评性地引用共识概念，特别是在1973年和1990年（238）的文章中。关于话语符号学分析和共识，请参阅热尼纳斯卡（Geninasca）和格雷马斯1990年的成果；关于作为21世纪的"共识"的符号学，请参阅埃文斯（Evans）1999年的成果；关于法律符号学中的共识，请参阅彭恰克（Pencak）（1988：277）；关于对共识做出的部分符号学贡献，请参阅斯塔罗宾斯基（Starobinski）于2005年的研究；关于文化符号学中的共识［以及格尔茨（Geertz）对该话题的人类学见解的符号学意义］，请参阅洛鲁索（Lorusso）2015年的研究；关于符号学领域中对共识的近期贡献，请参阅塞达（Sedda）于2015年的研究。

现在感官体验中。此外，正是这种重现，使得第一个非言语语言的符号学家也被视为语言符号学家。因为我们对言语意义的体验，从来都不是完全特别的。相反，它不断受到我们对语法的隐性和显性的依附，以及（更一般地说）对我们所说语言的语言结构（langue）的依附。因此，我们对非言语意义的感悟，受到某种事物的引导，这种事物也表现了某一共同体对个体诠释学的影响，因此，这种事物类似于语言。然而，第一个美术符号学家所犯的最严重的错误，恰恰在于忽略了限制我们与言语意义的关系之事物（语法）与限制我们与非言语意义的关系之事物（共识）之间的差异（Calabrese，2003）。当我们解释一幅画作时，我们意识到，我们的解释与其他观看者的解释在相当大的程度上有重叠，造成这种重叠现象的不是成文的语法，而是一套构成博物馆参观者共识的，那些不成文的隐性诠释规则。

这一共识包含哪些内容？下文举了一个简单的例子。当我们前往卢浮宫，最后到达展出《蒙娜丽莎》的大厅时，我们与这幅画的互动，以及由此产生的意义，会受到某些显性知识的引导。例如：我们在学校里，或从书本中学到的关于莱昂纳多及其艺术的知识。此外，与画作的解释关系，也将由画作本身的结构进行引导，莱昂纳多画作的排列形式、颜色和位置，将我们的目光定格在画布中，并让它以某种方式移动并解释（Calabrese 2006）。第一种引导，借助有声语言，被载入艺术史手册，以及其他类似的元文本中。第二种引导，源于画作本身所构建的微代码，同时也参照一个时代、一种风格和一位艺术家的特定的视觉语法（Segre，2003）。然而，我们与画作的互动，还取决于一些隐性知识，这些知识既没被载入元文本，也没有被写入文本中。例如，所谓的副文本就是如此（Genette，1987）。没有人明确教导我们，我们应该关注框架内的事物，而非框架外的事物；也没有人明确教导我们，我们应关注内部事物，将框架作为划定意义的自主微观世界的边界。此外，也没有人明确劝阻我们不要去挑战该框架。例如：通过解读画作与墙壁，或围绕其周围的建筑的关系，或画作与同一画廊中的其他画作的关系（Thürlemann，2013）。如果我们观察框架内部的事物，只关注内部事物，并将其与外部事物区分开来，那是因为我们主要通过接触适当的观察模型，理解了什么是框架，以及如何在视觉上使用框架。

正如艺术史学家兼理论家维克多·斯托伊奇塔（Victor I. Stoichita）所

证明的那样（1993），框架的副文本装置是由复杂的文化演变所产生的，这一过程将之提炼为主要的副文本制品，借助此制品，现代西方文明将图像与其背景区分开来。这种演变可能以一种完全不同的方式发生。例如，选择椭圆框架而非正方形框架作为视觉聚焦的典型装置（毕竟，我们自己的视线投射在现实上的框架，根本不是正方形的）。然而，一旦这种装置成为西方现代性视觉符号域的构成要素，它就会变成一种集体的第二天性。这就是共识的终极意义所在：作为引导我们与文化环境的解释性互动的隐性规则的积淀。副文本符号虽然由数个世纪的文化史塑造，但其仍然作为共识元符号起作用。标点符号的作用也是如此。在"发明"标点符号之前，文本是不分段的（Fasseur；Rochelois, 2016）。然而，一旦这种装置被文化内化，人们就对没有标点的文本感到陌生（Olsen；Hochstadt；Colombo-Scheffold, 2016）。换言之，一幅画作的框架和一部小说的标点符号，均是西方社会的成员借以传递和接收意义的共识的一部分。

  共识被安置在句法排列和副文本装置中，它也存在于文本的语义学中，或者更确切地说，存在于从文本中"提取"意义的语用规则中。对于那些不熟悉抽象艺术的人来说，参观抽象艺术画廊，有时会让他们感到困惑。面对长长的一系列抽象油画，新手肯定会想："它们的意义何在？"（Barrett, 2017）。这个问题听起来可能很幼稚，但实际上源于数个世纪以来引导人类对视觉人工制品之解释的共识。这种共识给一个图像观看者这样的暗示："如果存在一幅图像，并且这幅图像是某人有意为之，那么这幅图像一定有意义，它必须构成意义，即它必须尝试向其观看者传达某种意义。"（Gell, 1998）虽然抽象艺术现在已向存在两个世纪以上的这种共识发起了挑战，但许多博物馆参观者，仍然遵守以前关于视觉诠释学的隐性规则，他们无法想象由另一个人有意为之的视觉人工制品实际上是没有任何意义的。这就是为什么在这种情况下，有些人仍然按照这种传统共识发挥视觉功能，而有些人已经接受向传统共识发起挑战，并遵守现代和当代艺术评论的新共识，这两类人之间的分歧，是圈外人士和圈内人士之间、属于当代艺术界与不属于当代艺术界的人之间的分歧。

  构成确定共同体内意义的共识元素的方位可以根据复杂程度进行排序。在最低层面，人们会发现不成文的句法解释规则。例如，那些隐含地规定我们查看框架内而非框架之外的内容的规则；在复杂程度更高的层面上，人们会发现一些掌管有意义人工制品之语用学的隐性规则，例如这样的观点——为了理解一幅画作的意义，人们不应该只关注它的某一部分，而应关注其整体。最终在抽象程度和复杂程度的最高的层面上，人们将面对并受到不成文规则的影响，这些规则决定了某一群体解释有意义人工制品时所常用的特定符号意识形态。在这个层面上，存在着非常抽象但根本的戒律。例如，人工制品出现的方式与制造此人工制品的艺术家，他们很依赖与这世界之间亲密关系，这样的观点对很多人来说非常重要。我们可能有一天会达到一个文明阶段，在此阶段中，这种共识可能在技术革新的冲击下消失无踪。例如，某一天，我们可能会想知道，我们看到的图像是否是人类意向性的产物，或者更确切地说，它是否是一个复杂但没有情感的机器的产物，此机器被程序化，以诱使我们相信我们所见之物，是一个我们可与之产生共鸣的亲密世界做出的表达。

人们共享遍布某一符号域的共识，就意味着必须在各个层面遵守这些不成文的规则；层面抽象程度越高，对这些规则的领会就越间接、越含蓄、越隐秘。事实上，这种共识的某些方面，可能不仅对某个特定的人类群体来说是共有的，而且对整个人类来说也是如此，这是由于人类群体在长期的环境条件下，不断与环境互动并赋予其意义。例如尽管我们隐秘地设想，图像行动主体性的方式，在我们的生物学上不一定是固定的，但是，由于经历了如此漫长的人类历史，它已经成为一种第二天性，一种统一共识，如果没有同样的举动，任何一个人都不可能放弃合理的图像解释者群体。

10.3 共识和共同体

事实上，在共识、共同体和合理性之间存在着复杂却又必不可少的关联。意大利哲学家埃斯波西托以令人信服的方式探讨了共同体概念，他将拉丁语词源作为其隐喻出发点（1998）。埃斯波西托认为，"共识"（communitas）是一种社会形态，其中每个成员向所有其他成员以及该共同体本身捐献（"munus"在拉丁语中的意思是"礼物"）她或他的一部分身份，这是一种象征性的牺牲。正是这种牺牲使共同体从个体的自愿剥夺中显露出来。每当我们遵守语言法则时，我们也含蓄地遵守一个道德共同体，这意味着我们自愿（尽管通常是含蓄地）约束自身思想和身体的特质，以符合某种句法、语义和语用的语法。我们不会谈论我们有多么高兴,我们因何高兴,以及我们在何种环境下感到高兴。相反,我们在一个宽敞但有限的空间内施展谋略——这一空间由语言进行规定——并与他人对同一语言和文化共同体的遵守契合。在通常情况下,我们可能会在此框架内,追求个人主义目标,甚至是自恋目标(例如,通过我们作为诗人或小说家的抱负)。然而,如果我们不想被排除在共同体圈子之外,我们应小心谨慎,不要在其边界玩得太过火,否则,我们将被此圈子排斥,被称为实在"难以理解"的说话者。

一直以来,人类都在试图通过一种与之相反的人类学动态来创造"免疫系统"(immunitas)中的岛屿(Esposito, 2002):只考虑极权主义通常伪造其政治术语的方式,以便更好地将内部人员与外部人员、成员与对手区分开来。尽管如此,在这种情况下,专有术语也不能十分晦涩难懂,否则它会妨碍精英决定是否通过向新手教授新语言来接纳其成为新成员。同样,所有先锋派都需要被多孔的符号-语言边界所包围,这个边界是先锋派与主流之间的通道。

现在,应明确符号学共同体(communitas)与符号学免疫体(immunitas)之间的辩证关系机制:通过拥护群体的语言,"我"牺牲了自己的身份,但享有共同体的身份;通过创建"我"自己的符号-语言变体,"我"重新找回了"我"的身份,但却冒着被群体排斥的风险(Leone, 2009)。在这种辩证关系中,最有问题的情况是,那些将自己的个人身份融入集体身份而完全失去自我的人,或者是那些发现自己因其自恋提议,被符号域所禁止,甚至完全孤立的人;第一种极端情况产生了机器人,而第二种极端情况产生了疯子。相反,最恰当的情况是,那些人在发明自恋语言,有时通过探索与主流观点相左的意义与表达方式,与此同时,应设法将他们的个人创作转变为新团体的中坚力量。从这个观点来看,领导者借助其符号-语言提议之力,说服整个共同体牺牲其身份,转而捐献给提议本身,从而将其转化为新共识。以毕加索(Picasso)为例,他引领了20世纪视觉共识的形成,因为他设法在符号域边缘创造了一种全新的观察和描绘方式,并且成功地将他的自恋提议变成了该世纪的主流视觉知识。

要解释为什么某些提议失败而其他提议取得了胜利,则需要具体分析制定和接受提议的微观环境。在这个阶段,重要的一步是,强调这种共同体概念与平行概念(共识和合理性)之间的关系。共同体同时也或多或少地是共识。这既是一种活力，也是个人身份部分自我清空的过程，以便在符号域中创建一个真空区。在这个空间中，共同体的共同基础可能会出现，反过来，共同基础会以一种变革性的方式，重新填满因捐献所留下的自恋真空。在这种动态下，只是为了借助共同体在不同层面上进行还原，个体的存在感被牺牲。这种清空和填充的行动，赋予了共同体成员优越的归属感。至关重要的是优越的存在满足感。这样做的原因是可以理解的。但是，自恋的符号-语言地位一直都不稳定（有人会说我的语言吗？有人能理解我吗？），个体在共同体中获得的地位不是任意性的，而是动机性的。当然，这是一种文化动机，正如索绪尔（Saussure）第一次凭直觉知晓并证明的那样，共同本集体"决定"的说话方式并不是自然的。

然而，语言产生于遵守共同体的隐性和显性规则，这一事实使语言不具有自然性，而是受文化动机所驱动。在共同体中，没有人能单独决定改变这些规则（除非她或他是一个独裁者或"天才"），正如这一事实所证明的那样，说话者创造句子的语法，来自历史和文化嬗变，这一过程产生了集体的第二个天性。由于认知的进化，人类被驱逐出自然界，但人类却在文化中发现了重建必然性感觉的可能性，虽然这一可能性总是不完美、总是很危险的。要拥护一个说话者组成的共同体，他们需要说必要之言，而非仅仅是说想说之言。

共识是由牺牲个体身份所创造的真空区中留存下来的东西，它是共同体的秘密（secretum）。这意味着它同时是共同体在"生产、排空、蒸馏"意义上隐藏的东西，也是共同体在"隐藏、隐匿、保护"意义上所隐藏的东西，还是通过个体牺牲所造就的神圣之物。共识也是第二天性的一个实例，这意味着它所包含的隐性的不成文规则，尽管源自复杂协商的历史和文化过程，但它仍然成了共同体成员解释环境时自动和自发遵守的模式，包括通过环境传播的文化制品。

作为个体的、自恋的以及特立独行的读者，我们可能会在阅读完第一页，看完封面，甚至在闻一闻纸张味道后，决定放弃一本小说。我们主观地与其他读者分享自己对这本书的看法，但是，我们应该尊重读者构成的人类共同体为其成员设定的共识规则，这是漫长但具有决定性的文化演进的结果。例如，我们应该阅读整本书或者至少声称，已经从头到尾阅读了这本书，然后才能使我们的共同体信服，我们有权对其进行评判。在其他评判领域，例如当化学家必须保证城市中的水有益健康时，其他共识规则也适用，并通常被精炼为严格的科学方法论。化学家能够对水进行取样，并向科学界和外行人士宣称：样本是根据非常合理的方法提取的，足以使其完美代表城市中的总体水源。但是，启发文学读者的共识中，却并不包括同样的过程。在学术讨论中，任何声称能够在阅读小说的第一章后评估小说价值的人，会立即被专业读者组成的共同体所排斥，因为这个共同体中的共识认为，文学艺术作品的一部分并不一定能代表其整体。

从这个角度来看，共识不仅是个体身份的牺牲所造就的共有之物，而且，根据"意义"的第二含义，还表明了共同体应对符号域进行探索的方向，共识是共享的意义和共享的矢量。

10.4　共识与合理性

现在我们应该探讨一下共同体和共识与合理性和理性的关系。合理性包含与抽象对话者进行对话的想法，即与受众进行对话，而不是将她或他自己置于共同体内（Leone Forthcoming）。这是因为合理解释不仅仅是一项陈述，而且是一项针对未来的提议。在提议对环境的某一方面进行合理的符号学评估时，解释者将其产品包括由文化制品构成的内容，提交给虚拟受众进行审查，这将不得不决定是否同意符号域中的新发展，或者更确切地说，是否拒绝它。共识指导了合理解释的提出，但并未完全决定这一提议，因为即使在共同体内部，解释行为也是一个个体行为，在本质上以自由为基础（Zhang, Forthcoming）。因此，"公共解释"并不意味着公众成为社会中意义生成语法的主体；相反，意义总是个别符号作用的产物，尽管这可能或多或少地屈服于语法的显性限制或共识的隐性规则。如果公众在解释方案中扮演了任何角色，那么便是发送者鼓励个体编制解释，或者是接收者对产生的个体解释进行评估。

在此阶段要提出的一个棘手的问题是：共识对合理解释的出现提供的指导本身是否是理性的？即意义的个体创造在符号域中遭遇的社会抵抗是否能够选择最合适的个体意义创造（Leone, 2016）？历史似乎对此表示否认。共同体所分享的共识在历史上包含了大量的解释，事后证明，这些解释是错误的、有害的或者不利于共同体本身的存在。如果人们认为，共识在社会中的积淀实际上不仅不理性而且是不合理的，这是否意味着：个体解释在符号域中的选择方式既没有连贯性也没有逻辑性，并且个体解释构成了其他个体身份屈服于共同体压力的相关框架？

以原创性的价值为例。从文艺复兴开始，现代性的起源与西方文明不谋而合，至少在西方文明中是这样。人们认为，价值、荣耀和公众记忆应该归功于那些个体的创造，它们设法从过去的意义模式中分离出来，并提出了一些新的东西。这种新颖性的程度可能会有所不同，实现这种新颖性的特定符号-语言程序也可能有所不同，但是支持追求原创性的原则仍然没有改变：在符号域中创造的新意义比简单地复制已经存在的人工制品要好。在许多创造领域，这不是成文规则的对象，而是共识的内容。大学里的评估准则规定：禁止学生抄袭论文，这是真实的，是经济法律试图捍卫艺术品版权的举措。然而，原创性的官僚保护和经济保护都是基于一种非法律领域尤其是共识领域中的原则。那就是共识——创造新事物比复制现存模式更值得称道，这在西方文明中如此，也许在整个人类文明中亦是如此。

尽管这样，不难想象，在遥远的未来符号域会怎样。其中，越来越多的组合美学逐渐淡化了数字世界中的创造性价值，取而代之的是以一种全新的方式组合现有的作品（Leone，2012b）。同样，不难想象，非数字化的物质性从符号域中逐渐消失，这使得对原创性的保护越来越难：人类创造的每一件作品都可以在几秒内被立即复制，因此，原作和副本之间的区别将会消失（Svašek；Meyer，2016）。作为教师，我们已经见证了知识的数字化在我们的学生中所引发的划时代的知识变化：对于他们中的许多人来说，从数字符号域中提取出已经存在的东西，并在其中注入一些新的东西，它们之间的距离并不像之前的非数字原生代那样远。

然而，问题不在于原创性作为符号域的中心美学原则是否会消失，是否被其他价值所取代。例如，重组现有数字碎片中的技巧性原则。问题是在渗透到符号域的常识中，第二个价值的出现和发展是否存在任何合理逻辑，或者相反，这种变化对比中是否存在任何合理逻辑？简言之，建议学生不要抄袭论文是否具有内在价值，或者当今老师是否应该鼓励学生巧妙复制，选择恰当来源并巧妙地隐藏其"抄袭"痕迹？

毕竟，如果考虑到西方学术研究中的引用历史，人们就会意识到，对于大多数中世纪的思想家来说，捍卫思想的原创性并不是那么重要。但前提是这种思想在被视为合适时，便获得了更多机会，以便在文化中流传，在将来被转载、记住并传播。是否应得出这样的结论：考虑到作为当前数字符号域的特征的知识的生产和复制技术条件，共识不应该再捍卫原创性，而是在其内部欣然接受新的审美价值观，这些价值观更能适应当今人类共同体中意义交换的新环境？

10.5 结论

这听起来可能像一个很难回答的问题，但它可能是最简单的问题，不是因为它可以被轻松解答，而是因为它实际上并不是由我们来回答的。换句话说，决定共识的形成方式并不算是问题，因为共识不能通过个人干预或文化游说来建构。由于无法阻止现今的欧洲语言丧失某种语言形态，例如虚拟语气（虽然我们可能会亲自赋予其怀旧价值，或者甚至理性地证明其持久性），所以，无法防止共识选取我们可能不喜欢的方向。语言和文化演变是逃脱权力控制的复杂整体互动的结果。共识是无法控制的，这恰恰因为它是共有的。这似乎很让人沮丧，但它在某种程度上也是一种解放。因为它可以使知识分子免于承担在符号域中采取行动的责任，并倡导这样或那样来发展其共识，且以某种方式使他们免于承担失败的责任。如果我们真的认为保留虚拟语气用法是合理的，原因就在于它可以表达其他语言形态无法恰当表达的细微差别，或原创性的价值。因为它让人类与机器之间保持必要的审美差异，我们绝对应该继续提倡发展这些共识，努力以我们的日程来影响符号域的演变。然而，当我们意识到尽管我们付出了努力，但共识却以完全不同，甚至相反的方式进行演变时，我们不应该轻易失望、不满，甚至毫无价值地愤世嫉俗。毕竟，作为意义制造者组成的符号共同体的一员，也需要舍弃幼稚的想法，即我们的个人欲望总是会被大多数人认可，并随着时间的推移获得力量和价值，并保留在符号域的核心处。有一天，符号域可能朝着我们没有预料到和曾经希望的方向演变，但是，人类寿命太短暂，可能无法让我们见证这样的时刻。在这一刻，未来的历史将为我们的不满复仇，或者更确切地说，证明我们确实走错了路。

11 取悦的意味：解释的价值

智者解释梦，众神笑了。
——H. P.·洛夫克拉夫特（H. P. Lovecraft），《许普诺斯》（*Hypnos*）（1922）

11.1 引言

如果每个人都自发地倾向于以同样的方式解释现实，无论是自然还是文化，那就无须解释了，解释将是多余的。在两种不同的自然语言的关系中，解释者是必要的存在，因为他们比这两种语言的使用者更好地掌握了原语言和目标语言。这就是为什么解释者不仅被需要，而且还因为这种能力在某种程度上受到尊敬，这必然产生一种权力（Fawcett；Guadarrama García；Hyde Parker 2010，第三部分和147，150-152）。同样，某人可能出于优越的方法训练、更广泛的知识以及对文本的了解，其对文本意义的见解被视为比解释者受众的见解更深刻、更真实。换句话说，解释产生调解，但调解与层级理念密不可分。对作为解释者的事实本身而言，与其所处的共同体相比，解释者将被置于一个更高的社会文化和语用层面。这在西方文明中的整个解释史中显而易见（Barnstone，1993）。例如，在犹太圣经中，所有那些能够比其人类同胞更好地解读超然符号的人，会获得特殊地位，他们通常会成为共同体的领导者。在犹太文化、希腊文化和罗马文化中，先知和占卜师也是如此（Struck，2016：48，221，223）。类似的，当符号学教授给学生（即听众）演讲，并描述、分析和解释文本（例如一幅画作）时，教室中会立即形成象征性权力的拓扑结构，通常这个空间拓扑结构也有具体对应物（教授位于教室中心处，而学生位于四周）（Oblinger，2006：第1章和第6章）。

然而，当教授最终对分析进行总结，并确凿地保证小说、画作或歌曲的意义可以包含在此类元语言句子中时，这类演讲时常会达到苦乐参半的时刻。通过严格的方法应用、严密的论证及充分的论据，分析者得出结论：文本的意义只能通过分析来表达。这就像谜题解答的最后阶段，所有碎片似乎都拼凑在一起，在解释的格式塔中找到最合适的位置（Danesi，2002，第7章）。当教授请学生提问时，一些学生可能会从各种细节出发，提出这样或那样的解读可能，甚至指出文本的某些方面没有得到充分考虑。不过，一位优秀的教授是不会被这些反对意见所困扰的；相反，他或她会欣然接受那些位于文本框架内的合理的新解释内容，同时也会冷静有力地反对那些破坏整体解释格局的另类观点。在演讲结束时，甚至在问答环节结束时，解释就像多立克式神庙一样出现在听众的脑海中，它们很像概念性的建筑，内里空无一物，甚至连最小的装饰元素也没有。

这个时刻是甜蜜的：教授显示了其拥有的卓越能力，可对文化及其文本进行解码，从中提取出最连贯的意义模式，并将这种意义转化为流畅的元语言，从而提高学生对《神曲》（*Divine Comedy*）、西斯廷教堂或贝多芬（Beethoven）以及第五交响曲之真正意义的理解。然而，对于那些不会完全盲目地沉迷于伴随教学而来的醉生梦死的教授来说，或者更广泛地说，对于任何一种被认为具有卓越解释能力的表现来说，这种分析的顶点也会带有苦涩滋味。教授会在心里看着四面楚歌的解释，看着它冰冷的光辉，随后她或他就会不可避免地被一种悲剧性的真诚怀疑所困扰：如果所有解释都错了，会如何？如果我只是试图欺骗自己，欺骗我的学生和我一起相信意义是可一劳永逸地被捕捉到的东西，可被转化为一个代代相传且认可的公式，会被认可吗？

"不情愿的解释者"，读着诗歌，看着画作，听着歌曲会好奇，在其眼前的似乎不是一个活物，而是一个猎物，其生命之火似乎正从肉体中匆匆流逝。与此同时，她或他将无法压抑这样的直觉，在那美丽却冰冷的建筑下，这种充满意义的生活仍在继续，除了那些还没有完全被教授说服的人，也许包括教授本人，谁也没有察觉到这一点。事实上，在分析结束时，只有傲慢的、漫不经心、自负的解释者，才能默许内心的声音。这些声音暗示美丽的建筑不是用大理石而是用黏土制成的。学生们是真的被说服了，还是他们只是感到厌倦了，想要急于逃离教室？更令人不安的是，他们认可教授的解释，是因为该解释从客观上来说是最好的，还是因为他们宁愿屈服于教授的权威，尊重并害怕这种在等级上具有优越性的判断所形成的社会习惯？更令人困惑的是，教授会自问，自己是否也没有被真正说服，而只是假装相信这种解释性方案的合理性，或者只是忠实于解释者这一角色，无意味的幽灵玷污了理解。

11.2 巨大的差距

然而，导致这种使人苦恼的怀疑的东西，既不是方法的脆弱性，也不是有关学生不诚实的怀疑。甚至也不是这样的观点——在其他地方，其他一些教授可能会以更好的方式解释文本。相反，引起怀疑的是生活本身。事实上，不情愿的解释者将无法舍弃此类偷偷摸摸的想法，即在教室实验室中创造的人造体外环境下得出的解释实践，与整个学术界中自发产生的解释实践（并且在大多数情况下会导致悲剧和灾难）之间存在密切而有害的关系。分析一首诗的方法，是否与日复一日导致一个人完全误解朋友、盲目地忽视伴侣的不忠、无法察觉政治家的谎言、误解社会或经济的未来方向的方法截然不同？由于人们错误解释了其所处的环境，每天在世界各地，人们都在遭受痛苦甚至死亡（Reason，2013：10）。这就是为何只有愚蠢的人才不会在其生命的某个阶段怀有这样惊人的想法——我什么都不懂；我从未理解过任何事物；我给人的印象是我能够对生活和现实进行解读，但事实并非如此。这只是一种错觉，其悲惨代价总会突然而至并要求一次付清。实际上，生活是无意味的。

课堂上的解释情况与生活"之外"的解释情况之间具有鲜明的对比，以至于必须在某个阶段促使人们反思两者的地位关系。让人放心的是通行的学术教育，尤其是高等教育。确切地说，在物理空间和概念空间中，年轻人在更有经验的人指导下，可以学习如何形成这些解释，从而提高自己和他人的生活质量。年轻的生物学家、医生、心理学家和符号学家，都熟悉这种启发式策略，这些策略在过去和未来都被证明有效。作为认知精英集团的成员，学生会指导其他人的日常解释，在修建房屋、教育孩子、治疗疾病、选择小说、谈论私生活以及与他人互动的方式上对他们产生影响。换言之，教授目前在他们面前所拥有的层级上的优越性的解释地位，让他们自己在其社会和职业环境中拥有了同样的地位，原因正是他们接触并吸收了一系列方法习惯。他们获得的文凭便是对这些方法习惯掌握的证明。

那么，从教室到街道、到广场、到世界的这段路，为何对大多数学生来说都是越来越痛苦的呢？为什么越来越多的学生认为，他们从大学课堂中学到的东西，根本没有使他们准备好应对成为建筑师、医生或律师所要面临的问题？这只是一个关于更新学生在培训期间获得信息的问题，或是关于通过增加学生在这两个领域（如培训或实习）获得的经验来填补大学与"现实"之间的差距的问题？年轻一代的教授会帮助更新和加强学生的解释技巧吗？

不幸的是，符号学家对他们用于向学生解释诗歌、照片或戏剧表演之意义的复杂图表很满意，但他们不得不承认问题并不是如此简单。当然，他们可能会更新方法，阅读该领域的最新书籍，参加讨论该学科最新发展的研讨会等。一想到教室的认识论氛围与世界的认识论氛围之间的巨大差距，这种沮丧感就注定会持续存在，甚至会被一种经验所加剧，即对方法进行升级的任何努力都是徒劳的。

11.3　证实之法

这种距离感同时也是一种有关认知、情感的和实用的感觉，与符号学领域和涉及解释的系统反思的任何其他学科中的一些核心问题有关。这些问题会对法学家、医学科学家、艺术策展人和新闻工作者产生影响（Maitland，2017："引言"）。简言之，这样的距离可以通过以下问题来衡量：在大学课堂中，通常采用的可接受的解释程序是什么？相反，学术实验室之外盛行的解释程序又是什么？为了回答这个问题，人们应假定在理性和合理性之间存在认识论、方法论和分析方面的差异。正如大多数现代科学哲学指出的那样，在自然科学与人类科学之间有着一个大分水岭，自然科学家用的是通过解释从对现实的观察和分析中所得数据，从而得出结论的程序，而"人类科学家"用的是对社会文化现实及其产生的文本进行解释的相同操作的程序（Popper，1935，第 4 章："Grade der Prüfbarkeit"）。在第一种情况下，实验的可复制性使得科学家可以验证假设，并对假设进行证实或证伪。因此，假设可能被关于自然本质的更好

11 取悦的意味：解释的价值

和更具包容性的推测所取代。

当符号学家描述、分析和解释文本时，他们做出的假设不能以相同的方式进行验证。我曾说过，电影史上最著名，且讨论最多的一个序列，即小津安二郎执导的《晚春》（*Late Spring*）（1949 年）中的"花瓶序列"，应通过将所有以前的解释者专门关注的著名花瓶和所有人均未注意到的以相同序列出现在阴影角落里的奇怪物体作为出发点，从而进行解释（Leone，2016）（图 11-1）。

图 11-1　电影《晚春》中的一个镜头（图片来自维基共享资源）

我已经向我的日本同事和意大利都灵大学的同事（他们是日本电影史专家）提出过这种解释，最后但同样重要的是，我已与我的符号学硕士课程的学生们详细讨论了我的解读。我也在网上和期刊上发表了这种解释，意大利语和日语皆有。所有相关受众似乎都对我的解释性举动深信不疑，并未就此提出重大反对意见。但是，如何证实以及证伪这种符号学假设呢？根据安伯托·艾柯提出的语义意向性理论，有三种不同的方法来验证上述假设（Eco，1990，第13章："语义学、语用学和文本符号学"）。下文将对这些方法进行详细说明。

11.3.1　询问作者

第一个方法是将解释性假设与作者的语义意向性进行对比，即与作者意在

173

通过序列所表示和传达的内容进行对比。然而，这种验证方式并不是最有效的，原因有二。其中第一个偶然性原因是，由于小津安二郎已不在人世，我们无法询问他通过花瓶序列意在表达什么。他可能留下了一些元文本（如笔记、访谈等），解释了序列的意义。然而，人们无法以依赖与小津安二郎的自由语言相同的方式来解释这些元文本。确定这些元文本以何种方式解释序列的意义，确实需要进一步的解释，其中一些解释与最初试图解释序列的解释，具有同样的推测性（如果不是更具推测性的话）。

这个过程无效的第二个原因是，小津安二郎本人不能被视为其电影意义方面的最高权威。他可能已经知道花瓶的序列意味着什么，或者更确切地说，他想通过该序列表达什么，并且他可能试图排列序列的所有元素以便表示序列。然而，考虑到电影语言的本质，它只会放大有声语言中存在的某个方面（Aumont，1990，第6章："Les pouvoirs de l'image"），序列本身就表明甚至超越了小津安二郎的意图。若不存在替代解释的可能性，便不存在意义。正是因为有声语言本质上存在的不确定性，即使是那些为减少替代方案而构建的文本，例如药物说明书，也会产生不同的解释（Eco，1976，第1章："意义与传达"）。当图像而非文字被用于组合信息的意义时，这种不确定性甚至更大，特别是当图像不是意指现实，而是讲述一个故事，甚至更加含糊不清地传达关于抽象人类价值观的道德信息的时候。

对于这个难题，人们应该补充道，即使小津安二郎能完美地向我们解释序列的意义，该解释也会是口头元话语的一部分；因此，会采用一种与序列本身不同的表达物质、句法结构和语义行为（Calabrese，2000）。最终，小津安二郎就他其中一部电影的某一序列所说的内容不能被视为其明确解释，因为小津安二郎真正想要用该序列来表示的内容，他通过序列进行了精确表示，然而，当被要求将其翻译为某种口头元语言来解释同样的意义时，他将面临大多数评论家会面临的相同困难，甚至想超脱都很难。

11.3.2 询问读者

验证上述解释性假设的第二个可行选择，可能是将之与其他观众的假设进行比较和对比。传达解释性假设时，每次都会以某种方式发生这种情况：就我的解读而言，日本同事（包括日本陶器历史学家）、都灵大学的亚洲电影专家以及学生们，会对该序列之解读的接受度进行验证。在所有这些情况下，正如前文所指出的那样，无人提出反对意见。这是否足以作为一种手段来证实该序列解读是最佳解释？此处的问题是，在判断小津安二郎《晚春》中的著名花瓶序列的解释方面，指定发挥最高权威的解释者共同体，可能是正确的或不正确的做法。这个共同体是如何塑造的以及由谁塑造？也许是日本观众，因为人们认为日本观众的解释知识在地理上和文化上最接近小津安二郎创造序列本身所参照的解释知识？但是，应如何选择并塑造这样的日本观众群呢？他们的年龄、社会文化背景、性别等方面应是什么样的？

代表性是采用基于"读者意图"（intentio lectoris）（文本读者或电影观众归诸这种文化制品的意义）概念的证实策略所存在的主要问题。换句话说，应该对哪种主观解释进行验证？答案是不明确的，甚至可能暗含无法容忍的民族优越感的解决方案。难道只有意大利人才能解释但丁（Dante），而莫里哀（Molière）只能由法国人解释？自然语言的原生指令是否足以确定那些被认为有权恰当解释文本的人的圈子？这是否适用于主要的非语言文本？例如，小津安二郎的电影中著名花瓶序列。然而，第二种方法最大的难点在于，人们应事先设定明确的标准，根据该标准，主观解释或多或少将被视为适用于证伪或证实假设。

统计方法也不能解决问题。例如，在一项调查中，超过75%的观众宣称他们将这一著名花瓶解释为电影男主人公在其妻子去世后孤独的象征。人们是否应得出结论：这应被视为正确的解释？该统计论证是否意味着如果后续调查显示出不同的统计数据，正确的解释是否应相应发生改变？对于大多数人文科领域的学者而言，这种验证、证伪和证实解释性假设的方法是不可接受的，尽管他们中的一些人正在定量美学领域探索这些过程（Kreuz、MacNealy，1996）。

这个统计方法中存在的疑点是，它将在某一领域输出一种政治决定法（多数获胜），在这个领域中，多数人的意见不一定就不那么邪恶。相反，有人可能会说，对艺术品进行批判性分析的其中一个目的，不是要遵守接收者组成的共同体所表达的平均意见，而是要通过表明更复杂、更具包容性的解释性假设是可能的，并且可能导致进一步利用艺术品的道德内容，从而改变这种平均接受情况。在人文学科中，艺术史学家和文学评论家通常不被认为是证明普通接收者的解释之人,而被视为通过细致接触艺术品,并在其中发现大多数读者无法发现的意义路径之人。

11.3.3 询问文本

验证解释性假设的第三个主要策略,不是直接或间接地询问作者(而且在某些情况下,这是不可能的,例如,大多数"神圣"文本的所谓超然作者)或试图确定大多数读者,而是比较与艺术品本身相关的不同解释。在本书的例子中,这种启发式方法,是将我对花瓶序列的解释,与不同观众可能对同一序列所做出的其他解释进行比较。虽然这个策略看起来与第二个策略类似,但恰恰相反,它完全是一个替代方案。在主观方法中,对不同的解释进行了比较和对比,但除了民族中心惯例或类似的惯例(意大利人对但丁的解释必然更好;而日本男人的解释必然优于日本女人的解释等)或统计测量外并不存在做此事的合理标准。相反,在第三种方法中,不同的解释不仅在主观上也在主体间进行比较和对比,这不仅与某个社会文化类别的读者,或大多数读者的所谓首要地位相关,也与文本本身相关。这就是为何这种方法会促使人们对解释进行理性的比较:它们产生差异的方式可通过与文本的关系来表达和衡量,即每个人都能看到的文本特征。举个例子,一种情况是"让我们将日本人对小津安二郎的解释与意大利人对他的解释进行比较",这种比较参考的是超出文本的非常不可靠的元素,例如,观众的国籍。另一种情况是"让我们将只考虑花瓶的序列解释,与那些同时考虑花瓶和出现在场景阴暗角落里的神秘物体的解释进行比较";或者,"让我们将说明花瓶在序列中两次出现的原因的解释,与并未说明原因的解释进行比较"。

与前两种方法相比,第三种方法暗含了一个显著优势,即合理地对解释进行排序的可能性。在第一种验证方法中,我们没有特别的理由相信小津安二郎对他自己的序列的解释优于其观众的解释,除非我们依赖于一个天真的意义观念,该观念的弱点已在上文进行过说明。同样,也没有特别合理的理由认为某种解释,会因其民族中心主义力量或统计力量而优于其他解释。相反,第三种方法引入了一种简单但无可辩驳的排序逻辑:由于整个文本有意义,那些连贯地考虑到该意义的更多元素的解释,将优于那些仅考虑其中一部分元素的解释(Hjelmslev、Uldall,1957)。

这是一个公理，而且是一个难以反驳的公理。实际上，它取决于符号过程的概念本身。例如，在有声语言中，给定一个句子，甚至是复杂的句子组合，如文学文本，很难证明只考虑其开头的解释优于描述、分析并解释文本中交织的全体言语符号的解释。同样，很难证明，在对皮耶罗·德拉·弗朗切斯卡（Piero della Francesca）画作的解读中，仅说明画作中人物的意义，而不解释人物背景的解释，比对以上两者都进行分析的解读更为可取。这个公理还依赖于这样的原则：文化不仅与文本相关，而且与副文本相关，即应告诉读者（观察者、听众等）文本的开始之处和结束之处，以及分析始于何处、止于何处的元符号（Genette，1987）。后现代艺术家和文本可运用此类副文本元符号，产生边界不整齐并与其背景界限不清的艺术品。然而，在大多数情况下，这种模糊效果只有在文化清楚表明文本的界限时才可能存在。由于文化告诉我们以何种方式观察并着眼于何处，我们才能了解文本始于何时何地以及文本止于何时何地。因此，我们有理由相信，我们需要在整个文本而不是部分文本中，发挥我们的解释性注意力。

11.4 解释暂时性

这种全面的标准在某种程度上优于客观或主观验证方法中所采用的任何标准，因为它在本质上是一种合作性标准。第一种方法暗中肯定了只有作者知道文本的意义。而第二种方法在本质上认为只有某一类读者知道文本的意义。用第三种方法解答的问题，是谁可能更好地解释文本：不是作者，也不是某类读者，相反是更用心观察文本并更细致说明其所见和所读内容的某个人或某些人。第一种方法面向过去：作者构思了某种意义，并通过艺术品对其进行了表达，现在读者可以通过忠实于作者的首要交际意图，从文本中检索出该意义。相反，第二种方法面向的是现在：就在此时此地，对于读者 x 或 y 来说，文本有意义，并且其意义不是在作者的过去意图（创作艺术品之前的意图）中搜索，而是在选定读者群体的当前感知中进行搜索，这些读者群体的特征或数量使该群体成为艺术品的最佳解释者。第三种验证方法优于前两者的一个深层原因，在于它还通向未来：有人提出了某种解释，但如果将来有人再提出一种解释，说明前一种解释所考虑的所有元素，并进一步说明一些被前者忽视的更深层的元素，那么，这种未来解释将必然被视为更佳的解释。

在第一种方法和第二种方法中，也能出现更佳的解释，但其与文本无关。例如，在第一种情况下，更佳的解释取决于与作者意图相关的新信息，取决于迄今被忽视或忽略的信息。在第二种情况下，符号域中的民族中心两极分化的变化或统计变化都将会产生更佳的解释，例如，由于女性比男性更擅长解释《哈姆雷特》(Hamlet)，因此，女性主义解释必然优于男性主义解释（有关这一方法的不足之处，参见 Zhang，2016）。第三种方法所隐含的改进动力在本质上是不同的，并优于前两者，原因是它与文本外的元素无关，而与文本内的元素有关。换句话说，为了让某人能想到更好的解释，不必在文本之外寻找，因为文本内早已存在这样的解释，并且每个人都可获得，我们所需要的便是更好地研读文本。

回到上文中的例子，小津安二郎《晚春》中的花瓶序列一直都包含两个物体，而不仅只有花瓶。对于某人而言，有可能注意到第二个物体并将其包含在解释中。然而，出于某种原因，第二个物体被忽略了，直到有人注意到它并将其包含在序列的连贯解释中。与之前的解释相比，这种新的解释考虑到了文本表征的更多元素，它之所以优于之前的解释，不是因为它更好地掌握了作者的意图，或者因为它更符合某一个读者群体的偏好，而仅仅是因为它解释的内容比所有人可能在文本中发现和解释的内容更多且更好。

沿着这个思路，在对《李尔王》(King Lear)的解释中，提出关于《李尔王》的更多文本元素的连贯观点的解释，优于那些粗略的、偏私的或忽略符合解释结构中的一些主要文本部分的解释。同样，有关西斯廷教堂的解释，那些连贯地解读更多视觉细节且不忽略放置在视觉场景边缘的那些细节的解释也更可取。在某种程度上，这种对解释进行排序的策略与引导自然科学的策略没有什么不同：如果有人提出的假设可以解释图像中可在显微镜下看到的更多元素，那么，该假设必然优于忽略该图像中某些元素的假设。

11.5　文本实验室

然而，一些核心的东西仍然将验证文本解释价值的第三种方法与波佩尔关于科学验证的观点区分开来。文本的所有解释者都会处理相同的材料。他们可以考虑更少或更多的内容，但他们无法脱离副文本的范围。例如，莎士比亚《李尔王》的解释者可以对该文本的某些段落提出不同的解释，但是他们却不能向文本添加新材料。相反，在自然科学中，实验通常是可以进行复制的，这一事实使科学家能够控制现实解释周围条件的变化。在阅读文本时，一种解释可以通过考虑文本中被忽略的元素而不是向文本添加新元素来改进先前的解释。在自然解读中，由于实验不被视为解释的最终对象，而是一个受控的现实（自然）拟像，因而其副文本边界并不那么明确。因此，通过改变拟像的边界及其与现实（自然）的符号关系，可以形成更佳的解释；这些解释之所以更可取，不仅是因为它们解释了被忽略的实验要素，也因为它们将被忽略的元素纳入拟像的边界中。

如果适当调整的话，有人可能会说，文本阅读不能与科学解读比较，而应与导致科学解读的实验设计比较；唯一而且关键的区别在于，由于实验室与将要被解释的物体是一致的，人文主义者的实验不可改变。人文主义解释对于科学解释的挫败源于下列事实：18 世纪学者用于解释莎士比亚的《李尔王》的文本材料实际上与当代解释者所用的材料相同。莎士比亚的文本既是阅读对象，也是实验室对象，同样的音节、单词、句子和韵律构成了解释者的阅读范围，以及其可以赋予意义的范围。

但是，如果文本的副文本边界没有变化，虽然从某种意义上说，它为任何可能偶然发现文本本身的重要面的解释者提供了相同的元素，但观察这些元素的显微镜镜头反而可能会发生变化。文学精神分析学家和符号学家查看的是同一文本，但他们在其中看到了不同的元素。

11.6　解释性镜头

读者、观众以及听众等人看待文本重要面的方式从来都不是完全随意的或仅仅是由个人品位所引导的。相反，是由一系列模式塑造的，其中一些模式来自读者的历史和社会文化坐标，而另一些模式则源于其作为读者和解释者的主观训练。例如，众所周知，作为某一作者的文学作品的忠实读者，便成了该作者的一类与众不同的解释者，从而能够在作者的文本中发现那些不太习惯该作者的读者往往会忽略的元素和细微差别。在这种情况下，不是文本发生了变

179

化，而是筛选文本重要面的认知和情感过滤器发生了变化。小说为读者提供了大量单词、句子和故事；电影以疯狂的图像序列吸引观众，等等。小说和电影对每个人来说都是一样的，这意味着它们为所有读者呈现了相同的重要面，但并不是其全部内容可立刻被保留和破译。离开电影院或合上一本书时，一些更专心、更敏锐的解释者将保留更多信息，并且他们中一些人几乎会自然而然地将这些信息整合为一个连贯的解释。因此，解释方法的价值可以根据其引导解释者在文本范围内发现他们以其他方式不会发现的元素的程度来衡量。例如，如果格雷马斯符号学存在优点，其优点恰恰在于其镜头作用，该镜头指向某一特定文本，使人们能够看到以其他方式不会发现的和被忽略的元素（Greimas, 1976）。

  这是可能的，因为每种解释方法从本质上讲都存在于翻译中。在格雷马斯的文本解释方法中，最重要的不是理论提议的准确性，因为其中的许多方面和细微之处都是可争辩的，而且确实存在争议。例如，这个方法对文本的意义进行想象，就好像意义是通过一系列逻辑运算生成的，这些逻辑运算的动态和结果可以在不同的抽象层次上排序。尽管格雷马斯学派激进主义者倾向于确定不存在挑选出一定数量的此类逻辑层次（关于深层价值观、叙事语法、话语和比喻的逻辑层次）的内在动机。这在很大程度上取决于符号学方法的细化历史中的意外事件，例如，理论的某些方面比其他方面更为成熟。

  相反，格雷马斯学派方法的主要作用产生于将（文学、电影、摄影等）文本的特征转换为新的分析拟像这一事实本身，拟像的特征连贯地源于互相定义的元语言。换言之，当格雷马斯学派方法通过将文本意义翻译成元语言来转换文本意义时，重要的不是元语言本身——元语言可被其他元语言所取代——而是分析翻译的连贯性。实际上，将文本意义转换成元语言代码，使分析者可在文本的副文本标记限定的范围内发现新元素和新动态。普通读者在阅读莎士比亚的《李尔王》时会看到一系列复杂的音节、单词和句子；她或他也会发现一个主角（也许是一个共同主角）、一些次要角色，以及叙事情节线索。当接受过格雷马斯学派方法训练的符号学家看同一文本时，他或她会看到相同的元素，但同时还会发现普通读者没有察觉的元素，恰恰是因为这些元素的显现，需要将元语言应用到文本本身之上。例如，格雷马斯学派的符号学家不仅会看到人物，还会看到与人物复杂地交织在一起的宏观叙事功能。

这就是方法的使用会强化解释的原因所在：这种方法使人们发现一种未经训练的方法无法发现的文本真项，这不是从一种微不足道但在某种程度上具有误导性的意义上来说的，而是从这种意义上来说的——通过元语言翻译，该方法增加了阐述与文本本身相关的解释性假设的可能性。如前所述，与在自然科学中不同，在人文科学中，文本既是调查对象，也是调查实验室；其边界必须保持不变。新方法的应用，即使用元语言翻译文本的新方法的应用，为分析增加了新的可能性。文本总是相同的，但是现在，元文本允许人们从不同的角度来仔细阅读它。

这种元语言翻译并非不存在问题：它必须忠实于文本的重要面，并同时以创造性的方式呈现其结构。然而，如果以公正的眼光看待这件事，人们必须承认，对文本的所谓"外行"方法也不是理所当然不存在问题。我们识别文学文本中的"句子"，这一事实可能看起来像是一种自发行动，但实际上，这种自发性是语法分析内化的结果，其演变需要长期的、有时是自相矛盾的详细阐述。我们在《李尔王》的句子中识别出主语、动词和宾语，这一事实的传统性并不少于我们在文本的叙事情节中识别出行为体主语、行为体宾语或行为体观察者的事实。这两种方法之间的差异与其说是关于抽象性的问题，不如说是关于符号域中这种或那种诠释型解读方法的中心性的问题。在当代社会大多数情况下，读者接受训练来分析文本的语法，而他们并没有接受过解码文本语义学的训练，语义学通常仍由印象派方法来处理。然而，没有什么能在本质上阻止语义分析的结构方法在符号域中获得同等的中心地位，阻止其在学校中被教授和习得，阻止其成为大多数读者和读物的"第二天性"。

11.7 关于解释型礼拜仪式

这使得人们考虑验证与文本相关的解释性假设的第三种方法的主要优点，即共享和居住在共同空间进行主体间讨论的可能性。在第一种方法中，没有必要对解释进行争论：那些最接近作者假定思想和意图性的人在解释领域中占据了最高的等级排名。这种方法倾向于威权主义，这是很危险的，特别是在作者身份不明或成谜的情况下。例如，在"书本宗教"中，权力也可以归因于声称某人（无论是抄写员还是牧师）更接近作者意图性的说法，在这种情况下，存在的问题是没有办法证明或反驳这种接近性炫耀（Leone，2013）。同样，在第二种方法中，讨论不是一个可行选择。其原因是不同的解释并不旨在调和它们之间的差异并向其协商后的版本靠拢，从而采用那些更适合阅读所涉及文本的原则，而是为了凝结成统计聚类：只要解释被大多数读者共享，无论如何，它都会被视为正确解释。

相反，在第三种方法（该方法针对的是文本意图）中，讨论不仅是一种选择，而且是这种方法运作所产生的必然结果。当文本意义被翻译成通过特定元语言呈现文本意义的图表时，在该图表的所有观看者之间必然产生竞争，以便确定谁能够在其中看到更多元素，更重要的是，谁能够将最多的此类元素连接成连贯的解释。在学术研讨会上，当分析者发表了自己的解释——例如对伦勃朗画作的解释，并且所有与会者都收到了图像、方法和提议解读，且发言者自己隐含地提出质疑以改进已有提议时，并不会形成更多有关已存在的神奇氛围的激动人心的时刻。在通常情况下，在这个阶段，人们会提出两个不同的问题：第一个问题，有人指出，画作的某个元素并未被元语言翻译纳入考虑范围。这种反对意见很有意思，但不知何故，却不能作为证实手段。

相反（第二种问题），当一些与会者不仅指出画作中被忽略的元素及其元语言描述时，就会发生那样的情况。此外，他们还能够以一种方式重新阐释所提出的解释，包括该解释所考虑的所有元素，以及被忽略的元素。面对这种评论，分析者必然很欣喜，因为合作性解释工作的成就实际上已经超过了单一分析者（即使是和蔼的分析者）所能获得的成就。事实上，在第三种方法中，共享同一种方法的学者共同体比单一学者更加重要，并且，实际上比方法本身还要重要。事实上，重要的是共享：熟悉同一种元语言，虽然精确程度和老练程度有所不同，但却能使分析工作成为一种解释的礼拜仪式（其词源意思是"人民的工作"）。这种礼拜仪式将由专家进行指导，但必须得到一系列分析实践者的遵守，这些实践者共享同一种方法，并提升彼此对文本的感知。这便是巴黎的格雷马斯研讨会、博洛尼亚和乌尔比诺的艾柯研讨会或塔尔图的洛特曼研讨会在和平时代的运作方式。

但是，考虑到专注于文本意图使人们能够创造一个主体间的竞技场，在此，通过元语言的镜头，就文本意义（更一般地说，解释）进行争论，那么，为什么分析者竟会陷入那种苦乐参半的忧愁之中呢？正如本章开头所描述的那样，当有人怀疑这个解释实验室实际上空洞无物，原因是这个实验室不会与学术界之外的"现实世界"中的解释实践产生共鸣，而且学生和同事本身似乎只是在口头上承认解释的礼拜仪式，将之变成了一种已无人再信仰的冷淡礼拜仪式，这时，他们便会被这种忧愁所征服。

如果不接受这一令人悲伤的假设——即在解释中，不是方法创建共同体，而是共同体创建方法，就无法回答这个问题。这并不意味着某些方法论提议不会比其他提议更明确和复杂。例如，格雷马斯提出的文本分析法必然比罗兰·巴特（Roland Barthes）提出的方法更复杂且内容更丰富。然而，这不是重点。方法的力量，就如语言的力量，并不仅是来自其内部结构或元语言的内部结构，而是来自共同体讲这种语言的事实。意大利语之所以可以作为一种语言，不是因为其语音、句法或语义上的连贯性，而是因为说话者组成的共同体相信这种连贯性信念，并将之内化。同样，格雷马斯的方法不仅本身有效，而且对于围绕这种方法论提议所形成的且愿意牺牲解释性特质以创建讨论解释的共同舞台的共同体也有效。

这就是解释性忧愁的真正原因所在。如今，这种忧愁笼罩了众多学者，特别是那些生活在文化时代和环境中的学者，在那时那地，对存在和解释共同体活动的感觉反而会更强烈。看看教室外面，专业分析者看到了什么？这是自恋声音所组成的混乱杂音，每个自恋声音都吹嘘自己不仅是一种声音，而且是所有人都应该采用的终极方法。相对主义转变为对话缺乏；将主观解释法与主体间的解释法融合，其中，每个解释者都声称拥有并支配整个解释领域；完全无法接受谦逊原则，根据此原则，个人的解释身份至少会以共享共同讨论空间的名义而部分牺牲。在这个解释符号域中，阴谋论、煽动行为、愤世嫉俗和宗派主义蓬勃发展，这是很自然的一件事。没有人愿意屈服于常见的解释方法，因为这里存在一个根本性错误，即无法将接受就解释进行争论的共同空间与接受共同解释区别开来，这两者是完全不同的。所有人都被迫接受单一观点的社会是一个独裁社会。然而，没有人接受可能出现单一观点空间的社会是一个无政府主义社会。这两种模式都很危险，因为这两种模式都可能产生暴力，暴力作为代理，以非象征性的方式解决解释冲突，但不是通过说服力而是通过武力解决。

例如，当解释者也在解释实验室的纯净气氛中，在教室里或在会议厅发现有害的愤世嫉俗论时，会变得更加忧愁。这种愤世嫉俗论遍布整个社会，污染这些工具，并破坏同事之间或教授与学生之间对解释共同体的感受。

11.8 结论

有办法可以应对这种忧愁吗？在此，一个可行的解决方案似乎是安伯托·艾柯在其职业生涯中一直在强调的，即理性与合理性之间的本质区别（Eco, 1992）。什么是合理性？也是从词源上来看吗？这是理性的可能性。一些合理的东西本身并不是理性的，但是，可以在一个致力于共享公共话语的共同体的持续交流和谈判中被认为是理性的。声称一种解释是唯一的理性解释，特别是在人文学科领域，是一种很危险的行为，类似威权主义行为。目前，没有单一的方法可以解释小说、绘画或电影的意义，幸运的是，也永远不会有。语言是不稳定的、易变的，不是固体物质而是液体物质，或者在诗歌或类似的论述形式中甚至是一种幻想物质。然而，声称对文化事实没有单一的理性解释就相当于宣称对文化事实没有单一的合理解释。对于这样的观点，我们应该强烈反对。当我肯定我的解释的理性时，我（主要是通过权威，而不是武力）向别人强加了自己的观点。但是，当我肯定我的解释的合理性时，我并没有向别人强加自己的观点；相反，通过抑制自己的愤世嫉俗、自恋、嫉妒，并共享一种方法，我将自己的观点提供给我自己认可的共同体。尽管这种方法可能并不完美，尽管它可进行完善，但这种方法仍能够创建一种主体间的识别空间，在此，始终可以识别解释的正确性。

承认和保留这种差异是至关重要的，这不仅是为了保护讨论和证实解释性假设的场所，也是因为这样的场所对假设的证伪也是必不可少的。事实上，声称不存在合理的解释，无异于既降低了对解释进行正面排名的可能性，又破坏了对其进行负面排名的机会。在一个无法谦卑地将自身转变为一个有组织的解释者共同体的社会中，人们既不期望对莎士比亚的新解释会被证明比以往的任何解释更具包容性，更令人满意；也不期望新的阴谋修正主义会被证明不太合理，因而与以前对历史或社会的解释相比，不那么站得住脚。

毕竟，作为解释共同体，社会所需的并不是一种完美的解释方法，而是一种合理的方法。

12　结论：符号文明的冲突

> 文明只是人类居住特点的摸态。
>
> ——维克多·雨果（Victor Hugo）作品全集（4）：495—496

12.1　引言

尊重一位学者，最好的方式便是批判性地评价并延续其工作。对于伟大的学者来说，没有什么比崇拜拥护者更为挑剔了。格雷马斯的理论曾经如此引人注目，它既吸引了他那一代最优秀的人才，也吸引了后来最聪明的拥护者。不幸的是，在格雷马斯死后的几十年里，其方法的新颖性所引发的最初狂热早已消失，现在不仅要重新评估结构和生成符号学，还要捍卫它们。近年来，抨击符号学已成为一项流行运动，这些人用的是陈旧的论点，他们真正对符号学本身却了解甚少。即使是最权威的符号学评论家也经常"将孩子连同脏水一同倒掉"（Leone，2015：2-3）。

只有用一种严肃的方式，才能谈论格雷马斯对符号学的贡献，那便是阅读、重读和评论其文本，如果研究者能精读法语原稿就更好了。这位法国籍立陶宛学者的文章，对于许多人来说，似乎难以理解，修辞也稍显陈旧。然而，非常明显的是，在格雷马斯之后，至今普遍存在于高雅和通俗的文化中的正是这种浅薄文化研究和更糟糕的阴谋论的粗劣组合。更糟糕的是，阴谋论认为，人们只能怀念人文学科的辉煌时代。以往，格雷马斯式的学者们相信，严谨方法的设计和应用，是可以理性把握文化和社会事实的（Leone，2016：1-5）。现在，人文学科领域方法的批评者比比皆是，他们撰写了许多畅销书。但是，这些花衣吹笛手会将读者引向何处呢？他们通往的那个世界，没有对现实和语言的合理理解，而是一个梦想之地，在那里，所有人都可以自由地追逐他们对文本和人的最疯狂的解释，包括那些必然对社会有害的解释。

然而，本书这一结论性章节，并不是鼓励读者以怀旧眼光看待格雷马斯及其符号学，仿佛它们是人类思想的黄金时代，且已永远逝去。相反，这一章声称看待格雷马斯的非凡理论城堡的最佳态度是回归：当代符号学家应了解格雷马斯符号学的内在和谐原理，并找出其中永远不会再流行起来的元素（比如20世纪70年代的木屐或80年代的垫肩）——不仅因为它们在客观上来说很丑陋，已无法挽救，也因为它们不切实际，然后挑选那些在人文学科的当代设计中迫切需要的元素。正如本章试图证明的那样，其中一个元素特别珍贵，即理性的热情。

然而，如果没有对格雷马斯的基本文本进行客观的批判性评价，就不可能进行"回归"评价和重造。遗憾的是，它们之所以不再获得应有的解读，部分原因是它们所表达的心态现在已经过时了，还有部分原因是它们的译文很糟，或者根本没有译文，还有一部分主要原因是它们经常在传达格雷马斯理论的表面魅力，而其基本内核的伴随物和手册被稀释。接下来是对格雷马斯符号学理论的基础进行批判性分析，这些分析首次发表于结构语义学（*Sémantique structurale : recherche et méthode*）（1983），由著名法国出版社 Larousse 于 1966 年出版。

12.2　格雷马斯眼中的现实和意义

在一个题为"意义和人文科学"的段落中，格雷马斯写道："……如果自然科学提出问题以了解人类和世界，那么，人文科学或多或少会明确提出有关人类与世界意指的问题"（Greimas, 1966）。这可被视为关于格雷马斯符号学的假设。事实上，他的作品及其追随者的作品都倾向于彻底使符号学"去本体化"，在结构上重构和解构任何将"现实"压缩进"语言"的可能性。对于格雷马斯及其学派而言，现实可能存在，但它与符号学无关，除非现实被转化为符号形式，即转化为意义模式。

格雷马斯处理图像问题的方式及其"描绘现实"的能力是这种态度的最佳

例子。正如这位符号学家在文章《比喻符号学和造型符号学》("Sémiotique figurative et sémiotique plastique")(1984)中指出的那样,图像并不代表现实;承认这一观点意味着在参照本体论维度的情况下玷污符号元语言的内在性。相反,格雷马斯主张,图像是"视觉文本",参照"世界宏观符号学"语义平面的清晰度,以塑造其表达平面的清晰度。简言之,举个例子,我们识别出卡拉瓦乔(Caravaggio)的《水果篮》(*Basket of Fruit*)中的葡萄,不是因为这幅画忠实表现了现实,而是因为它巧妙地参照了大多数西欧视觉文化中关于水果的语义表达,从而通过使用适当的造型形式素(线条、颜色和位置)来构建自己的表达平面。此外,对于格雷马斯而言,图像描绘的并不是现实,而是在特定文化背景下流传的关于现实的符号学评价。

有关格雷马斯的去本体化态度的一个更宏观的例子是他对时间的处理。众所周知,格雷马斯和保罗·利科之间的大多数分歧源于这样的事实:对于法国哲学家来说,叙事是人类解释时间的最有力手段之一,而对于格雷马斯来说,时间并不如时间性那么重要,即文本和叙事通过其内部动力所构建的时间维度错觉。因此,其分析应独立于有关时间本体论的任何成见(Greimas;Ricoeur 2000)。

12.3 格雷马斯的理性与艾柯的合理性

格雷马斯学派的一些拥护者,将结构主义尤其是生成符号学的内在主义推进到令人难以忍受的程度,将理论的内在谜题转化为对"超文本现实"的潜在参考。格雷马斯很清楚这种态度的哲学目的,并且在某种程度上,在20世纪人文学科的背景下,这也是完全可以理解且值得称赞的。格雷马斯过去常常用这句话来概括这种态度——"文本之外,没有救赎"(hors du texte, point de salut),并改写了天主教教义问答书中包含的3世纪主教西普里安(Cyprien)所说的著名神学句子"教堂之外,没有救赎(extra ecclesiam nulla salus)"。

因此,格雷马斯认为,符号学应处理文本内的内容,而非文本外的内容,原因是他认为保证解释之理性的唯一方法是保持对方法论内在主义的信任。将文本的意义说成源于文本内部结构,而非源于文本之外(根据解释者的心理状态,根据按种族、阶级、性别等划分的群体中占主导地位的解释倾向,或者参照文本之外的现有现实），目的在于保持解释的理性，即主体间性：如果某个事物不被视为一种结构、文本以及在本质上禁止或阻止某些解释而鼓励其他某些解释的系统，并引导读者走向它们，那如何就这一事物的意义达成一致意见呢？

一方面，格雷马斯的雄心壮志——在某种程度上，延续普洛普等以前的叙事结构学者的抱负——是提供一种理解意义的理性方法，不仅是简单话语中的意义，而且最重要的是文学中精细的、双重的、微妙的、模棱两可的语言创作中的意义。这种雄心壮志的最高点体现在格雷马斯的《莫泊桑》（*Maupassant*）（1975）一书中，这是一种推断式利用，旨在展示将格雷马斯的方法用于分析文学叙事的最大潜力。

另一方面，这种关于意义之理性描述的项目也在一定程度上与关于安伯托·艾柯的解释符号学项目相结合：在艾柯看来，所谓的文本意图非常重要；那些仔细解读文本的读者既不应以文本的主观解读（读者意图）为目的，也不应以作者可能有意在文本中灌输的意义（作者意图）为目的——通常，特别是在文学中，作者意图与文本的实际意义截然不同；相反，他们应设法理解文本的文本意图，即文本本身通过鼓励或阻止某些解释举动来构思"模范读者"的方式（Eco，1979）。从皮尔斯的符号和符号过程愿景中而不是像格雷马斯那样从索绪尔的语言学（更准确地说，叶尔姆斯列夫的语符学）中得出其哲学符号学框架，艾柯关于对文本和叙事进行主体间可持续解释方法的提议，严格上来说不是理性提议，而是合理提议。

这是艾柯和格雷马斯之间的主要区别，这也是他们的优势或劣势（取决于其不同的观察视角）。艾柯认为，在试图确定文本意义时，在解释者共同体中存在合理的一致性（Eco，1990）。然而，在忠实于皮尔斯的动态符号学哲学的情况下，艾柯并不确定该一致性是否是永久的，像柏拉图哲学思想那样永远铭刻在文本结构中。相反，他认为，这种合理的一致性将在本质上取决于解释者共同体所共享的解释性百科全书。根据定义，此类百科全书是可变的；艾柯主要关注的不是这种突变的原因和规律，而是旨在提供一些抽象的指导方针，这些指导方针独立于共同体和所涉及的文本，可指导读者的解释工作。从这个角度来看，艾柯提供了于尔根·哈贝马斯（Jürgen Habermas）交往理性理论的一种符号学版本，在该理论中，重要的不是规定交流内容的理性，而是规定对这些内容进行交际处理的空框架之理性（Habermas，1981）。

此外，根据此观点，洛特曼的符号学可被视为对艾柯理论的自然补充，因为它恰好与关于那些改变给定解释发生的社群环境的社会文化动态的符号学分析有关。洛特曼并没有重点关注符号域中变化的原因或机构，但至少设想了对"意义的环境"的系统研究如何随时间流逝而改变（Lotman，1990）。

格雷马斯忽视了时间。他认为，符号域中的变化不会影响读者解释文本的方式。他的志向是提出一种不合理但是理性的意义分析方法，该方法从跨文化和跨历史角度来说都是有效的。他想要做的不仅仅是界定解释者可合理讨论文本意义的框架（如艾柯），或者界定通过时间和空间影响该框架特征的动态（如洛特曼）。格雷马斯想要界定文本的意义范围，文本的不变的和主体间的有效内容，文本的内在声音。这就是格雷马斯的优势和魅力，但这也是他的劣势，也许是使其众多文本比其他不那么雄心勃勃的符号学家的文本更快过时的原因。

12.4 以相对主义的眼光看待格雷马斯符号学：趋势与危险

也许正是对结构人类学和生成符号学之普遍主义的一种反应，甚至是一种挑衅，人类学研究在过去几十年里越来越关注意义的极端可变性。而且，此类研究发现，文化与文化的过渡中，无论是在时间上还是在空间上（强大的历史人类学学派与社会文化和主要的共时人类学并行发展），不仅意义发生了变化，框架也发生了变化。一方面，符号人类学研究了语言和符号意识形态的多样性，即构思社会中的意义产生、流通以及破坏的方式（包括那些否认被称之为"意义"的单独维度之存在的符号意识形态）（Silverstein，1979；Silverstein；Urban 1996）；另一方面，后结构人类学本身存在某些趋势，例如，德斯科拉（Descola）提出人类群体之间存在差异，甚至在他们构思其所居住的世界的本体论方式上也存在差异（Descola，2005）。因此，考虑到符号学意识形态甚至是本体论意识形态的极端可变性，如何才能仍旧保持某些格雷马斯的理论成分和相应分析工具的普遍性？如果解读本书的常用意义框架（例如印第安人宇宙论）系统地忽视了符号方阵本质上所依据的辩证对立原则，那么，如何将符号方阵应用于非西方和/或非当代文本的分析中呢？

与此同时，正如前文所提到的那样，人们不应该把孩子连同脏水一起扔掉。首先，在承认"意义文化"的深远且有时极端的多样性的同时，符号人类学家不应放弃比较文化的志向，以免人类学变成一种描述性很差且非常枯燥的学问，就像最近的后殖民主义人类学所发生的那种情况；此外，这种理论立场将证明人类文化的片面观点的合理性，忽视其连续性，更糟糕的是，瓦解共同道德标准的基础。在一个没有共同意义框架的世界中，误解是唯一的选择。因此，抽象的符号模型如格雷马斯及其学派提出的非常清晰且强大的符号模型，不应被设想为到达点，而应作为比较分析的出发点，提供一个坚实的框架，可观察对比并确定差异。

举个例子：格雷马斯对话语中的行为者、时间和空间的处理非常符合笛卡尔的风格。对这些叙述坐标建构过程中离题选择的意义效应的解释参照了抽象的阐述实例，仿佛所有叙事都是从这个抽象点出发的拟像的投影结果。虽然这个框架完全适合用于分析大多数印欧语言和叙事中的行为者、时间和空间结构，但它与一些语言和文化是不相容的，在这些文化中，时空的表达与西方表达完全不同，例如，这样的文化过去在空间上被视为位于说话者之前，因为它是已知的，而非视为位于说话者之后（Leone，2014：12-13）。尽管如此，不能否认在这种情况下，依赖格雷马斯的话语和阐述理论，并认识到在一些语言和符号文化中，它并不能恰当掌握时空的构建，这是一个不可或缺的出发点，因为这提供了一个否定框架，相比之下，即使是最"异国情调"的符号意识形态，其特异性至少也可以用缺损的内容来描述。

在面对遥远时空中的文本时，承认格雷马斯方法的不一定具有普遍性，但并不一定意味着它应该被否决，或者更为普遍的意义框架（尚待详述）应将其取而代之。一方面，从这样的解释困难中，人们应推断出，符号学，即使是最抽象的符号学，其发展也不会超越特定的意义文化范围。格雷马斯翻开他最重要的其中一本书《论意义》（*Du Sens*，1970），并说道："谈论意义和说一些有关意义的有意义内容是极其困难的。"［由保罗·佩龙（Paul Perron）翻译，1987：7］，他并没有说："很难说一些与意义有关的明确内容。"无论符号学家的元语言如何试图脱离它所分析的语言对象，情况总是如此：这种元语言总是源于一种精确的"意义文化"，源自"污染"框架设计的符号意识形态，在这些框架中文本解释的理性得以衡量。因此，应以叶尔姆斯列夫考虑解释的相同方式考虑方法：即使不能详述方法，仍然可对其进行排序（1961）。与任何其他方法一样，格雷马斯的方法无法完全免受偏见的影响：该方法是在特定的元符号意识形态中构思出来的。

然而，与不那么雄心勃勃的意义框架相比，它具有的偏见更少且更具包容性。举个例子，毫无疑问，格雷马斯方法将叙事构想为在本质上以主体所渴望的价值对象为中心，该方法并不能完全适应叙事文化，这些叙事文化要么缺乏对"主体"的强烈概念，要么并不把它定义为"主体追求"；与此同时，格雷马斯模型也更抽象、更灵活，因此，它包含了普洛普的叙述框架，并对其进行了详细阐述。

同时，在提高对一个人的元语言文化特性的认识的同时，人们不应该屈服于知识分子的老生常谈，即所有偏见会立即受到谴责并从研究者的罗盘中被废弃。没有不存在偏见的人文学科。此外，在人文学科中（也许在社会科学学科中亦是如此），人们意识到的偏见只不过是观点的一种表现形式以及观察、分析和解释其他文化的特定兴趣。从"他者"的角度来看，每一种解释都与"他者"的功能有关，并且完全遗忘一个人的"本地知识"，这种想法不仅是乌托邦式的想法，而且从某种角度来看会适得其反。它产生了一种自相矛盾的符号意识形态，这种意识形态认为，了解"他者"的唯一方法是遗忘自己，或者更糟糕的是，将自己隐藏在伪中立的幕帘之后。

实际上，解释文本的欲望永远不应脱离这样的认知：这种欲望会在一段对话中产生，这种对话会将一个人的认知和情感与观众的想法联系起来。符号学家和人类学家不会为抽象的普通读者群解释其他文化，他们之所以这样做，是因为他们以某种方式预见了对他们或多或少所属的共同体的解释需求，尽管这是以"符号域外的前哨"为幌子。培养一个人的偏见也意味着提高其意识，即个人的解释来源于共同体，并服务于共同体，尽管个人的解释试图触及遥远的世界、时间和空间。

12.5 建立一种解释的政治学

承认偏见的必然性涉及解释的政治学。回到格雷马斯的结构语义学，以及他在其职业生涯中提出的复杂方法，在这个前提下，人们可能不会将其特定偏见视为即将被指责、被净化之物，而是视为某些暗示格雷马斯的理论过去所说和目前仍然谈论的具体解释共同体的事物。此类共同体基本与"西方文化"相吻合，这里的西方文化指的是复杂的本体论以及起源于希腊思想之初，并在启蒙运动时期的哲学领域达到巅峰的符号意识形态。所有书籍一直致力于描述这个庞大且极具影响力的传统之发展、分支和主要特征。我们无法在一本书中对其特征进行适当总结甚至暗示。但是，我们至少应该强调，格雷马斯的符号学理论，核心问题是西方知识的基本特征：真相概念。在格雷马斯看来，就像在大多数逻辑中那样，真相并不存在于现实与表征、本体论与符号过程之间的对应关系中。正如本章开头所指出的那样，对于格雷马斯来说，现实是一种超符号元素，不应该介入语言分析。但是，在两个更为基本的方面，真相也是格雷马斯符号学中的一个基本概念。

　　首先，格雷马斯的生成路径表述如下：真相、秘密、谎言和虚假之间的区别是其固有的。真相是一种在很大程度上独立于现实的意义效果，但这并不意味着它也独立于话语。换言之，格雷马斯似乎假定，在文本中，总是有可能合理确定文本结构是否传达了真相信息，是否将文本隐藏在秘密之下，是否将文本掩盖在谎言中，或者是否颠覆文本认为其不真实。真相是一种意义效果，如果关于价值核实层级的观点不是结构符号学认知背景的一部分，就无法把握真相。并非所有文化都以同样的方式重视真相的价值。是和看起来是与不是和看起来不是（真/假）之间的区别，以及不是但是看起来是与是但看起来不是（谎言/秘密）之间的区别不是如此尖锐，并没有在所有意义文化中构建如此刻板的等级制度。例如，在某些东方哲学中，例如一些禅修趋势，这四种话语核实形式的区分并不像接受其无区别性那样重要，以至于对认知价值等级的解构甚至变成了主要的意义目标。

　　其次，产生格雷马斯方法的意识形态符号学领域的真相之卓越性反而在其生成路径的内部结构中非常明显，也在那些解释暗含的这种对话中显而易见，多亏了这一路径，格雷马斯及其追随者一直致力于生成这些解释。正如之前所强调的那样，人文学科不可避免地会"为了某人"而表述元话语，尽管它们并不总是意识到这一点（但他们应该这样做）。在过去的五十年里，格雷马斯符号学理论为其服务的"某人"可以有不同的定义，但它必然是共同体的一个抽象成员；对这个共同体而言，真实解释、虚假解释、阴谋论与谎言之间的区别是至关重要的。格雷马斯一生都默默地服务于某一解释者共同体,对这一共同体来说,确定解释是否真实——从某种意义上来说,这或多或少符合话语中主体间可证实的符号-语言特征的本质——是至关重要的。

但情况并非总是如此。例如,人们很容易会想到当代的非西方文化,其中,解释的效力比其真实性更为重要(例如,想想宗教激进主义者构思解释学工作的方式)。此外,人们可以很容易地设想历史和人类学的发展,因此,希腊人在两千多年前对西方文化的认知冲动变得缓慢且不可避免地减少了。例如,人们可以想象一种情境,在此情境中,西欧人不再像其祖先那样关心真相,反而会坚持一种关于意义的本体论和符号意识形态;在此意识形态中(例如,尼采哲学的解释观点会盛行),解释的价值不是其结构准确性的一种衡量,而是其借以提升的修辞力量(有时甚至是暴力)之产物。

我们不应忘记,西方文明的第二个支柱(耶路撒冷)也在其戒律中强调了真相的重要性,即"不要撒谎"。为什么会有这样的戒律呢?因为在犹太教和基督教文明中亦是如此,流行的本体论和符号意识形态旨在推动一种社会场景,在这种社会场景中,共同体成员只有在至少不断努力保持真实,珍视其所思、所感、所见以及所说、所写和所描绘的内容之间的对应关系时,才能共同生活。在西方文明史中,犹太教、基督教关于向世界展示真相的道德观念补充了希腊人认为世界有真相待呈现的观点。

然而,关于西方文明史的一种复杂观点,应表明这种道德和认知卓越性不是人类的生物学特征,而是一种长期的文化选择,其替代方案被抛弃。符号学本质上将人类视为自由的行动主体,能够使用符号说谎和说实话,或者以各种方式将两者结合起来。正如前文所指出的那样,艾柯将符号学定义为"研究一切可用于撒谎之物的学科"(Eco,1976:7),这一定义非常著名;但他的意思并不是说符号"必须用来撒谎";符号既可以用于说实话,也可用于说谎。然而,在元层次上,与语言相关的人类认知自由包含了不同认知意识形态的可能性,人们不必像其他动物种那样将符号用作真实信号,他们实际上可以编织符号来呈现对现实的不真实描述或对话语的不真实解释。例如,它包含这样一种社会存在或发展的可能性:在这种社会中,谎言不仅被容忍,而且还被支持。在这样一种社会中,重要的不是话语与现实之间的对应关系,也不是话语与解释之间的和谐,而是拟像的功效,赋予说话者一种情态的能力,以便在社会中或多或少的冲突关系中"获得认可"。

12.6　解释者共同体的易变性

艾柯对"解释者共同体"重要性的强调，在动态意义上以两种方式补充了格雷马斯的理论提议：它指出了解释框架和意识形态的变化本质，因此，使得"解释的政治学"的紧迫性更具有说服力。正如前文指出的，艾柯与格雷马斯不同，他并未试图提供一种方法来理性地确定文本解释的内容；他宁愿试图概述文本的合理解释的框架和一般规则。这就意味着格雷马斯认为，只有一种方式可以将文本的抽象叙述方向视为塑造其意义，即从发送者和主体之间的契约流向主体和接收者之间的制约；而艾柯的观点中没有任何内容在本质上禁止共同体的文化演变缓慢转变这一叙事标准，以至于在某个阶段，共同体实际上认为那些叙述是有意义的，其中的英雄得到接收者的肯定，因为他或她没有实现价值目标，甚至自愿放弃对目标的追逐，就像那些颂扬殉难、牺牲甚至失败的"意义文化"。

举个例子，新宗教共同体源自旧宗教共同体，但是暴烈地背离之，它们的演变往往会使建构意义（例如，"神圣"文本的意义）和"意义之意义"的方式（即他们主张应解读神圣文本的方式，以便向共同体传播一些文化价值）发生巨变。在当代宗教世界中，随着越来越多的个体被所谓的"原教旨主义"所吸引，新的共同体围绕这样一种观念形成，即应以完全不同的方式，解读这些新共同体明显与非宗教激进主义共同体所共享的神圣文本，以便文本散发出意义，这种意义随后将为整个共同体生活提供信息，从金融监管到性行为等各个层面。

从格雷马斯符号学的观点来看，有人可能会说，这些激进主义者对神圣文本的解释是错误的，或者至少这些解释不如主流解释，因为它们没有采用一种理性方法将这些宗教文本的表达层面与其本意相匹配。例如，对于格雷马斯及其学派支持者，以及神圣和非神圣文本的大多数主流解释者而言，在确定话语的意义时必须考虑话语的组合连续性，一个词素出现在另一词素之前或之后的事实是文本的文本意图的必要部分之一，它建议读者如何逐步确定其意义提议。相反，在激进主义解读中，这一非常基本的解释规则的理性被颠覆了。节选从文本的组合链中分离出来，并在其解释中重新排列，而不会特别关注元素的原始部署，此类文本拼凑工作——例如，允许解释者将成分实际上不属于同一文本位置的"引用语"拼在一起——用格雷马斯的话来说，是明显不理性的。但是，用艾柯话来说，这是不合理的吗？

  当然，这是不合理的，但只在某种程度上解释者共同体才会如此认为。换句话说，从文本的连续性中精选单词或句子，以便将它们组合成伪引用，从而可能揭示其意义并表明其对社会生活的某个方面的立场和指导，这是不合理的。共同体的符号意识形态，认同由作者创作的或由严格的语言学传统重组的文本之完整性，是共同体的卓越价值观的体现。然而，如果在替代符号意识形态以及意义模型和解释方法的压力下，共同体会缓慢但不可避免地产生变化，通过对文本的操纵来获得语用效果，比忠实于其最初的句法结构更加合理，将会怎样呢？如果一个狂热的、短暂的、"修补的"文本意识形态，最终贬低了文本完整性的价值，又会怎样呢？

  在某种程度上，这种语言准确性的贬值，已经在西方符号域中恶性地获得动力和空间，这也是通信技术发生革命性变革产生的结果。现今，不同于以往任何时候，解释者不仅可以分解口头文本，还可以分解图像或视频，并按其意愿进行重组，为全球解释创造新的可感能指。一方面，在数字符号域中传播的文本可被轻松分解和重组，这使得解释者能够获得一定程度的自由和创造力，而这在以前的技术条件下是不可能的。另一方面，技术上的可能性正在改变盛行的文本意识形态，取而代之的是这样一种意识形态：文本内容对文本用途的重要性减少了。

  战略语用学对于语言学语法的优势，正在破坏和颠覆解释框架，其中一个支柱，强调了艾柯花费其大部分知识声望论述的合理特性：解释和用途之间的差异（Eco，1990）。换言之，虽然没有像格雷马斯那样为文本意义的理性界定规定严格的规则，但艾柯认为，文本的实质内容，与读者想要通过其解释实现的内容之间的差异，应被保存和保留，这是西方世界中解释的社会实践合理性的基础。艾柯可能认为这种解释合理性标准并不是普遍存在的，他不仅是一位符号学家，而且还是一位历史学家，他充分知晓，符号域及其文本、符号甚至本体论意识形态，会因为想要颠覆和取代它们的外部力量而发生变化；他非常了解中世纪（也许是因为这个原因他对其进行了研究）从而忽略了在某些历史时期，蛮族入侵带来的不仅仅是民俗破坏；相反，他们带来了一个新的解释共同体，破坏了旧的合理解释标准。在中世纪，尚未衰落的修道院不仅保留了手稿，而且保留了有关文本完整性的非常抽象的概念，这使文艺复兴得以延续西方文明古典时期的辉煌。

这种历史上的连续性，也是一种意识形态的连续性：尽管我们对文本的解释在很多情况下与古希腊人渴望给予的完全不同，但我们区分合理与不合理文本处理的方法基本上是相同的，这一方法被保存为无可替代的价值，从希腊人、犹太人到随后的基督徒，再传给我们。如果，今天我们认为——像亚里士多德在他那个时代所做的那样——只能通过考虑文本的整体性和完整性，而非通过其变化无常的分割，才能获取文本的意义，我们还应将之归功于这样的事实：这种文本思维模式被置于西方符号域的核心之处，抵挡外部攻击。

12.7　等待符号学"蛮族"

这是否意味着存在"文明冲突"？这是否意味着存在"西方文明"？这是否意味着必须保卫它免受不同文明的"攻击"？从符号学的角度来看，只有当用符号学话语解构和重构"文明"概念本身时，这些问题才有意义。如果有人用"西方文明"来表示某种构思现实与意义之间关系的方式，某种解释"意义之意义"的方式，而且，最重要的是某种将文本解释行为假定为检索象征现实意义的手段，那么"西方文明"当然存在。此外，这意味存在着作为不同的本体论、符号和文本意识形态应用的其他文明。

"西方文明"被定义为概念性符号域，通过各种手段标志了其边界。这个符号域的地理边界可能不是最基本的边界，但它们是一系列标志，使内部内容与外部内容之间的阈值具体化。换句话说，地理上位于法国的解释者保证其解释实际上符合西方文明的特征性文本的合理处理标准，这是不够的。与此同时，法国之所以如此，正是因为它的地理边界或多或少与解释共同体的地理边界一致，对于这个解释共同体而言，一套给定解释标准被视为是有价值的，甚至是有约束力的。

一方面，忽视解释共同体的地理性质是毫无意义的：在人类历史中的很长一段时间里，交流是建立在地域邻近的基础上的。即使是当今，我们非常容易

12 结论：符号文明的冲突

与并不共享我们的地理空间的个体交流，并建立共同体，但占据同一部分物理区域仍然是大多数共同体的基本要素。这就是西方文明总是以精确的地理边界为标志的原因：虽然通过交流或战斗不断进行重新谈判，但文明之间依然存在地理空间的局限。出生在欧洲意味着来到这个世界，并处在某个地域中，在这样的空间中，在很长一段时间内，本体论、符号和文本意识形态都具有精确历史。

另一方面，认为捍卫"西方文明"仅仅意味着保护其地理边界，同样毫无意义。文明的地理边界必须受到保护，不仅因为它们以物理方式勾勒出一个空间，而且更为根本的原因是，在许多情况下，它们是具象的意识形态边界。但地理边界和意识形态边界并不总是一致的。不幸的是，所谓"西方文明的敌人"不仅超越了其地理边界，还打入其内部，在其内部地理空间里蓬勃发展，同时在意识形态上发挥离心的破坏主体性。

确定"文明冲突"的终极本质可归结为一个很不恰当的问题："谁是我们的'蛮族'？"在中世纪，显而易见，"蛮族"是指那些在政治上旨在摧毁犹太教、基督教文化遗产的人，因此，要通过隔离和复制被攻击文明的核心文本的策略保护文化遗产。现今，不能主要从地理角度来考虑那些试图破坏西方文明基础的"蛮族"，尽管正如上文所指出的那样，文明也由其所占据的物理空间具体体现。相反，用抽象的符号学话语来说，必须定义当前的"蛮族"。

如果这样定义"西方文明"：在这种文明中，活跃了几千年的解释者共同体费力地选择一些标准作为其核心解释习惯，这些标准允许其成员确定什么是真，什么是假，什么解释与文本一致，什么解释与文本不一致，如何考虑和保留文本单元的限制，以及如何拆除和破坏话语的文本完整性，那么，"蛮族"（即这种文明的敌人）不一定是"东方人""非基督徒"或"非犹太人"，而是所有那些在地理上融入西方符号域之内的不同生理共同体的人，或者试图从内部在意识形态上破坏它的人；这些人有意或无意地运作，从而在其持续的集体压力下，西方文明的地理空间终于采用了替代的本体论、符号和文本意识形态，以一种完全不同的方式产生新意义效果，最重要的，成员之间的新关系。

然而，西方文明不仅受到外部的威胁，也受到内部（在西方文明的符号域内部）的个体和群体的威胁。在西方，一段漫长、痛苦且往往是血腥的历史会产生这样的观念：文明意味着确定和尊重他人的"人权"，而且更重要的是确定和尊重他人的"符号权利"。保罗·格莱斯（Paul Grice）的会话准则就是试图以极简的方式提取这些权利的例证（Grice，1975）。甚至更一般地说，西方文明已学会将一项基本的"符号权利"置于其符号域的中心，即这样的观点：谈话成员在谈话中的所思与该成员在谈话中所说的内容之间应存在一定的对应关系。想象西方符号文明的演变并非难事，其中，最终的结果不仅是宗教激进主义解释学的盛行，煽动性解释学（即一种符号意识形态，其中，能指思想与意指词汇之间的对应关系，不如人们所发现的乐趣那么重要）也会盛行。或者人们同样可能见证阴谋符号文明的兴起，其中，发现社会政治现象之外密谋的审美愉悦，将比收集一致性证据以支持某人的事实解释更为重要。

考虑到替代文本意识形态的扩散，而且最重要的是，考虑到对某种符号意识形态的日益肯定，这种意识形态认为，不同的解释学可以在一个解释者共同体中共存，格雷马斯为阐述一种能够理性确定文本意义的理论和方法所做的巨大努力，可能在当下被视为是不合时宜的。然而，接受格雷马斯的这种相对化，实为忽略了在其方法背后存在的漫长而复杂的历史，通过这段历史的痛苦变迁，某种关于文本和解释的观念在西方世界中变得非常重要。致使格雷马斯设想其复杂而有力理论的历史力量，允许西方法官在不同的事实解释中进行选择，并使该选择对于同一法律谈话的所有成员而言在主体间可行的力量是同一种力量。如果有人拒绝格雷马斯，拒绝的不是其理论建构细节，而是推动其理论建构的整体精神，那么，此人便拒绝了西方符号文明的一个重要的而且也许是定义性的要素，据此，意义创造不是通过武力而是通过沟通，不是通过暴力而是通过规则进行的。

同时，艾柯的符号学理论告诫我们所有人：把格雷马斯看作唯一的理性解释方法，实际上是解释者共同体认识到，并实际上长期作为合理的意义框架为之辩护。换言之，格雷马斯告诉我们文本意义为何物，而艾柯告诉我们文本意义应为何物，这表明西方文明的符号意识形态也具有约束力，而且最重要的是，历史进程造就了其胜利局面。

我们可能会在历史潮流中放弃自我，并认为无论我们做什么或说什么，符号域最终都将根据神秘莫测的规律进行自我塑造。我们可能会宿命般地接受这样的情况：终有一日，我们将失去"真相"的意义，因为这个概念的构思始于希腊人，成于格雷马斯。但这并不是大多数的 20 世纪符号学家所要传达的信息。格雷马斯、艾柯以及洛特曼暗示了：实际上，我们所做的和所说的塑造了符号域，因此，我们应该负责维护处于西方文明中心的符号核心。如果存在文明冲突，包括从人类口消除意义概念的方式，那它首先会以持续紧张形式，存在于不同的意义构思方式之间。如果我们因为这一概念仅仅是自由伦理观念的对应物而认为它很重要，那么，符号文明冲突不仅存在，还会引发一场捍卫合理意义概念的持久战。

参考文献

AALBERG T, et al. Populist Political Communication in Europe[M]. New York, NY: Routledge, 2017.

ALBRITTON R. Let Them Eat Junk: How Capitalism Creates Hunger and Obesity[M]. London and New York, NY: Pluto Press, 2009.

ANDREWS G. The Slow Food Story: Politics and Pleasure[M]. Montreal and Ithaca: McGill—Queen's University Press, 2008.

ARCHETTI C. Understanding Terrorism in the Age of Global Media: A Communication Approach [M]. Houndmills, Basingstoke, Hampshire and New York, NY: Palgrave Macmillan, 2013.

ARIES P. Western Attitudes Toward Death: from the Middle Ages to the Present[M]. Engl. trans. by RANUM P M. Baltimore, MD: Johns Hopkins University Press, 1974.

ARIÈS P. L'homme devant la mort, 2 vols[M]. Paris: Editions du Seuil. Engl. trans. WEAVER H. The Hour of Our Death. 1981. New York, NY: Knopf; distributed by Random House, 1977.

ARON M. Folles rumeurs : les nouvelles frontières de l'intox[M]. Paris: Stock, 2014.

ATA M. Der Mohammed-Karikaturenstreit in den deutschen und türkischen Medien: eine vergleichende Diskursanalyse [M]. Wiesbaden: VS Verlag, 2011.

AUMONT J. L'image [M]. Paris: Armand Colin. Engl. trans. PAJACKOWSKA C. The Image. 1997. London: British Film Institute, 1990.

参考文献

Avon D. La caricature au risque des autorités politiques et religieuses[M]. Rennes: Presses universitaires de Rennes, 2010.

BAHAMÓN A, PÉREZ P. Inspired by Nature, Minerals: The Building/Geology Connection[M]. New York, NY: W. W. Norton, 2008.

BALICK A. The Psychodynamics of Social Networking: Connected-Up Instantaneous Culture and the Self[M]. London: Karnac Books, 2014.

BARBIERI G L. Il laboratorio delle identità: dire io nell'epoca di internet[M]. Milan: Mimesis, 2014.

BARNSTONE W. The Poetics of Translation: History, Theory, Practice[M]. New Haven, CT: Yale University Press, 1993.

BARRETT T. Why is That Art?: Aesthetics and Criticism of Contemporary Art[M]. New York, NY: Oxford University Press, 2017.

BAUDRILLARD J. Simulacres et simulation[M]. Paris: Galilée; Engl. trans. SHEILA F G. Simulacra and Simulation. 1994. Ann Arbor, MI: University of Michigan Press, 1981.

BENJAMIN W. Das Kunstwerk im Zeitalter seiner technischen Reproduzierbarkeit[M]. Zeitschrift für Sozialforschung, 5, 1; now in Id. 1972 — 1989. Gesammelte Schriften, ed. Rolf Tiedemann and Hermann Schweppenhäuser, 7 vols in 14. Frankfurt am Main: Suhrkamp, 1: 471—508. Engl. trans. ZOHN H. The Work of Art in the Age of Mechanical Reproduction, 1969: 217—252. In Id. 1969. Illuminations, ed. Hanna Arendt. New York: Schocken, 1936.

BENVENISTE É. Problèmes de linguistique générale, I [M]. Paris: Gallimard. Engl. trans. MEEK M E. Problems in General Linguistics. 1971. Coral Gables, FL: University of Miami Press, 1966.

BENVENISTE É. Problèmes de linguistique générale II [M]. Paris: Gallimard, 1971.

BENZ N. Zeit des Wartens: Semantiken und Narrative eines temporalen Phänomens[M]. Göttingen: VandR Unipress, 2013.

BERGER Jr. H. The Absence of Grace: Sprezzatura and Suspicion in two

Renaissance Courtesy Books [M]. Stanford, CA: Stanford University Press, 2000.

BERGER J. Ways of Seeing [M]. London, UK: British Broadcasting Corporation and Penguin Books, 1972.

BERRY D M, DIETER M, eds. Postdigital Aesthetics: Art, Computation and Design[M]. Houndmills, Basingstoke, Hampshire; New York, NY: Palgrave Macmillan, 2015.

BERSANI L. Psychoanalysis and the Aesthetic Subject[J]. Critical Inquiry, 2006, 32(2): 161−174.

BERZANO L. Dal cult al culto [J]. L'irritazione della vicarious religion. // LEONE M, ed. Culto / Worship, special issue of Lexia. Rome: Aracne, 2012: 233−246.

BHATTI A, KIMMICH D, eds. Ähnlichkeit: Ein kulturtheoretisches Paradigma[M]. Konstanz: Konstanz University Press, 2015.

BLEICH E. The Freedom to Be Racist?: How the United States and Europe Struggle to Preserve Freedom and Combat Racism[M]. Oxford, UK and New York, NY: Oxford University Press, 2011.

BÖHME A. Ästhetischer Schein und gesellschaftliches Sein am Beispiel des Shoppingcenters[M]. Bielefeld: Aisthesis Verlag, 2012.

BOLER M. The Risks of Empathy: Interrogating Multiculturalism's Gaze[J]. Cultural Studies, 1997, 11(2): 253−273.

BOMPIANI G. L'attesa[M]. Milano: Feltrinelli, 1988.

BOND R. Links, Frames, Meta-tags and Trolls [J]. International Review of Law, Computers and Technology, 1999, 13(3): 317−323.

BOOMGAARDEN H G, VREESE C H. Dramatic Real-world Events and Public Opinion Dynamics: Media Coverage and its Impact on Public Reactions to an Assassination[J]. International Journal of Public Opinion Research, 2007, 19(3): 354−366.

BOTAN C H, SOTO F. A Semiotic Approach to the Internal Functioning of Publics: Implications for Strategic Communication and Public Relations[J].

Public Relations Review, 1993, 24(1): 21−44.

BOULTER S. The Rediscovery of Common Sense Philosophy[M]. Houndmills, Basingstoke, Hampshire; New York: Palgrave Macmillan, 2007.

BOWER A L. Romanced by Cookbooks[J]. Gastronomica: The Journal of Food and Culture, 2004, 4(2): 35−42.

BRIAULT T. Les philosophies du sens commun: pragmatique et deconstruction[M]. Paris: L'Harmattan, 2004.

BROWEN T S. Hydriotaphia, Urn-Burial, or, A Discours of the Sepulchral Urns Lately Found in Norfolk Together with the Garden of Cyrus, or, The Quincuncial Lozenge, or Network of Plantations of the Ancients, Artificially, Naturally, Mystically Considered: with Sundry Observations[M]. London: Printed for Henry Brome, 1669.

BUCKELS E E, TRAPNELL P D, PAULHUS D L. Trolls Just Want to Have Fun[J]. Personality and Individual Differences, 2014: 97−102.

CALABRESE O. Lo strano caso dell'equivalenza imperfetta[J]. Modeste osservazioni sulla produzione intersemiotica, 2000, Versus, 85 − 86 − 87: 101−120.

CALABRESE O. Semiotic Aspects of Art History: Semiotics of the Fine Arts[M]// POSNER R, ROBERING K, SEBEOK T A, eds. Semiotik: Ein Handbuch zu den zeichentheoretischen Grundlagen von Natur und Kultur, 3 vols. 1997−2003: 3212−3233. Berlin and New York, NY: Walter de Gruyter, vol. 3, section 14, 2003.

CALABRESE O. Come si legge un'opera d'arte[M]. Milan: Mondadori, 2006.

CAMPBELL H A. Digital Religion: Understanding Religious Practice in New Media Worlds[M]. Abingdon Oxon; New York: Routledge, 2012.

CAMPION N. The New Age in the Modern West: Counter-Culture, Utopia, and Prophecy from the Late Eighteenth Century to the Present Day[M]. London and New York, NY: Bloomsbury Academic, 2016.

CANETTI E. Masse und Macht [M]. Hamburg: Claassen; Engl. trans. STEWART C. Crowds and Power. 1984. London: Continuum, 1960.

CARIELLO V. Achille, o, dell'attesa: per una genealogia sovverziente dell'attesa, per un'attesa che sovverta[M]. Genova: Il melangolo, 2014.

CARY P. Outward Signs: the Powerlessness of External Things in Augustine's Thought [M]. Oxford, UK and New York, NY: Oxford University Press, 2008.

CASTELLI R, FESTSPIELE B, MARTIN-GROPIUS-BAU, eds. Vom Funken zum Pixel: Kunst + Neue Medien[M]. Berlin: Berliner Festspiele; Berlin: Nicolai, 2007.

CERIANI G. Du dispositif rythmique: Arguments pour une sémio-physique [M]. Paris: Éditions L'Harmattan, 2000.

CHAW A. "La grande bouffe": cooking shows as pornography [J]. Gastronomica: The Journal of Food and Culture, 2003, 3(4): 46−53.

COMTE-SPONVILLE A. Du tragique au matérialisme, et retour : vingt-six études sur Montaigne, Pascal, Spinoza, Nietzsche et quelques autres [M]. Paris: Presses universitaires de France, 2015.

CONTEMORI L, PETTNIARI P. Il segno tagliente: meccanismi comunicativi e pragmatici della satira politica grafica [M]. Alessandria: Edizioni dell' orso, 1993.

CRĂCIUN M. Material Culture and Authenticity: Fake Branded Fashion in Europe[M]. New York, NY: Bloomsbury, 2013.

DAHL Ø. Human Encounters: Introduction to Intercultural Communication [M]. Oxford, UK: Peter Lang Ltd, International Academic Publishers, 2016.

DANESI M. The Puzzle Instinct: The Meaning of Puzzles in Human Life[M]. Bloomington, IN: Indiana University Press, 2002.

DAWKINS R. The God Delusion[M]. Boston: Houghton Mifflin Co, 2008.

DELEUZE G, GUATTARI F. Capitalisme et schizophrénie : mille plateaux [M]. Paris: Éditions de Minuit. Engl. trans. and foreword MASSUMI B. A Thousand Plateaus: Capitalism and Schizophrenia. 1987. Minneapolis, MN: University of Minnesota Press, 1980.

DESCOLA P. Par-delà nature et culture [M]. Paris: NRF-Gallimard. Engl.

trans. LLOYD J; foreword by SAHLINS M. Beyond Nature and Culture. 2013. Chicago, IL and London: The University of Chicago Press, 2005.

DI N A M. La morte trionfata: antropologia del lutto[M]. Rome: Newton Compton, 1995.

DI N A M. La nera signora: antropologia della morte[M]. Rome: Newton Compton, 1995.

DOLL M. Fälschung und Fake: zur diskurskritischen Dimension des Täuschens [M]. Berlin: Kulturverlag Kadmos, 2012.

DONÀ M. Sulla negazione[M]. Milan: Bompiani, 2004.

EBBIGHAUSEN R. Das Warten. Phänomenologisches Essay[M]. Würzburg: Königshausen and Neumann, 2010.

ECO U, SEBEOK T A. The Sign of Three: Dupin, Holmes, Peirce [M]. (Advances in Semiotics). Bloomington, IN: Indiana University Press, 1983.

ECO U, ed. Fakes, Identity, and the Real Thing, special issue of Versus[M]. Milan: Bompiani, 1987.

ECO U. Il costume di casa [M]. Evidenze e misteri dell'ideologia italiana. Milan: Bompiani, 1973.

ECO U. A Theory of Semiotics [M]. Bloomington, IN: Indiana University Press, 1976.

ECO U. The Role of the Reader: Explorations in the Semiotics of Texts[M]. Bloomington, IN: Indiana University Press, 1979.

ECO U. Pirandello ridens[M]. In Id. 1985. Sugli specchi e altri saggi. Milan: Bompiani. 1985: 261−270.

ECO U. The Limits of Interpretation[M]. Bloomington, IN: Indiana University Press, 1990.

ECO U, RORTY R, CULLER J, BROOKE-ROSE C. Interpretation and Overinterpretation [M]. Cambridge, UK; New York, NY: Cambridge University Press, 1992.

EHRAT J. Power of Scandal: Semiotic and Pragmatic in Mass Media (Toronto Studies in Semiotics and Communication) [M]. Toronto: University of

Toronto Press, 2010.

EL R E. What Makes Us Laugh? Verbo-Visual Humour in Newspaper Cartoons[M]// VENTOLA E, GUIJARRO A J M, eds. The World Told and the World Shown: Multisemiotic Issues. London, UK and New York, NY: Palgrave, 2009:75—89.

ADAMIE, KRESS G. The Social Semiotics of Convergent Mobile Devices: New Forms of Composition and the Transformation of Habitus [M]// KRES G. Multimodality: A Social Semiotic Approach to Contemporary Communication. London, UK and New York, NY: Routledge, 2010:184—197.

ESPOSITO R. Communitas: origine e destino della comunità [M]. Turin: Einaudi; Engl. trans. CAMPBELL T. Communitas: The Origin and Destiny of Community. 2010. Stanford, CA: Stanford University Press, 1988.

ESPOSITO R. Immunitas: protezione e negazione della vita [M]. Torino: Einaudi; Engl. trans. HANAFI Z. Immunitas: The Protection and Negations of Life. 2001. Cambridge, UK; Malden, MA: Polity Press, 2002.

ESPOSITO R. Le persone e le cose[M]. Turin: Einaudi; Engl. trans. HANAFI Z. Persons and Things: From the Body's Point of View. 2015. Cambridge, MA: Polity Press, 2014.

EVANS M. Semiotics, Culture, and Communications: The Common Sense of the 21st Century. 1999 [N/OL]. Proceedings of the Australian Market Research Society Conference; available at www. teleensm. ummto. dz/pluginfile.../Semiotics—Introduction. pdf (last access 7 march 2018)

FASSRUR V, ROCHELOIS C, eds. Ponctuer l'oeuvre médiévale : Des signes au sens[M]. Geneva: Droz, 2016.

FAWCETT A K L, GARCÍA G, PARKER R H, eds. Translation: Theory and Practice in Dialogue[M]. London, UK and New York, NY: Continuum, 2010.

FERGUSON K. Intensifying Taste, Intensifying Identity: Collectivity through Community Cookbooks[J]. Signs, 2012, 37(3):695—717.

FIELD M, GOLUBITSKY M. Symmetry in Chaos: A Search for Pattern in Mathematics, Art, and Nature[M]. Oxford, UK and New York, NY: Oxford

University Press, 1992.

FINOL J E. Semiótica del rito: Halloween en una comunidad norteamericana [J]. Revista de Ciencias Humanasy Sociales, 1996, 12(21): 83—98.

FINOL J E. Anthropo—Sémiotique de l'efficacité rituelle: Rites religieux, rites séculaires et rites spectaculaires[J]// LEONE M. (ed.) Culto / Worship, monographic issue of Lexia, 11—12, forthcoming, 2012.

FLOCH J-M. Pour une approche sémiotique du matériau[J]. Alain Renier, 1984: 165—185. Espace : Construction et signification. Paris: Éditions de la Villette, 1984.

FLOYD J, KATZ J E, eds. Philosophy of Emerging Media: Understanding, Appreciation, Application [M]. New York, NY: Oxford University Press, 2016.

FOLE M, O'DONNELL H, eds. Treat or Trick? Halloween in a Globalising World[M]. Newcastle upon Tyne: Cambridge Scholars Pub, 2009.

FONTANILLE J. Pratiques sémiotiques: Immanence et pertinence, efficience et optimization[J]. Monographic issue of Nouveaux Actes Sémiotiques, 2006: 104—106.

FORGUSON L. Common Sense [M]. London, UK and New York, NY: Routledge, 1989.

FREIDENREICH D M. Foreigners and their Food: Constructing Otherness in Jewish, Christian, and Islamic law [M]. Berkeley, CA: University of California Press, 2011.

FRINDTE W, HAUSSECKER N, eds. Inszenierter Terrorismus: mediale Konstruktionen und individuelle Interpretationen [M]. Wiesbaden: VS, Verlag für Sozialwissenschaften, 2010.

GAINES E. Media Literacy and Semiotics [M]. New York, NY: Palgrave Macmillan, 2010.

GANTREL M. La Gastronomie française au cinéma entre 1970 et 1990[J]. The French Review, 2002, 75 (4): 697—706.

GELL A. Art and Agency: An Anthropological Theory[M]. Oxford, UK and

New York, NY: Clarendon Press, 1998.

GENETTE G. Seuils[M]. Paris: Seuil. Engl. trans. LEWIN J E; foreword by MACKSEY R. Paratexts: Thresholds of Interpretation. 1997. Cambridge, UK and New York, NY: Cambridge University Press, 1987.

GENINASCA J, GREIMAS A J. Le discours en perspective[M]. Limoges: PULIM, 1990.

GERHARDS J, ed. Terrorismus im Fernsehen : Formate, Inhalte und Emotionen in westlichen und arabischen Sendern[M]. Wiesbaden: VS, Verlag für Sozialwissenschaften, 2011.

GIARELLI E, TULMAN L. Methodological Issues in the Use of Published Cartoons as Data[J]. Qualitative Health Research, 2003, 13(7): 945−956.

GIORDA M C, HEJAZI S, eds. Spazi e luoghi sacri. Special issue of Humanitas [M]. Brescia: Morcelliana, 2013.

GIRARD R. Violence and the Sacred[M]. Baltimore, MD: Johns Hopkins University Press, 1977.

GOODY J. The Logic of Writing and the Organization of Society[M]. Cambridge, UK; New York: Cambridge University Press, 1986.

GRAHAM M, DUTTON W H, eds. Society and the Internet: How Networks of Information and Communication are Changing our Lives; with a foreword by Manuel Castells[M]. Oxford, UK: Oxford University Press, 2014.

GRANDE M. Marco Ferreri[M]. Florence: Nuova Italia, 1980.

GRAW I, LAJER-BURCHARTH E, eds. Painting beyond Itself: The Medium in the Post-Medium Condition[M]. Berlin: Sternberg Press, 2016.

GREENAWAY P. Ultima cena di Leonardo / Leonardo's Last Supper[M]. Milan: Charta, 2008.

GRENBERG B S, ed. Communication and Terrorism: Public and Media Responses to 9/11[M]. Cresskill, NJ: Hampton Press, 2002.

GREENE C. Shopping for What Never Was: The Rhetoric of Food, Social Style, and Nostalgia[M]// RUBIN L C, ed. Food for Thought: Essays on Eating and Culture. Jefferson, NC: McFarland, 2008: 31−47.

GREIF M, ed. Hipster: Eine transatlantische Diskussion [M]. Berlin: Suhrkamp, 2012.

GREIMAS A J, COURTÉS J. Sémiotique: Dictionnaire raisonné de la théorie du langage (1979)[M]. Paris: Hachette, 1993.

GREIMASA J. Du sens[M]. Paris: Seuil, 1970.

GREIMAS A J. Maupassant: la sémiotique du texte, exercices pratiques[M]. Paris: Seuil, 1975.

GREIMASA J. Du sens II[M] Essais sémiotiques. Paris: Seuil, 1983.

GREIMASA J. Sémantique structurale : Recherche de méthode[M]. Paris: Larousse. Engl. trans. MCDOWELL D, SCHLEIFER R, VELIE A; with an introduction by SCHLEIFER R. Structural Semantics: An Attempt at a Method. 1983. Lincoln, NE: University of Nebraska Press, 1966.

GREIMASA J. Du Sens II[M]. Essais sémiotiques. Paris: Seuil, 1983.

GREIMASA J, COURTÈS J. Sémiotique : Dictionnaire raisonné de la théorie du langage [M]. Paris: Hachette. Engl. trans. CRIST L. Semiotics and Language: An Analytical Dictionary. 1988. Bloomington, IN: Indiana University Press, 1979.

GREIMAS A J, RICOEUR P. Tra semiotica ed ermeneutica, ed. Franscesco Marsciani[M]. Rome: Meltemi, 2000.

GREIMAS A J, ed. Sémiotique figurative et sémiotique plastique[M]. Actes sémiotiques 60, 1984

GREIMAS A J, FONTANILLE J. Sémiotique des passions : des états de choses aux états d'âme[M]. Paris: Editions du Seuil. Engl. trans. PERRON P, COLLINS F; foreword PERRON P, FABBRI P. The Semiotics of Passions: from States of Affairs to States of Feeling. 1993. Minneapolis: University of Minnesota Press, 1991.

GREIMAS A J. Du Sens[M]. Paris: Seuil; partial Engl. trans. PERRON P J, COLLINS F H; foreword by JAMESON F; introduction by PERRON P J. On Meaning: Selected Writings in Semiotic Theory. 1987. Minneapolis, MN: University of Minnesota Press, 1970.

GREIMAS A J. Maupassant: La sémiotique du texte: Exercices pratiques[M]. Paris: Éditions du Seuil; Engl. trans. PERRON P. Maupassant: The Semiotics of Text: Practical Exercises. 1988. Amsterdam; Philadelphia: J. Benjamins Pub. Co,1976.

GRENDA C S,BENEKE C,NASH D, eds. Profane: Sacrilegious Expression in a Multicultural Age[M]. Oakland, CA: University of California Press,2014.

GRICE P. Logic and Conversation[M]// COLE P, ed. Syntax and Semantics 3: Speech Acts. New York, NY: Academic Press, 1975:41—58.

GRIFFIN R J, ed. The Faces of Anonymity: Anonymous and Pseudonymous Publication from the Sixteenth to the Twentieth Century[M]. New York, NY: Palgrave Macmillan,2003.

HABERMAS J. Theorie des kommunikativen Handelns, 2 vols[M]. Frankfurt am Main: Suhrkamp. Engl. trans. MCCARTHY T. The Theory of Communicative Action. 1986—1989. Cambridge, UK: Polity Press,1981.

HAGE G. Waiting[M]. Carlton, VC: Melbourne University Publishing,2009.

HAGENER M, HEDIGER V, eds. Medienkultur und Bildung: Ästhetische Erziehung im Zeitalter digitaler Netzwerke[M]. Frankfurt and New York, NY: Campus Verlag,2015.

HAIMAN J. Talk is Cheap: Sarcasm, Alienation, and the Evolution of Language[M]. New York, NY: Oxford University Press,1998.

HANDELMAN D. Play and Ritual: Contemporary Frames of Meta-Communication[R]// CHAPMAN A J, FOOT H C, eds. It's a Funny Thing, Humour (Reports of papers presented at the International Conference on Humour and Laughter held in Cardiff, July 13th-17th, 1976 and organized by the Welsh Branch of British Psychological Society). Oxford, UK and New York, NY: Pergamon Press,1977:185—192.

HANDELMAN D. Framing in KREINATH J, SNOEK J, STAUSBERG M, eds. Theorizing Rituals[M]. Leiden: Brill, 2006:571—582.

HANKISS E. The toothpaste of immortality: Self-construction in the consumer age [M]. Washington, D. C.: Woodrow Wilson Center Press;

Baltimore, Md. Johns Hopkins University Press, 2006.

HARDAKER C. Trolling in Asynchronous Computer-Mediated Communication: From User Discussions to Academic Definitions[J]. Journal of Politeness Research. Language, Behaviour, Culture, 2010, 6(2): 215−242.

HARDT M, NEGRI A. Multitude: War and Democracy in the Age of Empire [M]. New York, NY: Penguin Press, 2004.

HART W B. II, FRAN H. Dehumanizing the Enemy in Editorial Cartoons [M]// GREENBERG B S, ed. Communication and Terrorism: Public and Media Responses to 9/11. Cresskill, NJ: Hampton Press, 2002:137−155.

HAYES − CONROY A, MARTIN D G. Mobilising Bodies: Visceral Identification in the Slow Food Movement[J]. Transactions of the Institute of British Geographers (new series), 2010, 35(2):269−281.

HÉBERT L. Le carré sémiotique [J/OL]. 2006. accessible at http://www.signosemio.com/greimas/carre-semiotique.asp (last access April 29, 2015).

HENKE C. Common Sense in Early 18th-century British Literature and Culture: Ethics, Aesthetics, and Politics [J]. Berlin: De Gruyter, 2014: 1680−1750.

HERRING S, JOB−SLUDER K, SCHECKLER R, BARAB S. Searching for Safety Online: Managing "Trolling" in a Feminist Forum[EB/OL]. Center for Social Informatics-Indiana University, 2002. Available at http://www-bcf.usc.edu/~fulk/620overview_files/Herring.pdf (last access 16 January 2017).

HINE C. Ethnography for the Internet: Embedded, Embodied and Everyday [M]. London, UK and New York, NY: Bloomsbury Academic, 2015.

HJELMSLEV L T, ULDALL H J. Outline of Glossematics: A Study in the Methodology of the Humanities with Special Reference to Linguistics[M]. Copenhagen: Nordisk Sprog-og Kulturforla, 1957.

HJELMSLEV L. Omkring sprogteoriens grundlæggelse [M]. Copenaghen: Ejnar Munksgaard; Engl. trans. WHITFIELD F J. Prolegomena to a Theory of Language. 1961. Madison WV: University of Wisconsin Press, 1943.

HOLTZMAN J D. Food and memory[J]. Annual Review of Anthropology, 2006, 35:361−378.

HUTTO D D, MATTHEW R, eds. Folk Psychology Re-Assessed [M]. Dordrecht and London, UK: Springer, 2007.

IBO L. Négation et conflit: la double face passionnelle et culturelle[J/OL]. In Nouveaux Actes Sémiotiques, 2012: 115.

IDONE C V, THINAULT M, SURACE B, eds. Semiotica della catastrofe (I saggi di Lexia)[M]. Rome: Aracne, 2018.

IJPMA, F F A. et al. The Anatomy Lesson of Dr. Nicolaes Tulp by Rembrandt (1632): A Comparison of the Painting with a Dissected Left Forearm of a Dutch Male Cadaver[J]. Journal of Hand Surgery, Amsterdam, 2006, 31(6): 882−891.

JACKOWE D J. et al. New Insight into the Enigmatic White Cord in Rembrandt's The Anatomy Lesson of Dr. Nicolaes Tulp[J]. Journal of Hand Surgery, Amsterdam, 2007, 32(9):1471−1476.

JAVARONE M A, SERGE G. Emergence of Extreme Opinions in Social Networks[M]// AIELLO L M, MCFARLAND D, eds. Social Informatics: Lecture Notes in Computer Science. Cham: Springer International Publishing, 2015:112−117.

JEHNE M, LUNDGREEN C, eds. Gemeinsinn und Gemeinwohl in der römischen Antike[M]. Stuttgart: Franz Steiner Verlag, 2013.

JOHNSON-L, NICHOLAS P. The Computer and the Mind: An Introduction to Cognitive Science[M]. Cambridge, MA: Harvard University Press, 1988.

JOHNSON L, ed. Digital Handmade: Craftsmanship and the New Industrial Revolution[M]. London, UK: Thames and Hudson, 2015.

JOHNSON L, ed. Digital Handmade: Craftsmanship and the New Industrial Revolution[M]. London, UK: Thames and Hudson, 2015.

KANDINSKY W. Punkt und Linie zu Fläche: Beitrag zur Analyse der malerischen Elemente [M]. Munich: Albert Langen. Engl. trans. DEARSTYNE H, REBAY H; REBAY H ed. Point and Line to Plane. 1979.

New York: Dover Publications, 1926.

KEANE W. Semiotics and the social analysis of material things[J]. Language and Communication, 2003, 23: 409—425.

KEANE W. Religious Language[J]. Annual Review of Anthropology, Palo Alto, CA: Annual Reviews, 1997, 26: 47—71.

KEANE W. Semiotics and the Social Analysis of Material Things[J]. Language and Communication. 2003, 23: 409—425.

KEANE W. Christian Moderns: Freedom and Fetish in the Mission Encounter [M]. Berkeley and Los Angeles, CA and London, UK: University of California Press, 2007.

KEEN S. A Theory of Narrative Empathy [J]. Narrative, 2006, 14 (3): 207—236.

KINDT W. Irrtümer und andere Defizite in der Linguistik: Wissenschaftslogische Probleme als Hindernis für Erkenntnisfortschritte [M]. Frankfurt am Main and New York, NY: Peter Lang, 2010.

KLAUSEN J. The Cartoons that Shook the World[M]. New Haven, CT: Yale University Press, 2009.

KOCH W A. Toward a Theory of Empathy[J]. KOCH W A., ed, 1989: 111—120. For a Semiotics of Emotion (Bochumer Beiträge zur Semiotik, 4). Bochum: N. Brockmeyer, 1989.

KOOLBERGEN M. De R van Rembrandt [M]. Waarheen wijst de tang van dokter Tulp, 1992.

KOSTIOUKOVITCH E. Why Italians Love to Talk about Food[M]. Engl. trans. APPE A M. New York, NY: Farrar, Straus and Giroux, 2009.

KRAPPITZ S. Troll Culture [N/OL]. Diplomarbeit, Merz Akademie-Hochschule für Gestaltung, Kunst und Medien, Stuttgart 2011/ 2012; available at http://wwwwwwww. at/downloads/troll-culture. pdf # 77 (last access 16 January 2017).

KRUZ R J, MACNEALY M S, eds. Empirical Approaches to Literature and Aesthetics[M]. Norwood, NJ: Ablex Pub, 1996.

KRISHNENDU R. Domesticating Cuisine: Food and Aesthetics on American Television[J]. Gastronomica: The Journal of Food and Culture, 2007, 7(1): 50-63.

LANDOWSKI E. Passions sans nom: Essais de socio-sémiotique 3[M]. Paris: Presses Universitaires de France, 2004.

LANDOWSKI E. Régimes de sens et styles de vie[J/OL]. Online In Nouveaux Actes Sémiotiques, 2012:115.

LANGE P G. Publicly Private and Privately Public: Social Networking on YouTube[J]. Journal of Computer-Mediated Communication, 2007. 13(1): 361-380.

LAVAZZA A, MARRAFFA M, eds. La guerra dei mondi: scienza e senso commune[M]. Turin: Codice edizioni, 2016.

LAWRENCE E J. Common Sense: Why it's no Longer Common[M]. Reading, MA: Addison-Wesley Pub. Co, 1994.

LEDWIG M. Common Sense: Its History, Method, and Applicability[M]. New York, NY: P. Lang, 2008.

LEHRICH C I. Orphic Revenge: The Limits of Language for a Semiotics of Religion[J]. Religion, 2014, 44(1): 136-147. (Review Symposium on Robert A. Yelle's Semiotics of Religion: Signs of the Sacred in History (2013).

LEITCH A. Slow Food and the Politics of "Virtuous Globalization"[M]// David Inglis and Debra Gimlin, eds. The Globalization of Food. Oxford, UK and New York, NY: Berg. 2009:45-64.

LEONE M. Semiotic ideology and its metamorphoses [M]//TRTERS D. (ed.), Metamorphoses of the world: Traces, shadows, reflections, echoes, and metaphors. Riga: Riga Technical University, 2010 a: 133-146.

LEONE M. Pudibondi e spudorati: Riflessioni semiotiche sul linguaggio del corpo (s) vestito[J]. Rivista Italiana di Filosofia del Linguaggio, 2010b, 2: 74-94.

LEONE M. Legal controversies about the establishment of new places of worship in multicultural cities: a semiogeographic analysis[M]// WANFER

A, BROEKAMAN J (eds.), Prospects in Legal Semiotics. Berlin and New York: Springer, 2010 c: 217—237.

LEONE M. Le Repentir: Une énonciation fragmentaire. Nouveaux Actes Sémiotiques [N/OL]. Retrieved December 31, 2010, from http://revues.unilim.fr/nas/document.php?id=3613.

LEONE M. Dall'ideologia linguistica all'ideologia semiotica-Sulla smentita [M]// SBISÀ M, CARLOMAGNO S, LABINAZ P. (eds.). (Forthcoming). Proceedings from the 17th Congress of the Italian Society for the Philosophy of Language. Trieste 16 — 18 September 2010, special issue of Esercizi filosofici, 2011, 6(1): 318—328.

LEONE M. Dal panorama alla prosopopea: Appunti per una semiotica del corpo viaggiante [M]//PRONI G, GASPERI D. (eds.), Alibi: Verso una semiotica del viaggio. Monographic issue of Ocula. Retrieved January, 2012, from www.ocula.it.

LEONE M. (ed.). Attanti, attori, agenti: Il senso dell'azione e l'azione del senso: Dalle teorie ai territori / Actants, actors, agents: The meaning of action and the action of meaning: From theories to territories [J]. Monographic issue of Lexia, new series, 3—4, December, 2009.

LEONE M. (Forthcoming A). Transcendence and transgression in religious processions [M]// FORSELL P, LITTLEFIELD R. (eds), Transcending signs: Essays around Eero Tarasti's existential semiotics (Forthcoming). Berlin and New York: Mouton de Gruyter.

LEONE M. (Forthcoming B). Introduction to a semiotics of belonging [J]. Forthcoming in Semiotica.

LEONE M. (Forthcoming C). Begging and Belonging in the City-A Semiotic Approach [J]. Forthcoming in Social Semiotics.

LEONE M, PARMENTIER R, eds. Representing Transcendence [C]. Special issue of Signs and Society, 2, s1. Chicago, IL: University of Chicago Press, 2014.

LEONE M, ed. Attanti, attori, agenti: Senso dell'azione e azione del senso;

dalle teorie ai territory / Actants, Actors, Agents: The Meaning of Action and the Action of Meaning; from Theories to Territories[J]. Monographic issue of Lexia: International Journal of Semiotics, 3-4. Rome: Aracne, 2009.

LEONE M, ed. Censura / Censorship[J]. Monographic issue of Lexia: International Journal of Semiotics, Rome: Aracne, 2016:21-22.

LEONE M, ed. Aspettualità / Aspectuality[J]. Monographic issue of Lexia: International Journal of Semiotics, Rome: Aracne. 2017: 27-28.

LEONE M. Shoah and Humor: a Semiotic Approach[J]. Jewish Studies Quarterly, 2002, 2 (9):173-192.

LEONE M. Literature, Travel, and Vertigo[M]// CONROY J, ed. Cross-Cultural Travel: Papers from the Royal Irish Academy Symposium on Literature and Travel. National University of Ireland, Galway, November 2002 (Travel writing across the disciplines, v. 7). New York, NY: Peter Lang, 2004: 513-522.

LEONE M. Textual Wanderings: A Vertiginous Reading of W. G[M]// SEBZLD, JONZTHAN J L, WHITEHEAD A, eds. SEBALD W G: A Critical Companion. Edinburgh: Edinburgh University Press, 2004:89-101.

LEONE M. On the Quincunx[R]. CLÜVER C, PLESCH V, HOEK L, eds. Orientations: Space/Time/Image/Word, Proceedings of the 6th Congress of the International Association for Word and Image Studies held in Hamburg, July 2002; with an introduction by Charlotte Schoell-Glass (Word and image interactions 5). Amsterdam: Rodopi. 2005: 289-304.

LEONE M. Appunti per una semiotica della frontier[N]. 2007. available at the website www. academia. edu/174662/2007 _ Appunti _ per _ una _ semiotica _ della _ frontiera (last access 2 February 2018).

LEONE M. The Paradox of Shibboleth: immunitas and communitas in Language and Religion[M]// GIUSY G, ed. Natura umana e linguaggio (monographic issue of RIFL-Rivista italiana di filosofia del linguaggio, 1), 2009:131-157.

LEONE M. Virtual Cities and Civic Virtues: The Semiotics of Space in Gated

Communities[M]// AZCÁRATE A L−V, NET M eds, Actual and Virtual Cities (Intertextuality and Intermediality). Bucharest: Univers Enciclopedic Press, 2009: 67−87.

LEONE M. Ancient Tradition and Modern Audacity: On the (Proto-) Semiotic Ideas of Juan Caramuel y Lobkowitz[J]. Semiotica, 2010, 182, 1−4: 247−268.

LEONE M. Invisible Frontiers in Contemporary Cities: An Ethno-Semiotic Approach[J]. The International Journal of Interdisciplinary Social Sciences, 2010, 4(11): 59−74.

LEONE M. The Sacred, (In)Visibility, and Communication: an Inter-Religious dialogue between Goethe and Hāfez [J]. Islam and Christian-Muslim Relations, . 2010, 21(4): 373−384.

LEONE M. The Reasonable Audience of Religious Hatred: the Semiotic Ideology of Anti-Vilification Laws in Australia[M]// HOSEN N, MOHR R, eds. Law and Religion in Public Life: The Contemporary Debate. New York, NY and Oxford, UK: Routledge, 2011: 112−134.

LEONE M. From Theory to Analysis: Forethoughts on Cultural Semiotics[M]// PISZNTY V, TRAINI S, eds. From Analysis to Theory: Afterthoughts on the Semiotics of Culture. Monographic issue of Versus, 114. Milan: Bompiani, 2012: 23−38.

LEONE M. Introduction to the Semiotics of Belonging[J]. Semiotica, 2012, 192: 449−470.

LEONE M. Petition and Repetition: On the Semiotic Philosophy of Prayer[J]. LEONE M, ed. Culto / Worship. Special issue of Lexia: International Journal of Semiotics, 11−12. Rome: Aracne, 2012: 631−664.

LEONE M. Quanta and Qualia in the Semiotic Theory of Culture [M]// ERNEST W B, HESS-LÜTTICH, ed. Sign Culture / Zeichen Kultur. Würzburg: Königshausen and Neumann, 2012: 281−302.

LEONE M. Scarpe abbandonate: sul senso dei resti[J]. CUOZZO G, ed. Resti del senso: Ripensare il mondo a partire dai rifiuti, (I saggi di Lexia 6). Rome: Aracne, 2012: 51−64.

LEONE M. Semiótica de lo bárbaro: para una tipología de las inculturas[J]. Signa: revista de la Asociación Española de Semiótica, 2012, 21: 551—565.

LEONE M. Digiunare, istruzioni per l'uso: la mistica dell'inedia nel Giainismo [J]. GIANNITRAPANI A, MARRONE G, eds. Mangiare: istruzioni per l'uso. Special issue of E/C, the E-Journal of the Italian Association of Semiotic Studies, 14, 2013: 47—58.

LEONE M. L'aritmetica di Gesù: un esperimento semiotico[J/OL]. E/C, the e-journal of the Italian Association for Semiotic Studies, 28 October, 2013; available at https://www.academia.edu/4902345/2013_-_L_aritmetica_di_Ges%C3%B9_un_esperimento_semiotico (last access 2 February 2018).

LEONE M. The Semiotics of Fundamentalist Authoriality[J]. International Journal for the Semiotics of Law-Revue Internationale de Sémiotique Juridique, 2013, 26(1): 227—239.

LEONE M. Annunciazioni. Percorsi di semiotica della religion, 2 vols[M]. Rome: Aracne, 2013.

LEONE M. Longing for the Past: The Nostalgic Semiosphere[J]. Social Semiotics, 2014, 25(1): 1—15.

LEONE M. Semiotica dello slancio mistico[M]// LEONE M, ed. Estasi / Ecstasy, numero monografico di Lexia, 15 — 16. Rome: Aracne, 2014: 219—284.

LEONE M. Sémiotique du fondamentalisme religieux: messages, rhétorique, force persuasive[M]. Paris: l'Harmattan, 2014.

LEONE M. Spiritualità digitale: Il senso religioso nell'era della smaterializzazione[M]. Milan: Mimesis, 2014.

LEONE M. Double Debunking: Modern Divination and the End of Semiotics [J]. Chinese Semiotic Studies, 2015, 11(4): 433—477.

LEONE M. La pallavolo sacra [J/OL]. E/C, E — Journal of the Italian Association for Semiotic Studies, 5 May 2015; republished in THIBAULT M, ed. 2016. Gamification urbana: Letture e riscritture ludiche degli spazi cittadini (I saggi di Lexia, 20). Rome, Aracne: 63—84.

LEONE M. On Depth: Ontological Ideologies and Semiotic Models[EB/OL]. BANKOV K, ed. New Semiotics. Between Tradition and Innovation. Proceedings of the 12. World Congress of Semiotics. IASS Publications and NBU Publishing House (ISSN 2414−6862); available at http://www.iass-ais.org/proceedings2014/view_lesson.php?id=48 (last access 2 February 2018).

LEONE M. El murmullo de la cultura: semiótica y sentido de la vida[J]. Religación: Revista de Ciencias Sociales y Humanidades, 2, June, 2016: 110−127.

LEONE M. Metafisica del design: il senso degli oggetti in De Chirico, Kiarostami, Ozu [J/OL]. E/C, E-Journal of the Italian Association for Semiotic Studies, 31 December, 2016: 1−37. (last access 2 February 2018).

LEONE M. Saints Smashing Idols: A Paradoxical Semiotics [J]. Signs and Society, 2016.4(1) (Spring): 30−56.

LEONE M. Silence Propaganda: A Semiotic Inquiry into the Ideologies of Taciturnity[J]. Signs and Society, 2016, 5(1): 154−182.

LEONE M. Forthcoming. Dinamiche dell'innovazione culturale: patrimonio e matrimonio[N/OL]. Available at https://www.academia.edu/1726797/2012_Dinamiche_dell_innovazione_culturale_patrimonio_e_matrimonio (last access 2 February 2018).

LEONE M. Forthcoming. Rationality and Reasonableness in Textual Interpretation, forthcoming[M]// OLTEANU A, ed. Forthcoming. Semiotics and Communication. Dordrecht, the Netherlands: Springer.

LESCANO A. Stéréotypes, représentations sociales et blocs conceptuels [EB/OL]. Semen, 2013, 35; available at the website http://semen.revues.org/9835 (last access July 8, 2017).

LIEBES T, CURRAN J, eds. Media, Ritual, and Identity[M]. New York, NY and London, UK: Routledge, 1998.

LIPOVETSKY G, SERROY J. L'esthétisation du monde : vivre à l'âge du capitalisme artiste[M]. Paris: Gallimard, 2013.

HUGO L. Social Network Profiles as Taste Performances[J]. Journal of Computer-Mediated Communication, 2007, 13(1): 252-275.

LORUSSO A M. Cultural Semiotics: For a Cultural Perspective in Semiotics[M]. Houndmills, Basingstoke, Hampshire and New York, NY: Palgrave Macmillan, 2015.

LOTMAN J M. La semiosfera: l'asimmetria e il dialogo nelle strutture pensanti[M]. It. trans. SALVESTRONI S. Venice: Marsilio, 1985.

LOTMAN J M. Universe of the Mind: A Semiotic Theory of Culture[M]. Engl. trans. SHUKMAN A. Bloomington, IN: Indiana University Press, 1990.

LOTMAN J M, USPENSKIJ B A. The Semiotics of Russian Culture[M]. SHUKMAN A. ARBOR A, ed. MI: Dept. of Slavic Languages and Literatures, University of Michigan, 1984.

MAITLAND S. What is Cultural Translation?[M]. London, UK and New York, NY: Bloomsbury Academic, 2017.

MANETTI G. et al. (eds). Il contagio e i suoi simboli-Saggi semiotici[M]. Pisa: ETS, 2003

MANETTI G. L'enunciazione: Dalla svolta comunicativa ai nuovi media[M]. Milan: Mondadori Università, 2008.

MARKALE J. Halloween: Histoire et traditions[M]. Paris: Imago. 2000.

MARKS L U. Enfoldment and Infinity: An Islamic Genealogy of New Media Art[M]. Cambridge, MA: MIT Press, 2010.

MARRANI D. Rituel(s) de justice? : essai anthropologique sur la relation du temps et de l'espace dans le process[M]. Fernelmont: E. M. E, 2011.

MARRONE G. Le monde naturel, entre corps et cultures[J]. Protée, 2006, 341: 47-55.

MARRONE G. Brand on the run: mirada semiótica sobre Slow Food[J]. Tópicos del Seminario, 2011, 26: 59-92.

MARRONE G. Cucinare senza senso. Spazialità e passioni in Masterchef[J]. Studi culturali, 2013, 10(2): 235-251.

MASQUELET A C. Rembrandt's Anatomy Lesson of Professor Nicolaes Tulp (1632) [J]. Bulletin de l'Académie Nationale de Médecine, 2011, 195 (3): 773−783.

MATRIX S E. Cyberpop: Digital Lifestyles and Commodity Culture [M]. New York, NY: Routledge, 2006.

Mcbride A E. Food porn [J]. Gastronomica: The Journal of Food and Culture, 2010, 10(1): 38−46.

MCDOWELL J H. Mind and world [M]. Cambridge, Mass.: Harvard University Press, 1994.

MEISE B. Im Spiegel des Sozialen: zur Konstruktion von Sozialität in Social Network Sites [M]. Wiesbaden: Springer VS, 2015.

MENELEY A. Extra Virgin Olive Oil and Slow Food [J]. Anthropologica, 2004, 46 (2): 165−176.

MEREGHETTI P. Il Mereghetti. Dizionario dei film 2002 [J]. Milan: Baldini and Castoldi, 2002.

MITCHELL W J. Placing Words: Symbols, Space, and the City [J]. Cambridge, Mass.: MIT Press, 2005.

MODIGLIANI F. Crisi del sistema economico, prezzi politici e autarchia: cinque articoli giovanili, Roma 1937 − 1938 [M]. ed. Daniela Parisi. Milan: Vita e pensiero, 2007.

MOUTAT A. Stratégies énonciatives et imaginaires gustatifs dans les émissions télévisées [J]. E/C, 2013, 7(14): 151−174.

MUELLER T. Extra Virginity: The Sublime and Scandalous World of Olive Oil [M]. New York, NY: W. W. Norton, 2012.

MULLAN J. Anonymity: A Secret History of English Literature [M]. Princeton, NJ: Princeton University Press, 2007.

NEUMAIER O, ed. Fehler und Irrtümer in den Wissenschaften [M]. Wien and Berlin: Lit, 2007.

NÖTH W. The Semantic Space of Opposites: Cognitive and Localist Foundations [M]// YAMANAKA K I, OHORI T, eds. The Locus of

Meaning: Papers in Honor of Yoshihiko Ikegami. Tokyo: Kurosio, 1994:63—82.

NÖTH W. Handbook of Semiotics (1990) [M]. Bloomington, IN: Indiana University Press, 1995.

O'BRYAN C J. Carnal Art: Orlan's Refacing [M]. Minneapolis, MN: University of Minnesota Press, 2005.

OBLINGER D G, ed. Learning Spaces [M]. Washington, DC; Boulder, CO: Educause, 2006.

OLSEN R, HOCHSTADT C, COLOMBO-SCHEFFOLD S, eds. Ohne Punkt und Komma: Beiträge zu Theorie, Empirie und Didaktik der Interpunktion [M]. Berlin: RabenStück Verlag, 2016.

ONO A. La Notion d'énonciation chez Émile Benveniste [M]. Limoges: Lambert-Lucas, 2007.

OSBALDISTON N, ed. Culture of the Slow: Social Deceleration in an Accelerated World [M]. Houndmills, Basingstoke, Hampshire: Palgrave Macmillan, 2013.

OTT C. Zu Hause schmeckt's am besten: Essen als Ausdruck nationaler Identität in der deutsch-türkischen Migrationsliteratur [M]. Frankfurt am Main: Peter Lang, 2012.

PABST S, ed. Anonymität und Autorschaft: zur Literatur-und Rechtsgeschichte der Namenlosigkeit [M]. Berlin and Boston, MA: De Gruyter, 2011.

PAUL G. Das visuelle Zeitalter: Punkt und Pixel [M]. Göttingen: Wallstein Verlag, 2016.

PAXSON H. Slow Food in a Fat Society: Satisfying Ethical Appetites [J]. Gastronomica: The Journal of Food and Culture, 2005, 5(1): 14—18.

PEACE A. Barossa Slow: The Representation and Rhetoric of Slow Food's Regional Cooking [J]. Gastronomica: The Journal of Food and Culture, 2006, 6(1): 51—59.

PEACE A. Terra Madre 2006: Political Theater and Ritual Rhetoric in the Slow Food Movement [J]. Gastronomica: The Journal of Food and Culture,

2008,8(2):31—39.

PEIRCE C S S. Writings of Charles S. Peirce: A Chronological Edition, 6 vols [M]. Bloomington: Indiana University Press, 1982—2000.

PENCAK W. Eric Voegelin's Semiotics of History[R]. In ROBERTA K, ed. Law and Semiotics: Proceedings based on the Second Round Table on Law and Semiotics, held May 12—15, 1988, at Pennsylvania State University, Berks Campus, Reading, PA. 2 vols New York, NY: Plenum Press, 1988, 2: 277—292.

PERINBANAYAGAM R S. Discursive Acts: Language, Signs, and Selves[M]. New Brunswick, NJ: Transaction Publishers, 2011.

PETRINI C. Slow Food: the Case for Taste[M]. Engl. trans. MCUAIG W. New York, NY: Columbia University Press, 2003.

PHILLIPS W. This is Why We Can't Have Nice Things: Mapping the Relationship between Online Trolling and Mainstream Culture [M]. Cambridge, MA: The MIT Press, 2015.

PIKE K L. ed. Language in relation to a unified theory of structure of human behavior (2nd edition)[M]. The Hague: Mouton, 1937.

PIKE K L. Language in Relation to a Unified Theory of the Structure of Human Behavior (Janua linguarum. Series maior, 24) [M]. The Hague: Mouton, 1967.

POLETTI A, RAK J, eds. Identity Technologies: Constructing the Self Online [M]. Madison, WI: The University of Wisconsin Press, 2014.

PONGRATZ-LEISTEN B, SONIK K, eds. The Materiality of Divine Agency [M]. Boston, MA and Berlin: De Gruyter, 2015.

PONZIO A. La semiotica in Italia: Fondamenti teorici [M]. Bari: Edizioni Dedalo, 1976.

POOLE M, SHVARTZBERG M. The Politics of Parametricism: Digital Technologies in Architecture [M]. London, UK and New York, NY: Bloomsbury Academic, 2015.

POPPER K. Logik der Forschung: zur Erkenntnistheorie der Modernen

Naturwissenschaft[M]. Vienna: J. Springer, 1935.

POWER A, KIRWAN G, eds. Cyberpsychology and New Media: A Thematic Reader[M]. London, UK and New York, NY: Psychology Press, 2014.

PUCKETT K. Bad Form: Social Mistakes and the Nineteenth-Century Novel [M]. Oxford, UK and New York, NY: Oxford University Press, 2008.

REASON J. A Life in Error: from Little Slips to Big Disasters[M]. Farnham, Surrey, England: Ashgate, 2013.

RESCHER N. Common-Sense: A New Look at an Old Philosophical Tradition [M]. Milwaukee, WI: Marquette University Press, 2005.

RESNIK J. Processes of the Law: Understanding Courts and their Alternatives [M]. New York, NY: Foundation Press, 2004.

REVILLARD A. Les interactions sur l'Internet[J]. Terrains and Travaux, 2000, 1(1): 108-129.

RICŒUR P. De l'interprétation[M]. Paris: Éditions du Seuil, 1965.

RICŒUR P. Temps et récit, 3 vols [M]. Paris: Seuil. Engl. trans. MCLAUGHLIN K, PELLSUER D Time and Narrative. 1984-1988. Chicago, IL: University of Chicago Press, 1983-1985.

RITZER G. Explorations in the Sociology of Consumption: Fast Food, Credit Cards and Casinos[M]. London and Thousand Oaks, Calif.: SAGE, 2001.

RITZER G. The McDonaldization of society, 7th ed [M]. Thousand Oaks, Calif.: SAGE, 2013.

RÖBKS M. Religion, Ernährung und Gesellschaft: Ernährungsregeln und-verbote in Christentum, Judentum und Islam [M]. Hamburg: Diplomica Verlag, 2013.

ROCKWELL P A. Sarcasm and Other Mixed Messages: the Ambiguous Ways People Use Language[M]. Lewiston, NY: Edwin Mellen Press, 2006.

ROESLER S. Identity Switch im Cyberspace: Eine Form von Selbstinszenierung [M]. Frankfurt am Main and New York, NY: Peter Lang, 2007.

ROMERO J, MACHADO P, eds. The Art of Artificial Evolution: A Handbook on Evolutionary Art and Music [M]. Berlin and New York, NY:

Springer, 2008.

ROSE S. The Wine Trade in Medieval Europe 1000—1500 [M]. London, UK and New York, NY: Continuum, 2011.

ROSENFELD S. Common Sense: A Political History [M]. Cambridge, MA: Harvard University Press, 2011.

SACKS J. The Dignity of Difference: How to Avoid the Clash of Civilizations [M]. London and New York: Continuum, 2003.

SANTINO J. ed. Halloween and Other Festivals of Death and Life [M]. Knoxville: University of Tennessee Press, 1994.

SAPONARI A B. Il rifiuto dell'uomo nel cinema di Marco Ferreri [M]. Bari: Progedit, 2008.

SAUSSURE F. Cours de linguistique générale [M]. T. de Mauro, (ed.). Paris: Payot, 1972.

SCALABRONI L, ed Falso e falsi: prospettive teoriche e proposte di analisi [M]. Pisa: ETS, 2011.

SCANDILA A. Marco Ferreri [M]. Milan: Il Castoro Cinema, 2004.

SCHNEIDER S. Good, Clean, Fair: The Rhetoric of the Slow Food Movement [J]. College English 2008, 70(4): 384—402 (Special Focus: Food).

SCHWARZ-FRIESEL M, JAN-HENNING K, eds. Metaphern der Gewalt: Konzeptualisierungen von Terrorismus in den Medien vor und nach 9/11 [M]. Tübingen: Francke Verlag, 2014.

SEBALD W G. (Winfried Georg). Die Ringe des Saturn: eine englische Wallfahrt (1992) [M]. Frankfurt am Main: Eichborn. Engl. trans. HULSE M. The Rings of Saturn. 1998. New York: New Directions, 2001.

SEDDA F. Semiotics of Culture(s): Basic Questions and Concepts [M]// PRTER P, TRIFONAS, ed. International Handbook of Semiotics. Dordrecht et al.: Springer, 2015: 675—696.

SHACHAF P, HARA N. Beyond Vandalism: Wikipedia Trolls [J]. Journal of Information Science, 2010, 36 (3): 357—370.

SILVERSTEIN M, URBAN G. The Natural History of Discourse [M]//

SILVERSTEIN M, URBAN G, eds. Natural Histories of Discourse. Chicago, IL and London, UK: University of Chicago Press, 1996: 1−20.

SILVERSTEIN M. Language Structure and Linguistic Ideology[M]// CLYNE P R, HANKS W F, HOFBAUER C L, eds. The Elements: A Parasession on Linguistic Units and Levels. Chicago, IL: Chicago Linguistic Society, 1979: 193−247.

SIMONETTI L. Mangi, chi può. Meglio, meno e piano. L'ideologia di Slow Food [M]. Florence: Mauro Pagliai Editore, 2010.

SINRAM J. Pressefreiheit oder Fremdenfeindlichkeit? der Streit um die Mohammed − Karikaturen und die dänische Einwanderungspolitik [M]. Frankfurt and New York, NY: Campus Verlag, 2015.

SKAL D J. Death Makes a Holiday: A Cultural History of Halloween[M]. New York, N. Y.: Bloomsbury, 2002.

SNIDERMAN P M, PETERSEN M B, SLOTHUUS R, STUBAGER R, eds. Paradoxes of Liberal Democracy: Islam, Western Europe, and the Danish Cartoon Crisis[M]. Princeton, NJ: Princeton University Press, 2014.

SPIELER R, SCHEUERMANN B J, eds. Punkt. Systeme: Vom Pointillismus zum Pixel[M]. Heidelberg : Kehrer, 2012.

SPINETO N. Aurum: da voce di catalogo a tema culturale[M]// GHIDINI M T, ed. Aurum. Funzioni e simbologie dell'oro nelle culture del Mediterraneo Antico. Rome: "L'Erma" di Bretschneider, 2014:413−421.

SPRUDS A, ROŽUKALNE A, et al. Internet Trolling as a Hybrid Warfare Tool: the Case of Latvia[N]. Riga, LV: NATO Strategic Communications Centre of Excellence, 2016(published 28 January 2016).

STAGLIANÒ R. L'impero dei falsi[M]. Rome: GLF editori Laterza, 2006.

STAROBINSKI J. Donner à penser[M]. Paris: Seuil, 2005.

STEHLÉ A. Théophile Bader [M]. In Fédération des sociétés d'histoire et d'archéologie d'Alsace, ed. Nouveau dictionnaire de biographie alsacienne, 13 vols. Strasbourg: Fédération des sociétés d'histoire et d'archéologie d'Alsace, 1, 1982.

STOICHITA V I. L'instauration du tableau : Métapeinture à l'aube des temps modernes[M]. Paris: Méridiens Klincksieck; Engl. trans. GLASHEEN A-M. The Self-Aware Image: An Insight into Early Modern Meta-Painting. 1997. New York, NY: Cambridge University Press, 1993.

STOLLER P. Sensuous scholarship [M]. Philadelphia, PA: University of Pennsylvania Press, 1997.

STRUCK P T. Divination and Human Nature: A Cognitive History of Intuition in Classical Antiquity [M]. Princeton, NJ: Princeton University Press, 2016.

STRYKER C. Hacking the Future: Privacy, Identity, and Anonymity on the Web[M]. New York, NY: Overlook Duckworth, 2012.

SULLIVAN W F, YELLE R A, TAUSSIG-RUBBO M, eds. After Secular Law [M]. Stanford, CA: Stanford Law Books, 2011.

SVAŠEK M, MEYER B, eds. Creativity in Transition: Politics and Aesthetics of Cultural Production across the Globe [M]. New York, NY: Berghahn Books, 2016.

TAO T. Structure and Randomness: Pages from Year One of a Mathematical Blog[M]. Providence, RI: American Mathematical Society, 2008.

TARASTI E. Existential semiotics[M]. Bloomington, IN: Indiana University Press, 2000.

THIBAULT M. Trolls, Hackers, Anons [J]. Conspiracy Theories in the Peripheries of the Web, 2016: 387 − 408. In LEONE M. Complotto / Conspiracy. Special issue of Lexia-Interational Journal of Semiotics, 2016: 23−24. Rome: Aracne.

THÜRLEMANN F. Mehr als ein Bild: Für eine Kunstgeschichte des hyperimage[M]. Munich: Wilhelm Fink, 2013.

TURTON-TURNER P. Villainous Avatars: The Visual Semiotics of Misogyny and Free Speech in Cyberspace[N/OL]. 2013: 1−18. The Forum on Public Policy; available at https://www.google.de/url?sa=tandrct=jandq=andesrc=sandsource=webandcd=10andved=0ahUKEwiM3t6yp8fRAhUIK8AKHd_eBPQQFghWM

Akandurl=http%3A%2F%2Fforumonpublicpolicy.com%2Fvol2013.no1%2Fvol 2013archive% 2Fturton. pdfandusg = AFQjCNGleKjyJqmeocCltjzgeDERF8MqoA (last access January 16, 2017).

UFFELEN C. Fine Fabric: Delicate Materials for Architecture and Interior Design[M]. Berlin: Braun; London, UK: Thames and Hudson, 2009.

URROZ J. La gastronomía en los medios de comunicación[J]. Una visión crítica. Ábaco, 2008, 57 (2): 18 − 33. (El impacto mediático de la gastronomía).

VALERI M R. Heavenly Merchandize: How Religion Shaped Commerce in Puritan America[M]. Princeton, NJ: Princeton University Press, 2010.

VAN P I, PRIDMORE J, eds. Digitizing Identities: Doing Identity in a Networked World[M]. New York, NY: Routledge, 2016.

VIRNO P. Grammatica della moltitudine[M]. Roma: Derive Approdi. Engl. trans. BERTOLETTI I, CASCAITO J, CASSON A. Multitude: between Innovation and Negation. Los Angeles, CA: Semiotext(e); Cambridge, MA: Distributed by MIT Press, 2002.

WALTER T, HOURIZI R, MONCUR W, PITSILLIDES S. Does the Internet Change How We Die and Mourn? Overview and Analysis[J]. Omega: Journal of Death and Dying, 2011, 64(4): 275−302.

WASON P C. Psychological Aspects of Negation: an Experimental Enquiry and Some Practical Applications[D]. London, UK: Communication Research Centre, University College, 1962.

WERNER A R. System und Mythos: Peter Greenaways Filme und die Selbstbeobachtung der Medienkultur[M]. Bielefeld: Transcript, 2010.

WHELAN F. The Making of Manners and Morals in Twelfth-Century England: The Book of the Civilised Man[M]. Abingdon, Oxon and New York, NY: Routledge, 2017.

WILK R, ed. Fast Food/Slow Food: The Cultural Economy of the Global Food System[M]. Lanham, MD: Altamira Press, 2006.

WISE A, VELAYUTHAM S, eds. Everyday Multiculturalism[M]. Houndmills,

Basingstoke, Hampshire; New York, NY: Palgrave Macmillan, 2009.

YANG YOUNG-IM. Das Phänomen der Verneinung: Philosophisch, psychologisch und im Kulturvergleich untersucht [M]. Würzburg: Königshausen and Neumann, 2005.

ZHANG JIANG. The Dogmatic Character of Imposed Interpretation[J]. Social Sciences in China, 2016, 37(3): 132—147.

ZHANG JIANG. Forthcoming. Thesis on Public Hermeneutics[C]. In Versus, forthcoming.

ZHOU YUQIONG, MOY P. Parsing Framing Processes: The Interplay Between Online Public Opinion and Media Coverage [J]. Journal of Communication, 2006, 57(1): 79—98.

ZILBERBERG C. Des formes de vie aux valeurs[M]. Paris: PUF, 2011.

致　谢

　　这本书将我多年积累的问题和答案合在一起，它是我与研究机构、同事和朋友进行的对话。感谢都灵大学哲学系，我的研究中心 CIRCE，尤其是我的符号学同行们。"无意味的装框"一章来自我在日本京都大学做访问教授时期的体验，感谢冈田敦（Atsushi Okada）给我提供了这样的机会，也感谢他就日本生活方式的文化符号学与我进行的丰富对话。第二章"无意味的网络蛮喷"源于与德国波茨坦大学一起进行的"病毒极端主义"研究项目。感谢伊娃·金米尼克（Eva Kimminich）就这个话题给予我宝贵的反馈意见。第三章"无意味的意见相反者"，首次发表是在意大利符号学研究协会博洛尼亚会议上，并作为主题演讲，我对此表示感谢。在一次关于视觉符号学的国际大会上，面对塞浦路斯的利马索尔技术大学（Technical University of Limassol）的观众，我首次以"无意味的图像"作为演讲主题，感谢欧里庇得斯·赞迪斯（Euripides Zantides）提供了这样一个交流的机会。"无意味的购物"是在马里亚加拉·乔尔达（Mariachiara Giorda）的推动下，为一场关于"当代城市神圣空间"的研讨会而构思的，我要感谢他。"无意味的集会"最初是在欧洲宗教研究协会鲁汶会议上发表的，并从吉乌西·维斯卡迪（Giusi Viscardi）和其他同事的反馈中获益，我对他们感激不尽。"无意味的饮食"最初是为西莫娜·斯坦诺（Simona Stano）编辑的一篇关于食物符号学的论文而写的，我也要感谢她。"复原的意味"曾以不同的版本和不同的语言呈现给世界各地的符号学同行，特别是在由塞米尔·巴迪尔（Semir Badir）（我很感谢他）和摩洛哥马拉喀什大学的其他同事组织的符号学大会上。它还受益于普拉托·莫纳什中心（Prato Monash Centre）举行的莫纳什－都灵研讨会的与会者提供的反馈，感谢理查德·莫尔（Richard Mohr）给了我这个机会。在达里奥·马蒂内

致 谢

利（Dario Martinelli）的推动下，"协商的意味"首次发表在《美国符号学协会杂志》（*Journal of the American Semiotic Association*）上，我深表感谢。"共享的意味"首次递交给中国上海社会科学院，特别感谢张江和曾军的真知灼见。最后一章，最初是为《格雷马斯的符号系统研究》（*Greimas of Sign Systems Studies*）这一期特刊构思的，这是塔尔图大学（University of Tartu）的一本符号学期刊，我对此表示感谢，尤其要感谢雷莫·格拉米尼亚（Remo Gramigna）。

写这本书时我经历了职业上幸福但个人不幸的时期。通过写作，我也试图接受我的渺小体验。在这段艰难的岁月，亲戚朋友和同事以不同的方式鼓励我。我不可能提到他们所有人，但我必须提到我的母亲和弟弟，我的阿姨安娜（Anna），我的同事乌戈（Ugo）以及在研究中心 CIRCE 的所有合作者。最重要的是我的学生，他们的热情和关注使我在困难时期有了力量。

这本书最初的写作计划是我在杜伦大学（Durham University）高等研究院做访问教授时生发的。特别要感谢伊丽莎白·阿奇博尔德（Elizabeth Archibald），她是圣卡斯伯特协会的主席，我很荣幸能在我逗留期间加入该协会。这本书的大部分内容也是我在维也纳 IFK 访问期间收集整理的，感谢该基金会的主任托马斯·马乔（Thomas Macho）。

我把这本书献给我的父亲，他在我写这本书的时候去世了。没有他给予我生命以及精神上的鼓励，这一切都不可能存在。